世界史论丛
World History Research
第一辑

前工业时代的信仰与社会

向 荣 欧阳晓莉 主编

复旦大学出版社

序

在前工业时代，宗教信仰不只能够满足个人的精神需要，还具有十分重要的社会功能。2017年11月25日—26日，复旦大学世界史教研室主办了"前工业时代宗教的社会功能"学术研讨会，来自中国社会科学院、北京师范大学、首都师范大学、中山大学、广西师范大学、华东师范大学、上海师范大学和复旦大学的多位代表出席会议并宣读了论文。本辑《世界史研究》刊出的论文是从这次会议选出来的，共12篇。

前两篇论文是对罗马帝国基督教化相关问题的再思考。传统上，学术界将基督教社会救助体系的确立看作对罗马传统体系的否定。前者以所有人为对象，表现的是基督教的同情、怜悯和无差等的爱；后者局限于罗马公民之间，旨在展示公民美德。刘林海教授认为这种观点过分强调基督教理论的道德优势，忽视了罗马帝国政治的影响。在他看来，从罗马传统的社会救助到基督教救助，并不是简单的断裂，而是有融合，有一定程度的连续性。

康凯博士重新探讨了被视为基督教战胜多神教的标志性事件——"胜利女神祭坛"之争。他发现在此过程中，罗马朝廷并非毫无保留地支持基督教，而是基于实际的政治的考量。罗马朝廷在削弱多神教宗教特权的同时，也给予多神教元老一些补偿，以便获得他们政治上的支持。

在罗马帝国晚期，基督教取得了帝国境内的独尊地位。尽管如此，这时的基督教还主要是一种城市现象，一种地中海现象。那么，基督教是怎样向西北欧广大乡村传播的？进入罗马帝国境内的日耳曼人是怎样基督教化的？曾嘉慧和李云飞教授的论文《加洛林王朝圣徒崇拜中君主、贵族和平民的互动》提供了部分答案。圣徒崇拜是虔诚者路易为推行其基督教化政策所采取的重要举措，历史学家、加洛林贵族艾因哈德亲自参与了圣骨的迁移和安置活动。通过艾因哈德留下的《圣马塞琳和圣彼特的迁徙》，作者以小见大，分析了圣徒崇拜现象背后君主的鼓励、贵族的推动和民众的期盼。尽管三者的目的或诉求不同，但彼此的互动仍有助于加洛林帝国，尤其是帝国边远地区的基督教化。

到 11 世纪，西北欧广大地区的基督教化已基本完成，但以罗马教廷为中心的教会管理体制尚未确立。教会纪律松弛，买卖圣职，娶妻纳妾等违规现象普遍存在。接下来的两篇论文与 11、12 世纪罗马天主教会的改革和新制度建设相关。传统观点认为，英格兰教会的改革措施是诺曼人从欧洲大陆引入的。但修正派史学家重视英格兰教会本土的传统，认为诺曼征服之后的改革不过是之前的延续。麦殷闻和龙秀清教授对伦敦主教区的研究表明，诺曼征服带来的改革在主教层面是快速而明显的，主教从名义上的宗教首领转变为实际的教牧管理者。但改革并未深入到主教之下，英格兰本土传统在教会基层多有保留。经历了外来因素和本土传统缓慢的融合，英格兰的教会改革才最终完成。

强制独身是 11、12 世纪教会改革的重要举措。李腾博士的论文不仅深入探讨了教会改革时期教士独身制的确立，还回溯过往，进一步分析了从古代晚期到中世纪盛期独身制建立背后动机的变化。从追求灵性益处到保障圣事纯洁，不仅意味着教会纪律加强，也反映了教会自我认同提升。以独身制作为神职人员与平信徒之间的重要分界，有助于将主教和神父神圣化，从而塑造中世纪西欧独特的三个等级社会结构。

教会是中世纪西欧最大的地主，其经营方式也是当时最先进的。因此，教会大地产一直是经济社会史研究的重要对象。晚近有一些西方学者提出，中世纪盛期特别是 13 世纪英国已经出现了农业资本主义，针对这种观点，许明杰博士根据对 13 世纪英国教会大地产的研究进行了回应。研究表明，13 世纪英国教会大地产经营的确出现了重要变化，如收回出租的土地改为直接经营；与市场的联系加强，三分之一到一半的农产品用于出售；教会大地主用于改善农业器具的投资也比过去增加。可以说，这些变化带有一定程度的资本主义特征。但是，这些变化并未突破传统教会大地产经济的局限，土地出租现象仍然普遍，农奴制仍未消失。因此，对这一时期教会大地产农业经济的发展水平，乃至整个英国农业经济发展的水平不宜评价过高。

在传统的宏大叙事中，宗教改革是西方历史上的重大转折。在兰克看来，宗教改革使教会从属于国家，有助于近代民族国家的形成；莫特利认为，路德将人从教会的束缚中解脱出来，具有思想解放的作用；韦伯则指出，新教的"天职观"推动了西方资本主义的兴起。20 世纪六七十年代以来，随着修正史学的出现，上述观点都不同程度地受到了质疑和挑战。夏洞奇博士将加尔文的政治思想放在奥古斯丁以来的基督教传统中考察，揭示出其"延续"与"更新"的双重面向。他认为，在加尔文的政治思想中，许多是与奥古斯丁的思想一脉相承的。其中最能体现与中世纪天主教传统断裂的，仅限于教会学领域，即对天主教会组织结构和圣礼仪式的批判。

自约翰·福克斯以来，英格兰的玛丽一世就一直以"血腥者玛丽"著称。她使英格兰重回罗马天主教怀抱的努力被认为是开历史倒车，是不得人心的。但晚近修正派史家对玛丽重建天主教的计划做出了正面的评价。对此，刘城教授提出了质疑。借助古典和中世纪思想家关于共同体利益与君主美德的论述，并结合玛丽一世所处的历史环境，刘教授指出玛丽一世为一己之宗教虔诚，忽视公共利益，没有承担起治理主权国家的责任。修正派史家仅从教会史的角度研究玛丽，具有相当严重的片面性。

后面三篇论文是关于上古时代的西亚和古以色列的。刘健研究员分析了古代西亚节庆活动的政治和社会功能。这种活动大多由王室成员主持，神庙祭司统筹各项仪式和流程，社会各阶层广泛参与。定期的节庆活动起到了重申王权神圣性，强化社会等级秩序，缓解社会紧张情绪等多方面作用。李海峰教授研究了古巴比伦一个特殊的妇女群体，即女祭司的经济活动。由于特殊的宗教地位，她们摆脱了父权和夫权的统治，能够独立和自由地从事各种经济活动。她们在不动产和动产的交易中发挥了重要作用。肖超博士探讨了《旧约》中古以色列司法制度的性质。在他看来，以色列人将司法视为神意的实现。审判活动基于神亦归于神，审判主体被涂上了强烈的神性色彩，且多由神职人员直接担任。

最后一篇是关于中国晚清时期宗教与经济的。巫能昌博士研究了明清时期福建泉州的寺产和寺产经济。除了寺产本身的来源、管理和经营之外，作者还分析了寺产与祖先崇拜、寺产与官方办学、寺产与神明仪式之间的关系。研究表明，寺产和寺产经营是当地社会经济的重要组成部分，宗教信仰与社会经济生活紧密相连。

以上论文作者大多数是国内世界史学界的知名专家，长期从事相关领域研究。从这些论文可以大致看出我国世界史研究的现状和发展趋势。首先，选题更加具体、研究更加深入，一些过去被忽视的问题受到了重视。比如，曾嘉慧和李云飞教授通过研读艾因哈德留下的《圣马塞琳和圣彼特的迁徙》，揭示了加洛林王朝时期日耳曼人如何基督教化的问题。其次，更加重视历史发展的连续性。这在刘林海教授、麦殷闻和龙秀清教授、夏洞奇博士的论文中都有反映。再次，创新性更加明显。以往的世界史研究受资料条件的限制，加之研究对象是外国史，难度较大，因此研究成果大多是综合性的，原创性研究和批判性思考相对较少。但这种状况正在改变。刘城教授从新的视角对英国修正派史学提出质疑就是其中一例。但会议论文也暴露出我国的世界史研究存在着严重的区域不平衡问题。在 12 篇论文中，八篇是关于西方基督教世界的。从罗马帝国晚期的基督教化到宗教改革，都有深入细致的研究。在余下的四篇论文中，两篇是关于上古西亚的，一篇关于古以色列，一篇关于明清中国。伊斯兰教和印度教世界阙如。除去关于中国的论文，会议论文与我国世界史学界的人员配备大体一致。因此，加强欧洲之外国家和地区的历史研究已成为我国世界史学科建设的当务之急。希望在未来的世界史学术会议上能见到更多研究欧洲之外国家和地区历史的学者和论文。

向荣

2019 年 5 月 21 日

| 目录 |

001　古罗马社会救助论略　　　　　　　　　　　　　刘林海
041　"胜利女神祭坛"之争再探：传统宗教特权与罗马
　　　朝廷的政治权衡　　　　　　　　　　　　　　康　凯
057　加洛林王朝圣徒崇拜中君主、贵族和平民的互动
　　　——以艾因哈德所著圣徒传记为中心　　曾嘉慧　李云飞
084　诺曼征服对英格兰教会的影响辨析
　　　——以伦敦主教制度的发展为中心　　麦殷闻　龙秀清
112　教士独身制的建立与西欧中世纪社会秩序　　　　李　腾
132　13世纪英国教会的大地产经济　　　　　　　　　许明杰
146　延续与更新：略谈加尔文的政治思想　　　　　　夏洞奇
169　修正史学塑造的玛丽一世神话　　　　　　　　　刘　城
185　古代西亚节庆活动中的社会等级秩序　　　　　　刘　健
201　古巴比伦时期女祭司及其经济活动探析　　　　　李海峰
216　《旧约》中的古以色列司法制度探析　　　　　　肖　超
247　明清时期福建泉州的宗教与社会经济
　　　——以《福建宗教碑铭汇编·泉州府分册》为中心　巫能昌

古罗马社会救助论略

刘林海

（北京师范大学历史学院）

【摘　要】 古代罗马是如何救助社会贫困阶层的？这是近现代学术界研究的一个重要问题，也形成了不同的认识模式。罗马的社会救助经历了传统和基督教两大阶段。传统救助机制包括个人、会社及政府三个层面，主要以公民为对象，目的在于展示美德，遵循的是对等互惠原则。这是一种以福利代救济的机制，虽然并非以济贫为出发点，但对于缓解社会的贫困发挥了积极作用。这种体制是与罗马政治体制及历史发展特点相一致的，有其合理性。基督教的救助则以所有的人为对象，展示的是信徒之间的兄弟之爱，批判对等互惠原则。这种体制以贫困为救助出发点，是一种真正意义上的救济。帝国后期，传统体制逐渐衰落，基督教的救助则不断发展，形成一套全国性的救助体制，并最终取传统而代之，成为社会的主导救助体制。罗马社会救助的转型固然与基督教救助理论自身的优势有关，但更多的是罗马帝国政治和基督教自身发展综合作用的结果。这种转变并非简单的断裂，而是融合和发展。无论在理论还是在实践上，两者之间都有一定的延续性。

【关键词】 古罗马；社会救助；公民美德；兄弟之爱；融合

1849年，法兰西学院举行有奖征文活动，主题为基督教最初三个世纪的慈善活动对罗马社会的影响。这是西方学术界研究古代罗马社会救助问题的开始。1853年，征文结果揭晓，共有两部著作获奖,分别是日内瓦学者艾蒂安·沙斯泰尔的《初期教会的慈善》和斯特拉斯堡学者夏尔·施密特的《初期基督教的社会后果》。[①] 经过一个多世纪的积累,西方学术界对古代罗马社会救助的探讨几乎涵盖了方方面面。不过,这个话题还可以进一步探讨。已有的研究往往侧重某个问题,整体关照不足。不同的认识模式虽然各具特色,但都强调传统的善行并非慈善,强调基督教与传统体制之间的二元对立,大多把基督教主导局面的形成归因于其天然道德优势,并视为对传统体制的否定。虽然对传统善行的实践和观念等有较深入的分析,但对其产生原因分析不够,往往脱离具体的历史背景。基督教在罗马广泛传播之前,罗马的社会救助在总体上有何特点?与罗马社会有着怎样的内在关系?基督教救助体系又有何特点?它的确立是否意味着对传统体制的彻底否定?这些问题都需要放到罗马历史的具体环境中加以分析。

此外,20世纪中期以来,随着新理论新方法的出现,社会救济成为西方学术界古典学和历史学研究领域的新宠,成果不断,新解迭出,至今仍是一个热点。相比之下,国内学界在这方面则略显沉寂,至今鲜有人问津。这多少有点令人遗憾。限于能力和篇幅,本文只从救助方的角度展开论述,不专门讨论作为受助方的穷人,也不讨论社会学角度的与贫困相关的概念;对贫困的理解与使用也仅限于基本物质层面的匮乏或不足。鉴于古代罗马的复杂情况和学术界认识的分歧,本文用"社会救助"而非"社会救济"来概括其救助机制,用"传统罗马"而非"异教"来表示基督教之前的社会和文化背景。

---

① 英文译本分别为: Etienne Louis Chastel, *The Charity of the Primitive Churches: Historical Studies upon the Influence of Christian Charity during the First Centuries of Our Era*, with Some Considerations Touching Its Bearings upon Modern Society, G-A Matile, trans., Philadelphia: J. B. Lippincott, 1857; Charles Schmidt, *Social Result of Early Christianity*, Mary Thorpe, trans., London: Wm. Isbister Limited, 1885.

一、学术史：教会、社会制度与个人善行的递进

学术界对罗马社会救助的研究成果很多，宏观微观均有，要对它们进行准确的分类几乎是不可能的。不过，按照议题兴盛的时间先后和关注重点的不同，大致可以将其分为以下三种模式：

第一种模式以基督教为主要关注对象。这种模式奠基于沙斯泰尔和施密特，经德国史学家乌尔霍恩的《古代教会的基督教慈善》，到20世纪初德国著名教会史学家哈纳克的《基督教最初3个世纪的宣教与扩展》达到顶峰。① 这些学者主要关注基督教自身的慈善救济活动，强调慈善的道德基础是基督教无私的爱，与传统罗马的无情形成对比，如乌尔霍恩就把传统罗马世界概括为"无爱的世界"②，哈纳克则认为，以爱为基本特征的慈善不仅是基督教优于传统机制的最根本特征，而且是其获胜的关键。③ 这个模式的参与者以教会内部的学者为主。20世纪上半期以来，这种模式渐趋沉寂，20世纪70年代以后，又有所复兴，出现了一些专门的研究者，如彼得·布朗。虽然他并非教会史学家，也多从社会文化而非神学的角度展开研究，但其研究中心还在古代基督教。他系统提出了"古代晚期"理论，并在这个视角下考察基督教在财富、救济等领域的历史及其对罗马社会的改造等。虽然与传统的教会史家有所不同，但布朗同样认为，希腊罗马世界的公共慈善活动中并没有穷人的身影。古典世界中并没有"爱穷人"的观念，这种观念是由"基

---

① Gerhard Uhlhorn, *Christian Charity in the Ancient Church*, Sophia Taylor, trans., Edinburgh: T. & T. Clark, 1883; Adolf von Harnack, *The Mission and Expansion of Christianity in the First Three Centuries*, 2 Vols., New York: Putnam's Sons, 1904-1905.

② Gerhard Uhlhorn, *Christian Charity in the Ancient Church*, p. 3.

③ Adolf von Harnack, *The Mission and Expansion of Christianity in the First Three Centuries*, Vol. I, pp. 181-249.

督教的主教们发明出来的"。①

第二种模式是以传统罗马为主的制度研究。虽然德国著名史学家蒙森的史学研究处女作主题就是罗马的会社（collegia/sodalicia），但直到 19 世纪末 20 世纪初，制度层面的研究才逐渐引起关注，如罗斯托夫采夫对赏赐和福利粮的研究。② 1939 年，法国学者柏尚和荷兰经济社会史家波尔克斯坦因分别出版了相关专论，将这个领域的研究推向高峰。柏尚考证并梳理了罗马的福利粮、粮食供给及元首制时期的赏赐。③ 波尔克斯坦因则从比较的角度分析古代东方与西方对贫困的态度与救助实践方面的不同。他认为，古代西方即希腊罗马有慈善活动，但没有真正意义上的济贫，后者只存在于东方的埃及和巴勒斯坦。东方的慈善主要针对的是穷人，施舍和济贫被视为最高美德。希腊罗马慈善的对象则并非穷人，而是共同体的成员——公民。这种对立并不是异教与基督教的对立，而是东方与西方的对立。东方的济贫观念在希腊化和罗马帝国时代传到了西方。④ 制度史导向的研究多从传统罗马的社会及经济制度层面入手，梳理分析与社会救助有关的机制及其运作，以深化对整体制度及古典文化一般特征的认

---

① Peter Brown, *Poverty and Leadership in the Later Roman Empire*, Hanover: University Press of New England, 2002, p. 8; *Through the Eye of a Needle: Wealth, the Fall of Rome, and the Making of Christianity in the West, 350 - 550 AD*, New Jersey: Princeton University Press, 2012. 纯基督教角度的新研究如 Richard Finn, *Almsgiving in the Later Roman Empire: Christian Promotion and Practice（315 - 450）*, Oxford: Oxford University Press, 2006.

② 分别载于德国《保利-维索瓦古典百科全书》（*Pauly-Wissowa, Realencyclopädie der classischen Altertumswissenschaft*），Vol. 1/4, pp. 875-880, Congiarium; Vol. 7/1, pp. 126-187, Frumentum.

③ Denis van Berchem, *Les Distributions de Blé et d'Argent à la Plèbe romaine sous l'Empire*, Genève: Georg et Cie, 1939.

④ Hendrick Bolkestein, *Wohltätigkeit und Armenpflege im vorchristlichen Altertum: Ein Beitrag zum Problem Moral und Gesellschaft*, Utrecht: A. Oosthoek, 1939. 该书的德文版与荷兰文版同时出版，本文主要参考 Franz A. Ladermann 的书评，*Classical Philology*, 1941, 36, p. 1.

识。就这种思路而言，古代罗马的相关措施并非为济贫而设，只是体现公民身份、协调公民共同体内部关系的一种机制，最显著的特征是以公民为导向，强调受惠者不是因为贫困而得到救助，而是因为公民身份。第二次世界大战以后，制度角度的研究取得了显著成绩，其中既有专题论述，也有镶嵌在经济史或制度史中的讨论，更有借助铭文材料的研究。①

第三种模式是以个人为主导的善行理论。这种研究思路兴起于法国，在 20 世纪六七十年代异军突起，风头盖过前两种模式。该模式主要以法国史学家布朗热 1922 年创造的 évergétisme（善行理论）一词和人类学家毛斯 1925 年的"礼物交换"理论为基础，研究希腊罗马盛行的公民的各种捐赠活动，其中法国史学家保罗·韦纳是主要代表。与侧重于群体性的基督教或社会制度层面的模式不同，善行理论关注的焦点是个人。其主要特点是结合人类学、社会学等理论或方法，对善行的历史进行研究，分析其政治、社会乃至文化等内涵。虽然该模式与制度史研究一样也注重对社会经济的分析，但多把它作为独立的人类学意义上的伦理与社会文化现象，更注重它与其他社会制度，尤其是庇护制的关联。在这种视角下，善行是一种礼物交换，在公民与公民之间或公民与共同体之间进行。它不同于严格意义上的等价商品交换，不能纯粹从经济的角度加以解释，主要特征是严格的互惠原则。富有的公民付出财富，受益的共同体或个人则要回报以声誉、地位和友谊等。这种活动虽然发挥了一定的社会救助功能，但无论从动机、受惠的对象还是实施原则来看，都与救济无关，展示的是公民的美德而不是爱。保罗·韦纳

---

① A. H. Hands, *Charities and Social Aid in Greece and Rome*, Ithaca: Cornell University Press, 1968; Richard Duncan-Jones, *The Economy of the Roman Empire: Quantitative Studies*, Cambridge: Cambridge University Press, 1974; Geoffrey Rickman, *The Corn Supply of Ancient Rome*, Oxford: Oxford University Press, 1980; Peter Garnsey, *Famine and Food Supply in the Graeco-Roman World: Responses to Risk and Crisis*, Cambridge: Cambridge University Press, 1988.

认为，爱主要是犹太人和基督教徒的伦理规范，强调的是义务。基督教的慈善与非宗教的传统希腊罗马善行理论完全不同。基督教的慈善伦理同化了罗马人，并随着基督教在罗马的发展成为罗马的普世伦理。①

值得注意的是，20世纪中期以来，受年鉴学派等经济社会史理论及社会科学历史学理论的影响，古代罗马社会救助研究领域的三种模式呈现出相互借鉴甚至融合的趋势，尤其是在理论和方法上。例如，基督教视角的研究利用社会学等方法，关注早期教会信徒的社会经济地位、贫困的多层内涵、贫富信徒之间的关系以及济贫理论与实践对基督教身份构建的作用等；② 制度史角度的研究则深入到经济结构和社会结构层面，越来越关注从传统机制到基督教

---

① Paul Veyne, "Panem et Circenses: l'évergétisme devant les sciences humaines", *Annales: Economies, Sociétés, Civilisations*, 1969, 24, pp. 785-825; *Le pain et le cirque*, Paris: Le Seuil, 1976, English translation *Bread and Circuses: Historical Sociology and Political Pluralism*, London: Penguin Books, 1992, pp. 19-25; Jean Andreau, Alain Schnapp and Pauline Schmitt-Pantel, "Paul Veyne et l'évergétisme", *Annales: Economies, Sociétés, Civilisations*, 1978, 33, pp. 307-325; Elizabeth Forbis, *Municipal Virtues in the Roman Empire: The Evidence of Italian Honorary Inscriptions*, Stuttgart: Teubner, 1996; Kathryn Lomas and Tim Cornell, eds., *Bread and Circuses: Euergetism and Municipal Patronage in Roman Italy*, New York: Routledge, 2003; Arjan Zuiderhoek, *The Politics of Munificence in the Roman Empire: Citizens, Elites and Benefactors in Asia Minor*, Cambridge: Cambridge University Press, 2009; Marco Domingo Gygax, *Benefaction and Rewards in the Ancient Greek City: The Origins of Euergetism*, Cambridge: Cambridge University Press, 2016.

② 在这方面彼得·布朗是比较典型的例子。其他代表包括 Wayne A. Meeks, *The First Urban Christians: The Social World of the Apostle Paul*, New Haven: Yale University Press, 1983; Robert Louis Wilken, *The Christians as the Romans Saw Them*, New Haven: Yale University Press, 1984; Susan R. Holman, *Wealth and Poverty in Early Church and Society*, Grand Rapids: Baker Academic, 2008; Helen Rhee, *Loving the Poor, Saving the Rich: Wealth, Poverty, and Early Christian Formation*, Grand Rapids: Baker Academic, 2012; David J. Downs, *Alms: Charity, Reward, and Atonement in Early Christianity*, Waco: Baylor University Press, 2016.

主导体制转变的深层次原因等。①

二、公民美德：传统罗马社会救助

古代罗马传统的救助观念和实践与希腊关系密切。罗马虽然缔造了辉煌的历史，但在它成为地中海地区的重要政治力量以前，在文化上是以希腊为榜样并加以模仿的。罗马人不但引进了希腊的语言，而且把希腊的观念和制度搬到了意大利。在很大程度上，罗马就是典型希腊城邦的翻版，其社会救助的观念和实践也继承了希腊的传统，虽然后者在历史发展的过程中有所创新，但基本精神是一致的。②

在希腊和罗马人的观念中，富足被视为德性生活的一个前提，要积极追求；相反，贫穷则是一种耻辱，应该避免。贫穷有两种：一种是自食其力的穷人（penia），指的是生活窘迫，勉强维持生存的人；另一种是依靠别人生活的穷人（ptochia），指的是失去生存资本而沦为乞丐的人。希腊人厌恶乞丐，将他们排除在救助对象之外。在柏拉图眼里，乞丐与动物无异，是良好城邦的威胁："我们的国家里面不得有乞丐。"柏拉图认为，任何人无论在哪里乞讨，都应该将他们驱赶出去。③ 在罗马人眼中，贫困同样是不光彩的，乞丐则是对社会的威胁。希腊罗马人鄙视贫困，但这并不意味着他们没有救助穷人的观念，更不表示没有具体的实践。亚里士多德认为，政府为了防止公民赤贫，应该设立基金救助穷人，富人则有义务帮助穷人，其中迦太基和塔兰托是典范。④ 西塞罗认为，用金钱赎买受奴役的俘虏、救助穷人是利国利己的善举，值得肯定。他指

---

① Évelyne Patlagean, *Pauvreté économique et pauvreté sociale à Byzance: 4e – 7e siècles*, Paris: Mouton, 1977.
② A. R. Hands, *Charities and Social Aid in Greece and Rome*, pp. 14-15.
③ Plato, *Laws*, Vol. II, London: William Heinemann, 1926, XI. 936 B.
④ 亚里士多德：《政治学》，吴寿彭译，商务印书馆1997年版，$1320^a25—1320^b10$。

出,真正的善行不排除救济穷人①,"人的义务不是同情别人的困苦,而是如有可能,就去减轻别人的困苦"②。塞涅卡同样认为,智者应该帮助受灾者、流亡者、穷人,甚至掩埋罪犯的尸体。③

在古代希腊罗马的文献中,与救助有关的术语也不少,如 leitourgia、philanthropia、euergesia、munificientia 等。其中 leitourgia(liturgy)的本义是"为人民工作",拉丁文中类似的词是 munus(礼物或服务),是一些希腊城邦的一项制度,由富人轮流负责公共建筑等开支,为期一年。就雅典而言,除了城市的公共建筑外,leitourgia 还包括担任三列桨战舰舰长并负责装备运营,承担各种公共活动支出,支付体育赛会、合唱团以及各种节日聚会的费用等,名目繁多。这项制度最初是自愿奉献性的,但后来逐渐成为强制性义务,甚至强迫富有的外邦人承担,对其造成沉重负担。公元前4世纪末,雅典取消了强制执行制度,改由政府承担。尽管如此,公民的捐赠活动并没有消失。到希腊化时代,此类活动多用 euergesia 表示。术语 philanthropia 由希腊文 philo(爱)和 anthropia(人)组合而成,本义为神对人的爱,有一定的宗教内涵。该词最早出现在公元前5世纪希腊剧作家如埃斯库罗斯、阿里斯托芬的作品中,稍后的柏拉图沿用这种用法,并逐渐使其具有了固定的含义,用来表示城邦公民,尤其是富人针对公众或私人的各种物质上的捐助行为,也用来指代不以求回报为目的的教育。另一术语 euergesia 的本义是"善行",其拉丁文同义词为 beneficia。该词出现在公元前5世纪,也用来指公民个体对共同体的各种捐助活动,比 philanthropia 更通用。在罗马共和国的拉丁文文献中,公民的善行多用 liberalitas 和 largitio 表示。两者含义有所不同,前者是个褒义词,指没有个人私利或政治目的的慷慨善行;后者则带有贬义,

---

① Cicero, *De Officiis*, Cambridge: Harvard University Press, 1990, II. xv, xx.
② Cicero, *Tusculan Disputations*, Cambridge: Harvard University Press, 1927, IV. 56.
③ Seneca, *Moral Essays*, Vol. I, London: William Heinemann, 1928, De Clementia II. 5-6.

表示有目的的馈赠或赏赐，如为满足个人的政治野心，自费修建大型公共工程，馈赠钱物，举办奢华的娱乐宴饮等活动，以便获得群众的好感和支持。这在共和末期的罗马非常突出，恺撒在担任营造官时就曾举办斗兽表演等。共和末期，munificientia（本义为履行职责）一词出现并逐渐流行，用来指代上述两种行为。这个词在铭文中出现的频率较高，贬义也逐渐消失。①

虽然上述术语各有侧重，但大致都可以译为善行或慈善。从历史的角度来看，liturgy 的出现应该较早，后来的各种行为及称呼大致都是在它的基础上发展而来的。当然，希腊罗马文献中与慈善有关的语词并不仅限于此。慈善行为是一种美德，对于社会上层的富人尤其如此。②但慈善行为并非没有条件，而是一种互利互惠行为。捐助人付出金钱或服务，期望并应该得到回报——友谊、荣誉、社会地位乃至政治权力等。受惠的群体或个人则要履行相应的义务，否则就是违约行为。这可以从众多遗留下来的希腊罗马铭文中看出来。因此，在具体语境中，荣誉（time）、荣耀（doxia）、友谊（xenia/hospitium/philoi/amicita）、感恩（eucharistia/gratia）等有时也用来指代慈善或善行。③

---

① 分别参见 *Oxford Latin Dictionary*, Oxford: Oxford University Press, 2012, 4th edition, euergetism、liturgy、munus 词条；*New Dictionary of the History of Ideas*, Vol. 4, New York: Charles Scribner's Sons, 2005, philanthropy 词条；*Brill's New Pauly: Encyclopedia of the Ancient World*, Leiden: Brill, 2002-2014, online edition, euergetism、munificientia 词条, http://referenceworks.brillonline.com/entries/brill-s-new-pauly/euergetism-e404490?s.num = 0 & s.f.s2_parent = s.f.book.brill-s-new-pauly & s.q = euergetism, 最后浏览日期：2018 年 8 月 4 日；http://referenceworks.brillonline.com/...tia-e811970? s.num = 0 & s.rows = 20 & s.mode = DEFAULT & s.f.cluster = New + Pauly + Online & s.start = 0 & s.q = munificientia, 最后浏览日期：2018 年 8 月 4 日。就近现代相关学术研究用词而言，philanthropy 在 19 世纪居多，20 世纪则以 euergetism 占据主流，20 世纪末 munificence 逐渐流行。
② 亚里士多德：《政治学》，1320^{a}32—1230^{b}7。
③ 伊丽莎白·福比斯（Elizabeth Forbis）统计了意大利本土有关铭文使用的众多术语，参见 *Municipal Virtues in the Roman Empire: The Evidence of Italian Honorary Inscriptions*, Stuttgart: Teubner, 1996, pp. 255-259.

从具体实践来看，罗马在继承希腊传统的同时，结合自身实际，逐渐形成了一套独具特色的多元社会救助机制。

首先是私人的捐赠，也就是上述的各种善行。希腊化时代之前，这些善行更多的指公民个人对共同体的捐助，自愿与义务兼具。希腊化时代以降，公民自愿对共同体尤其是所在城市的捐赠成为主体，在帝国的前两个世纪兴盛于东方的小亚细亚及意大利本土。[1] 学界对希腊罗马私人捐助兴盛的原因看法不同。一般认为，这是为了弥补城邦及城市公共财力的不足，以保证其正常运转，也有利于共同体内各阶层关系的稳定。韦纳则认为，这是一种政治表演，满足了富人炫富的心理，最关键的是在共同体内部制造并维持身份的差距，严重破坏了民主。苏戴霍克则认为，私人善行是富人在城市政治日益寡头化、贫富不均加剧的情况下，跻身精英阶层的手段。[2] 铭文材料等表明，捐赠者一般是城市富有的上层人物，尤其是官员。虽然捐赠有回馈的意蕴，但其缘起都直接与捐赠者的家庭事务有关，涉及婚丧嫁娶或生日等各种特殊日期，或者与共同体的重要节日有关。捐赠的东西有土地、金钱或者食物等。受益者则视捐赠者的意愿而定，或为个人，或为群体，以共同体成员为主，有较为详细的合约约定。这些捐赠的目的以博取声名为主，捐助者多要求为自己或他人塑像，并在约定的日期举行公共宴会和表演，分发现金，帮助共同体成员购买粮食，兴办教育和卫生事业，甚至提供免费洗浴等。私人捐助受到法律的严格规定，一般不允许私人直接操作，而是由捐赠者以遗嘱或契约的形式，通过市政府的监督，由公民选举出的人或遗嘱执行者（捐助者指定的人）严格按照条件执行。

---

[1] A. R. Hands, *Charities and Social Aid in Greece and Rome*, pp. 175-209; Elizabeth Forbis, *Municipal Virtues in the Roman Empire*, pp. 105-259; Arjan Zuiderhoek, *The Politics of Munificence in the Roman Empire*.

[2] Paul Veyne, *Bread and Circuses*, pp. 204-261; Arjan Zuiderhoek, *The Politics of Munificence in the Roman Empire*, pp. 154-159.

其次是俱乐部或协会性的"会社"(collegia)。会社的本义是"入伙或加入",在罗马起源很早,是罗马社会一种普遍的组织方式,相传为努马创建。罗马最初对会社的组建持宽松态度,从公元前2世纪上半期开始,管理趋于严格,以规避政治风险。共和国后期和帝国时期,会社因为介入政治,曾经被取缔。恺撒取消了除与生活密切相关的部门之外的所有会社。奥古斯都则严格立法,规定会社需要元首或元老院批准才能成立。小普林尼在尼科米迪亚大火后曾经请求建立一个规模为150人的消防社,图拉真担心引发政治上的不安定,拒绝了他的请求。但是,图拉真又允许了同盟城市阿米苏斯的市民组建以济贫为目的的福利性会社,因为盟约(feoderate)中规定了这项权利。对于服从罗马人自己法律的城市,图拉真则禁止这么做。① 自蒙森以来,学术界对会社的性质等进行了持续研究,看法不尽相同。② 一般说来,罗马的会社是自愿结成的非营利互助组织,既有行业性的,也有社会性、宗教性的,主要负责内部成员的丧葬事宜。古代罗马人非常重视丧事,葬礼费用高昂,因此一般人难以承担。入会成员缴纳一定数额的会费,组成公共的基金,用于成员的丧事等。基督教就曾被视为一个丧葬互助会社。③ 会社有完善的章程、固定的活动场所和管理人员,成员一般为社会的下层平民,有定期的宗教和聚餐活动,也按照约定回馈恩主。会社在罗马也与庇护制融合在一起,有自己的庇护神,也有恩主,恩主往往是最大的捐助者。会社多被纳入政府的管理系统,主席多由元老级官员担任,资金除了会费外,主要靠恩主等捐赠。会社在罗马的城市中势力很大,尤其在手工业和商业等领域,甚至主宰了一些城市的政治,对缓解下层平民的贫困发挥了积极作用。2

---

① Pliny the Younger, *Letters*, Vol. II, Cambridge: Harvard University Press, 1927, Book X, pp. 33-34, 92-93.
② 详见 Jonathan Scott Perry, *The Roman collegia: The Modern Evolution of an Ancient Concept*, Leiden: Brill, 2006.
③ Robert Louis Wilken, *The Christians as the Romans Saw Them*, pp. 31-47.

世纪以后，随着私人善行的衰落，会社逐渐成为城市的恩主。①

最后是政府层面的各种机制，主要有福利粮（annonae）、抚养制（alimenta）和赏赐（congiaria）。

罗马的福利粮得名于罗马的谷物神 annona，最早可能出现在公元前5世纪下半期。罗马自身粮食生产能力有限，对外依赖性大，粮食补给直接影响政治和社会的稳定。因此，政府一直非常重视城市的粮食供应，由管理公共建筑及公共节日的市政官兼管，紧急情况下委任专人监管，办公地点设在塞里斯神庙。罗马城的粮食以市场供应为主，也有一些私人捐赠。市政官监管市场的正常运营，特殊情况下则低价供应甚至免费发放粮食。② 公元前123年，格拉古立法（lex frumentaria）规定，以较为低廉的价格按月向每一位成年男性公民（有说只给家长）定额发放粮食。这是福利粮制度的正式开始。虽然这项措施遭到一些人的反对，也曾一度中断，但到共和国末期，基本成为定制。奥古斯都专设独立机构，以保障罗马城的粮食供应及福利粮的发放。其主管粮食长官（praefectus annonae）由骑士级和执政官级人员担任。③ 这个体制一直延续到帝国末期。④ 福利粮最初是带有价格补贴性质的低价粮，公元前58年克劳迪任执政官时，改为免费发放。塞维鲁（193年—211年在位）时增加免费橄榄油，按日供应。奥勒利安（270年—275年在位）时开始供应免费面包，罗马居民每人每天两磅面包，也发放橄榄油

---

① John R. Patterson, "The Collegia and the Transformation of the Towns of Italy in the Second Century AD", in *L'Italie d'Auguste à Dioclétien: Actes du Colloque International de Rome（25-28 mars 1992）*, Rome: École Française de Rome, 1994, pp. 227-238.

② Geoffrey Rickman, *The Corn Supply in Ancient Rome*, pp. 34-35.

③ Cassius Dio, *Roman History*, Vol. VI, Cambridge: Harvard University Press, 1917, 52. 25, 54. 2.

④ 帝国后期为了确保粮食供应、杜绝腐败，政府不断加大管辖力度。*The Theodosian Code and Novels and the Sirmondian Constitutions*, Clyde Pharr, trans., New Jersey: Princeton University Press, 1952, 1. 2. 9, 1. 5. 5-6, 1. 6. 5, 1. 6. 7, 1. 12. 7, 11. 14. 1, 13. 5. 14, 13. 5. 38, 14. 16. 2, 4. 17. 3, 14. 17. 7.

与猪肉,甚至计划发放葡萄酒等。① 为了保证首都的食品供应,政府还与一些面包作坊达成协议,向他们低价供应粮食,后者则以低价向市民出售面包。有人认为福利粮针对所有罗马公民,与贫富和身份等级无关。有人则认为,补贴虽然不分贫富,但主要对象是平民。从理论上说,福利粮是罗马公民的福利,富人当然不能被排除在外。但实际上,出于声誉等考虑,元老和骑士等级一般不会亲自申领,所以受惠者主要是平民,因而福利粮又称平民粮(plebs frumentaria)。从实际操作来看,福利粮的发放是有条件的。首先是对领取人数的限定。恺撒把人数由32万降到15万,规定每年递补因死亡产生的空缺。② 奥古斯都时期最多有32万,后固定在20万。③ 其次是身份的限定。最初只限罗马公民,但由此引发了一系列问题,如富人突然释放奴隶成为自由人,让他们申领;罗马城外的居民也涌入罗马,导致申领者大增。为此,奥古斯都调整政策,规定申领者仅限于居住在罗马且原籍是罗马的公民,并以资格证(tessera)的形式固定下来。获得资格者凭证领取,资格证可以买卖,去世后由他人递补。

抚养制(alimenta,本义为抚养)是政府出资抚养城镇家庭子女的措施。该措施可能源于私人的善行,作为政府的措施可能起源于涅尔瓦(96年—98年在位),图拉真(98年—117年在位)时期开始在意大利的一些小城市(已知有50多个)实施。该制度的资金来源是政府提供给土地所有者的低息贷款收益,利率一般为5%。所收利息由政府统一管理,由一位卸任的执政官负责,专门用于支付符合条件的公民家庭的男女儿童生活费用。这种由政府出资抚养

---

① *Scriptores Historiae Augustae*, Vol. I, Cambridge: Harvard University Press, 1921, Severus, 18.3, 23.2; Vol. II, 1924, Alexander, 21.9-22.2; Vol. III, 1932, Aurelian, 35.1-2, 48.
② Suetonius, *The Lives of the Caesars*, Cambridge: Harvard University Press, 1979, Julius, xli.3.
③ *Res Gestae Divi Augusti*, Cambridge: Harvard University Press, 1961, 15.

儿童的做法在帝国中后期可能也存在。315 年，君士坦丁下令意大利和阿非利加的城市要好好养育孩子，其中包括那些极端贫困家庭的孩子，他们的衣食由政府提供。① 抚养制的目的何在？是为了促进农业生产，还是解决贫困问题？是着眼于人口增长，抑或是展示皇帝的亲民爱民？它是不是帝国政府的常设制度，其范围如何？抚养对象选定的标准是什么？是公民身份还是实际的贫困？虽然学术界在这些问题上认识分歧还比较大②，但从体制角度而言，很难说抚养制是常设性的，接受抚养的年限似乎没有统一标准。受惠对象虽然不排除贫困家庭，但也没有以经济条件为标准的证据。不过，这项措施有助于缓解部分家庭的困难，这一点毋庸置疑。

赏赐被称为 congiaria，本义是罗马的一种容器，用来盛放酒和橄榄油等，也是液体标准计量单位（约等于 3.48 升）。共和国时期，官方有时向公民发放橄榄油或葡萄酒，后来就用它指代不定期的赏赐，发放的物品也逐渐扩大到食品、金钱等。共和国后期开始，赏赐之风在上层盛行，成为重要的政治工具。帝国时期，赏赐在罗马成了皇帝的专利（非皇室的馈赠不用 congiaria），是罗马市民生活的重要部分。赏赐主要在凯旋、登基、庆典、生日、葬礼等特殊日子举行，以实物或金钱的形式发放，一般每次每人获得的金额在 100 第纳尔银币以上，同时有公共宴会和赛会等。公元前 46 年，恺撒给罗马人的谷物和橄榄油比平常多，同时给每人 100 第纳

---

① *The Theodosian Code*, 11. 27. 1.
② Alice M. Ashley, "The 'Alimenta' of Nerva and His Successors", *The English Historical Review*, 1921, 36, pp. 5-16; Richard Duncan-Jones, "The Purpose and Organisation of the Alimenta", *Papers of the British School at Rome*, 1964, 32, pp. 123-146; Peter Garnsey, "Trajan's Alimenta: Some Problems", *Historia: Zeitschrift für Alte Geschichte*, 1968, 17, pp. 367-381; Greg Woolf, "Food, Poverty and Patronage: The Significance of the Epigraphy of the Roman Alimentary Schemes in Early Imperial Italy", *Papers of the British School at Rome*, 1990, 58, pp. 197-228.

尔。他的凯旋宴会则达到 22,000 桌。① 赏赐与福利粮不同，它是不定期的，没有统一的标准，受惠的对象范围更广，一般指向罗马公民或居民（文献中多称 populus）。奥古斯都固定福利粮资格以后，赏赐的对象是不是也固定了？是仅限于那些有资格的人，还是包括罗马平民（plebs Romana），抑或所有罗马人？笔者认为，从相关文献、铭文和钱币材料来看，所有罗马人受惠更合情理。第一，赏赐往往是全民参与的大型活动的一部分，而这些活动的参加者肯定不仅限于平民。此外，赏赐有时是分配战利品，应该不会排除富人乃至上层阶级。虽然有按照公民粮资格发赏的例子，但并非总是如此。赏赐多为普遍性的，不但给居住在罗马的公民，也给军队（称 donativum）和殖民地公民。如图密善（81 年—96 年在位）赏给每人（populo）300 塞斯特斯，食品赠送的对象则不但有元老和骑士，也有平民。② 第二，对皇帝而言，赏赐是体现君主亲民爱民的最佳方式，而这被视为君主应有的美德，因此备受重视。赏赐时多发行刻有皇帝亲自发赏场景的钱币，这些行为也成为自传、传记或颂词中的重要业绩。第三，赏赐最主要的目的还在政治，即保持罗马的稳定。最初是为了获得公民的支持，后来则是出于对传统的尊重。要确保政权稳固且合法，当然需要所有人尤其是贵族的支持。即便后来罗马衰落了，皇帝不在罗马，也会确保罗马市民的利益不受损害。皇帝的赏赐以个人名义进行，理论上属于私人善行的范畴，实际多为国库开支，因此是国家行为，名为馈赠，实为赏赐。这可以从术语的变化中看出来。2 世纪时，congiaria 逐渐被 liberalitas 取代，后者则在 4 世纪为 largitio 所取代。③ 在实际操作中，平价粮虽然有时与赏赐合并，但两者在理论上始终是独立的。

一般认为，罗马的慈善活动虽然不少，但并非真正意义上的救

---

① Cassius Dio, *Roman History*, Vol. IV, Cambridge: Harvard University Press, 1916, 43.21.
② Suetonius, *The Lives of the Caesars*, Domitian, iv. 5.
③ *Brill's New Pauly*, Congiaria.

助，不过是公民之间或公民与共同体之间的互利行为，最多是针对公民群体的"福利"或优惠，救助只是其副产品。首先，受益者只限于公民阶层甚至公民阶层中的一部分，而非所有的群体，包括妇女和奴隶在内的大量人口得不到救助。其次，这些活动并非以经济状况为衡量标准，受益人获得救助并非因为穷，而是因为公民身份，贫富在很大程度上与此无关。最后，捐助往往被视为礼物，目的在于展示公民的美德，而非针对穷人的救济。它强调互惠原则。对于同等地位的人而言，收获的是友谊；对于地位不同的人来说，则是金钱与荣誉或敬意的交换，距真正意义上的慈善行为还差得很远。罗马的慈善确实有这些特点，当然无须否认。

尽管如此，这些多元的机制还是起到了救助的作用，在一定程度上缓解了贫困问题。一方面，受益的公民群体内部确实存在许多贫困的人，需要各种形式的帮助。随着社会的发展，公民群体内部的贫困者不断增加。这些行为即便不能惠及所有穷人，也至少能够使部分人受益，更何况有些活动就是以穷人为对象的。另一方面，私人捐赠和会社的措施也使得受惠群体扩大到公民外的群体，如奴隶等。虽然福利粮最初仅限于罗马，但到后来，各行省或城市纷纷仿效，如亚历山大里亚、阿非利加等，君士坦丁则把这项制度带到了君士坦丁堡。地方城市的上层纷纷向城市捐赠，提供低价或免费粮食，发放现金，举办公共的宴饮、赛会等。小普林尼曾出资50万塞斯特斯，抚养家乡科莫（Como）自由民出身的男女儿童。他去世时，通过遗嘱捐助建立公共浴室，外加30万塞斯特斯的装修费和维护费。他捐给科莫超过186万塞斯特斯，以供养100名他自己释放的奴隶（释放后成为自由人），还每年为百姓举办一次晚宴，另加10万的图书馆维护费。① 埃提那（Atina）城一

---

① Pliny the Younger, *Letters*, Vol. II, Cambridge: Harvard University Press, 1969, Book VII, 18. 其碑铭有详细罗列（http://www.livius.org/sources/content/pliny-s-career/）。

份公元 1 世纪的捐赠不但为市民的孩子提供粮食到成年，在其成年之后还向每个人发 1,000 塞斯特斯。① 此外，庇护制也起到了一些缓解贫困的作用。恩主与作为庇护对象的恩客虽然理论上是地位差不多的互惠友谊关系，但实际是一种依附关系。共和国末期以降，大量下层市民投靠恩主，变成寄生阶层，成为靠面包和竞技场生活的人。恩客每天可以从恩主那里获得一份赏赐（sportula，本义为小篮子，可装食品），最初是食品，帝国时期改为钱，一般为 25 埃（asses，相当于 10 塞斯特斯）。据计算，这笔钱可以买 12 条半面包或 6 升好酒。② 恩主还自制票证，供恩客免费吃饭、领取礼物、观看各种演出等。③ 这些在帝国范围内的各种机制对于减轻社会的贫困、平衡社会的财富、减少贫富之间的矛盾以及维护共同体的正常运转都有重要的意义。

为什么罗马会有这样一套并非为救济而设的救助体制？是因为他们的社会中没有贫困现象或穷人？还是他们没有救助穷人的意愿和习惯？显然不是。亚里士多德认为，穷人和富人都是城邦的组成部分，缺一不可。④ 希腊罗马文献中与贫困相关的信息也很多。波尔克斯坦因将希腊罗马与东方对立起来，认为西方世界里没有救济的传统。这个看法并不完全准确。如前所述，从亚里士多德的著作来看，无论在理论和实践上，救济穷人的传统都是存在的。不过，与东方相比，西方的救助确实带有比较浓厚的条件色彩。西塞罗认为，真正的善行不排除救济穷人，但要区分对象，帮助那些值得帮助并懂得感恩的人。⑤ 捐助者为什么要挑选对象，要强调美德？对受助的公民而言，这些机制似乎并非仅仅出于友谊，反而带有特权

---

① A. R. Hands, *Charities and Social Aid in Greece and Rome*, pp. 184-186, D. 16-D. 22.
② P. Lampe, "Social Welfare in the Greco-Roman World as a Background for Early Christian Practice", *Acta Theologica* 36, suppl. 2016, 23, p. 17.
③ Geoffrey Rickman, *The Corn Supply of Ancient Rome*, Appendix 8.
④ 亚里士多德：《政治学》，1315^{a}32、1318^{a}31。
⑤ Cicero, *De Officiis*, II. xv, xx.

甚至福利的色彩。这又是为什么？

造成罗马这种救助机制的原因很多，但主要与其政治特点及历史发展有关，尤其是与其土地占有制度有关。

在早期希腊罗马世界里，城邦或城市国家是最普遍的政治单位。城邦一般以一个城市为中心，再加上周围的乡村，疆域和人口规模都不大。亚里士多德认为："城邦的一般含义就是为了要维持自给自足而具有足够人数的公民体。"① 城邦由公民和非公民两类人组成，"凡有权参加议事和审判职能的人"② 才能称得上公民。公民是国家的战士，是城邦权力和土地的掌握者以及财富分配者。对公民来说，占有土地、享有政治权利及服兵役是三位一体的。城邦的自给自足以共同体成员的生存资源——土地的合理分配为前提。亚里士多德主张，城邦的土地应该属于执兵器以卫国境并参与政治的阶级。城邦的土地分为私人份地和公地两部分，份地由国家平均分配。③ 份地不但是公民及其家庭赖以生存的资本，而且是其履行政治和军事义务的基础。公地由国家控制，其收益归政府，用来支付宗教祭祀、公共工程等开支。在这种资源配置机制下，理论上，公民因为有了生存的资本，所以不再需要国家的额外支持；国家没有必要对公民直接征税，不需要对他们再付出什么，也就不会有专门的救济机构。这样，公民的捐赠也就不是义务，而是一种体现美德的慷慨善行，期望相应的回馈也在情理之中。对国家而言，只要能保持公民内部份地占有的均衡，维持其运转，避免因失去土地而穷困或乞讨，就能实现城邦的正义，达到最高的善。④ 这也正是古典作家们反复强调城邦应严格限制土地占有的原因。亚里士多

---

① 亚里士多德：《政治学》，1275^{b}20—21。
② 亚里士多德：《政治学》，1275^{b}19—20。
③ Plato, *Laws*, Vol. I, Cambridge: Harvard University Press, 1961, 745B-E. 亚里士多德也认为，为确保公平与正义，城邦的私产应该按照边疆和近郊各一块的原则分配给公民，参见《政治学》，1329^{b}40—1330^{a}24。
④ Plato, *Laws*, Vol. I, 744B-745A; Vol. II, 1926, 936B.

德就特别强调，城邦应该禁止占有过量土地，禁止出售抵押份地，以保持公民资格，使之履行义务。① 只要这种均衡不被打破，理论上整个共同体就可以正常运转，公民就可以生存下来，并对国家尽义务，不会陷于贫困。

就罗马而言，土地分为公民个人份地与国家控制的公地，份地是平均分配的。相传罗慕路斯就把获得的土地分给公民②，塞尔维乌斯也把征服来的土地分给公民。③ 在公元前107年马略改革之前，只有拥有份地的公民才能当兵打仗。公民平时种地，战时则自费服役。④ 为了保证兵源，获得公民资格的人和殖民地公民也会获得份地。⑤ 罗马的政府收入除了战利品外，主要来自出租公地的收益，加上常规的货物进出口税（vectigalia），也有一些个人捐赠。罗马有不定期的财产税（tributum），主要在战争等紧急情况下征收。⑥ 罗马最初的政府机构规模有限，又将军事补给、工程、征税等事务承包给商业公司（societas publicanorum），所以公民的负担很小。在西塞罗看来，国家的主要职责是保证公民个人的财产权安全，除非万不得已，不得向公民征收财产税。⑦

罗马分给公民份地，但不意味着所有人都平等，更不意味着土地占有绝对平均。除了出身方面的元老贵族（建城时的100位元老及其后代）和平民之分外，还有财产等级的区分，兵役也按照财产

---

① 亚士士多德:《政治学》，1319ª5—20。
② Cicero, *On the Republic, on the Laws*, Cambridge: Harvard University Press, 1928, De Re Publica, II. 26.
③ Livy, *History of Rome*, Vol. I, Harvard University Press, 1919, Book I, 46. 1.
④ Plutarch, *The Parallel Lives*, Vol. IX, Cambridge: Harvard University Press, 1920, Marius, 9. 1; Polybius, *The Histories*, Vol. III, Cambridge: Harvard University Press, 1923, Frag. VI. 19. 1-26. 12.
⑤ Livy, *History of Rome*, Vol. I, Book II, 16. 5; Vol. II, 1922, Book III, 1.
⑥ 罗马的对外战争最初一般在农闲时展开，有一定的期限；超过期限，国家应该补偿参战的公民。据说这是财产税的起源。Livy, *History of Rome*, Vol. II, IV. 59. 11-60. 9.
⑦ Cicero, *De Officiis*, II. 73-74.

等级设立，各等级所服兵役类型不同，资产过低的甚至不能服役。公地名义上由国家控制，部分以低租金租给贫民耕种，但实际上大都掌握在贵族阶层（包括 nobilitas，即曾经担任过执政官等高级职务的平民家族）手中。随着罗马不断向外扩张，公地越来越多。贵族巧取豪夺、广占土地的现象也越来越突出，如向国家提供高租金以兼并贫民租地。① 一部分公民失去土地，甚至沦为债务奴隶，无法履行公民的义务。贵族广占公田不仅加剧了公民内部的贫富分化，也引发了平民的反对。在他们看来，征服获得的土地属于战利品，是公民集体浴血奋战得来的，应该在公民中分配。从公元前5世纪初开始，双方的矛盾明显激化，而公地分配问题就成为罗马历史上平民与贵族斗争的主线之一。李维曾经感慨，自从公元前486年首倡土地立法以来，"记忆中每次这个话题的提出都伴随着严重的骚乱"②。

虽然贵族与平民之间存在矛盾，但两者又有共同的利益。罗马的发展史就是一部扩张史，罗马的财富则是建立在掠夺剥削被征服地区基础上的。要维持这个局面，就必须保证以平民为主的军事力量，需要对平民让步，并不断调整土地分配，以防共同体崩溃。罗马历史上曾经出现过平民拒绝合作服兵役的事件，从公元前494年至公元前287年先后共有五次。亚里士多德指出，对统治者来说，穷人与富人间的平衡与和谐是保持城邦政权正常运转的关键之一。一旦贫富分化加剧，就会产生危险。③ 为此，政府先在公元前367年立法限制占地规模，又在前167年取消了罗马公民的财产税。公元前123年，格拉古不但提出了有利于平民的土地法，而且推出了低价粮措施。就这个角度而言，低价粮及后来的福利粮是对广大平民的福利性补偿，是其应有的权利。此外，罗马的政治运作模式也

---

① Plutarch, *The Parallel Lives*, Vol. X, 1921, Tiberius Gracchus, 8.1-16.3.
② Livy, *History of Rome*, Vol. I, Book II, 41.3.
③ 亚里士多德：《政治学》，1306^{b}35—1307^{a}2。

促成了这种体制。虽然最初平民并不掌握罗马的最高权力，但公民拥有投票权，是每年一度的高层官吏选举中不可忽视的力量。随着保民官的设立，平民的政治影响力日益增大。富人利用捐赠等手段使平民得利，这样既可以获取或保住执政官、保民官等职位，又能展示美德，还可以缓解穷人与富人之间的矛盾，可谓一举多得。在这个过程中，调整土地分配则是公私兼顾的最好方式之一。所以从一开始，惠及平民的土地立法就受到贵族的激烈反对，冠冕堂皇的借口就是将它视为个人的变相贿赂。① 从实践层面来看，罗马捐赠机制的发展与罗马政治运作机制的变化互为表里。共和末期，捐赠成了政客攫取权力、获得拥护的最有效手段之一，并且逐渐固定化，甚至成了帝制时代的准则，连皇帝也必须遵守。保罗·韦纳认为个人善行破坏了民主原则，就是这个道理。对罗马公民而言，虽然不排除感恩的成分，但他们也不会觉得受之有愧，很大程度上反倒认为接受捐赠是一种应得的权利或福利，因为这是对他们军事和政治付出的报酬。

三、兄弟之爱：基督教的社会救助

就在罗马帝国像朝阳一样冉冉升起之时，基督教在巴勒斯坦地区悄悄出现。没有人会料到，这个以犹太教异端面目出现的新宗教日后会改变罗马帝国，包括其社会理念与实践。基督教的社会救助体系与基督教在罗马帝国的发展历程相一致，其具体过程当然比较复杂，本文不拟详述。大致说来，基督教的社会救助有以下几个特点。

第一，虽然基督徒同样生活在帝国的世界里，但他们对罗马传统的善行语词不很热心，而是形成了自己的救助话语体系。犹太教认为，作为上帝的子民，共同体成员之间是休戚与共的，富人和穷

---

① Livy, *History of Rome*, Vol. I, Book II, 41.1-10; Vol. II, Book III, 1-8.

人是兄弟，前者有义务帮助后者。《摩西五经》里面多次提到对穷人、孤儿寡母及寄居的外乡人的帮助和救济。为了实现这个目标，犹太人要定期免除债务，恢复因债务失去自由的人的自由，把收获物的一部分拿出来救济穷人，同时还设立了义务性的什一税制度，以建立济贫的公共基金。① 《德训篇》4：1告诫犹太人不要拒绝救济穷人，《以赛亚书》58：7则要求"把你的饼分给饥饿的人，将漂流的穷人接到你家中，见赤身的给他衣服遮体"。②

基督教延续了犹太教的传统。在其话语中，caritas（英文为charity）一词具有很重要的地位。其希腊文为agape，意为"爱"，最早出现在希腊文的七十士本《圣经》中，用来翻译《旧约》希伯来文原文中与爱相关的字词（如动词 āhēb 和名词 'ahābâ），也指代对穷人的同情及施舍。在通俗本拉丁文译本中，agape 则被译为 caritas。这个术语在《新约》中频繁出现，据统计，其各种形式的用法在《新约》中共出现过341次，每篇中都有出现。③ 它有两种意思，一是指最高、最纯粹的爱，也就是圣爱，因此又被用来表示造物主——神的属性，如"神是爱"（《约翰一书》4：8）。这种爱在本质上并非人对神的爱，而是神对人的爱，其中最大的爱就是"差他的儿子为我们的罪作了赎罪祭"（《约翰一书》4：10）。此外，agape 在《新约》里面还被用来表示信徒之间的兄弟之爱，这集中体现在《哥林多前书》的第13章里，如爱是恒久忍耐，爱是永不止息，在信徒的信、望、爱中，爱居最主要的位置。其含义较广，既指自爱，也指对家庭、亲人的爱，还指对邻居的爱，甚至包括对仇敌的爱。神之爱和兄弟之爱是不可分割的，"不爱他所看见的兄弟，就不能爱没有看见的神。爱神的，也当爱兄弟"（《约翰一书》

---

① 《利未记》25：35；《申命记》15：4，7，11；26：12—13。
② 本文引用圣经主要据中国基督教协会印本《圣经》，次经部分据中国天主教协会思高本《圣经》。在术语的使用上用"神"而非"上帝"。文中不再一一注明。
③ David Noel Freedman, ed., *The Anchor Bible Dictionary*, New York: Doubleday, 1992, Love 条目，NT AND EARLY JEWISH LITERATURE.

4：20—21）。耶稣基督把信徒之间的彼此相爱作为一条命令，把它作为辨别其门徒的标志（《约翰福音》13：34—35）。神之爱体现在兄弟之爱中，包括诚心救助饥渴者、给无衣服者衣服、照顾病人、留宿旅客、看顾监狱犯人等，而赈济穷人则是最主要的形式。财富、穷人、富人及帮助救济他人是《新约》里的常见话题，基督徒最早的聚餐活动也被冠以 agape 之名。这样，基督徒帮助贫困信徒的活动被称作 caritas，它也成了基督教慈善和救济的代名词，通行于世。

基督教钟爱的另一个字眼是 eleēmosynē（英文为 alms/almsgiving），也就是赈济或施舍。这个希腊文术语的本义为怜悯、同情，与希伯来文的 ṣdq 相近，后者本义为正确、公义、正义。希伯来语 ṣdq 的各种形式（多为名词 ṣĕdāqâ，形容词 ṣedeq）在《旧约》里面出现过 523 次。其含义也比较广泛，既指神是正义乃至公义的化身，也指由此衍生出来的体现正义的法律、社会、宗教规范，包括对无助者、穷人、鳏寡孤独、受压迫者、外乡人等的公正和正义。这个词在希腊化时代可能与希腊原有的美德观念融合，出现了新的含义，也指怜悯、慈善、厚道等。七十士本用 eleēmosynē 来翻译其中的一些用法，共有 12 次。①《新约》里面这个词出现得比较频繁，其中在《福音书》（包括《使徒行传》）里面出现 13 次，用来表示对穷人的施舍和救济。在其他篇目里也表示怜悯和同情。随着基督教的发展，这个术语也成为济贫的代名词，不但被广泛使用，而且成为教会神学家们关注的重要问题，如亚历山大里亚的克莱蒙（150 年—215 年）的《什么样的富人能得救》、迦太基主教西普里安（约 200 年—258 年）的《论做工与施舍》等②，更多的则出现在解

---

① David Noel Freedman，ed.，*The Anchor Bible Dictionary*，Righteousness.
② ANF，Vol. II，pp. 591-604；ANF，Vol. V，pp. 476-484. 本文所引古代基督教作家的作品，多来自美国马萨诸塞州 Hendrickson Publishers 公司 1995 年影印的 Ante-Nicene Fathers，Nicene and Post-Nicene Fathers 系列丛书，分别简写为 ANF、NPNF 1st series 和 NPNF 2nd series。

经与布道中，一直是早期基督教关注的重点话题。①

在这种话语体系下，基督教对慈善的理解与希腊罗马的传统和犹太教的传统都不同。在基督教的观念中，慈善更多的是一种救济，是针对穷人尤其是弱势群体的帮助，不是为了展示美德，也不是为了获取声誉和受惠者的回报。犹太教强调济贫是一种体现正义的宗教义务，以至于在塔木德和拉比文献中多用 ṣĕdāqâ 指代济贫。这种理念的弊端在于往往流于形式，忽视了本质，而这种形式主义也正是耶稣基督对犹太教批判的重点。基督教更强调救济是神爱与人爱的统一体，而不仅是一种正义。耶稣强调，行善不是博取声名，而是展示爱，要在暗中做（《马太福音》6：1—4）。保罗则告诫说："我若将所有的赈济穷人，又舍己身叫人焚烧，却没有爱，仍然与我无益。"（《哥林多前书》13：3）施舍救济与爱是不可分割的。施舍如果没有爱，则没有任何价值，甚至适得其反；只有以爱为出发点和目的的施舍，才能得到神的嘉许。这是古代基督教一直奉行的准则，在很大程度上超越了犹太教。

第二，基督教对穷人及贫困的看法有了根本性的变化，希腊罗马社会视富足为美德，视贫困为耻辱的观念被抛弃，贫困逐渐具有积极的内涵。基督教创立初期，成员以社会的中下层居多，但并没有排斥富人。虽然耶稣有抨击富人的言论，如"骆驼穿过针的眼，比财主进神的国还容易"（《马太福音》19：24），也将财主和乞丐拉撒路的命运进行对比（《路加福音》16：19—31），但整体说来，初期基督教既不反对拥有财富，也没有仇视甚至贬低财富，没有贬抑富人、高扬穷人。因为个人的来世命运与贫富没有必然的联系，

---

① 约翰·克里索斯托姆和奥古斯丁是其中的代表，相关论述散见于他们的圣经注释和布道中。巴西尔、尼撒的格里高利等也进行过专题布道，其中的三篇布道文见 Susan Holman, *The Hungry Are Dying: Beggars and Bishops in Roman Cappadocia*, New York: Oxford University Press, 2001, appendix. 理查德·芬恩（Richard Finn）对早期教会的各种相关论述有较为详细的书目式梳理，见其 *Almsgiving in the Later Roman Empire*, pp. 137-171.

而是主要取决于有没有真诚的信仰。耶稣批判的是那些缺乏爱心且不愿帮助别人的人，尤其是为富不仁的人。当然，耶稣比较偏爱穷人："你们贫穷的人有福了，因为神的国是你们的。"(《路加福音》6：20)"但你们富足的人有祸了。"(《路加福音》6：24)在他看来，乞丐拉撒路死后在亚伯拉罕怀里享福，而财主死后则在阴间受苦。他还借天国降临审判的预言说，凡是救助饥渴者、给没衣服者衣服、照顾病人、留宿旅客、看顾监狱犯人的，"这些事你们既做在我这兄弟中一个最小的身上，就是做在我身上了"(《马太福音》：25：41)。这个论断对基督教济贫实践的影响很大，成为联结穷人、富人和基督的纽带，奠定了施舍救济就是为基督做工的理论基础。

耶稣的论断虽然本质上没有否定财富和富人，但在教会后来的实践中却有所变化，逐渐把财富视为不好的东西，有碍人的救赎等。这种观念的形成与基督教内部逐渐兴起的灵魂与肉体对立的思想有关。保罗声称："那些想要发财的人，就陷在迷惑、落在网罗和许多无知有害的私欲里，叫人沉在败坏和灭亡中。贪财是万恶之根。"(《提摩太前书》6：9—10)财富的问题在早期教会内部曾经引起争论，如要不要财产，财产要不要共有等。随着越来越多的富人加入教会，富人能不能得救的问题也成为教会关注的重点。一些人将财富与救赎对立起来。更多的人则认为，虽然财富容易腐蚀人的灵魂，容易使人离开救赎的正确道路，使人目空一切，但它并非救赎的障碍。富人只要心向永生，牢记耶稣基督的教导，以爱为目的，利用财富帮助穷困的人，就会得到永生的回报。① 3世纪中后期，修道运动兴起，抛弃财产、脱离世俗以追求永生成为社会的新时尚。在这种观念的推动和影响下，财富越来越被视为救赎的障碍，贫困和圣洁永生则逐渐被关联起来，穷人在宗教中的地位也越来越高。拉克坦提乌斯认为，贫困与不足造就美德。与富人相比，

---

① ANF, Vol. II, pp. 591-600.

穷人更容易信神。① 与此同时，穷人因为能够在富人的救赎中发挥积极作用，也逐渐成了离神最近的人。尼撒的格里高利说，面对穷人，要立刻毫不犹豫地施舍，因为穷人身上带有救世主的奖励。"穷人是我们希望的司务，是天国的守门人。他为义者开门，接着把无爱心、厌恶人类的人关在门外。"② 传统的财富观念发生了巨大的变化。

第三，基督教对救助的重视更多地体现在实践中，并逐渐形成了一套较为完整的体系。第一是爱宴。基督徒在聚会结束后会集体用餐，主要由富有的信徒出资。最初基督徒聚会比较频繁，因此爱宴活动也比较多，后来逐渐固定在礼拜结束后。爱宴是早期基督教最引人注目的特色之一，2世纪初小普林尼给图拉真的信里曾专门提到过，凯尔苏斯在2世纪中后期攻击基督教时，所列的第一条罪状就是他们秘密的爱宴。③ 在基督徒看来，爱宴既体现了基督徒的互爱与团结，也起到对穷人的救助功效。④ 第二是常设性的基金。基督教继承了犹太教的传统，信徒每周或每月自愿捐款，作为救济穷人等的基金。此外，还有各种临时的实物捐赠等。基督教比较关注社会的弱势群体，这与传统罗马的风尚形成显著对比，也是2至3世纪的护教士们在护教文中反复强调的。如阿里斯提德指出，基督徒关爱穷人、救赎俘虏、埋葬死者、照顾孤寡、善待外乡人；⑤ 查士丁在给皇帝安东尼（Antonius Pius，138年—161年在位）的信中说，教会内部的富人接济穷人，周日礼拜时，自愿捐款设立基金，用来救济孤寡、生病及其他需要救济的人，也救济外乡人；⑥ 德尔图良说，基督徒专门设立自愿性基金，信徒每月自愿捐

---

① ANF, Vol. VII, Lactantius, *The Divine Institutes*, VII. 1.
② Susan Holman, *The Hungry Are Dying*, p. 195.
③ Pliny the Younger, *Letters*, Vol. II, Book X, 96; ANF, Vol. IV, Origen, *Against Celsus*, I. 1.
④ ANF, Vol. III, *Apology*, xxxix.
⑤ ANF, Vol. XI, pp. 275-277.
⑥ ANF, Vol. I, Justin, *Apology* I, lxvii.

献，用于供养贫困的人、埋葬死者，他们还供养贫困无依的儿童，帮助海难、矿难者和囚犯。①

与罗马分散在各种捐赠活动中的救助不同的是，基督教形成了一套较为完整的救助操作制度。除了公共基金制度外，教会很早就安排了专门负责接受捐赠和发放救济的人员，也就是执事（助祭）（《使徒行传》6：1—5）。随着教会财富的不断扩大，从4世纪初开始，教会财产的四分之一便被专门用作济贫，在主教的管理下由执事负责，并成为定则。② 4世纪中期前后，基督教开始在教堂之外开辟新的救助场所——医院（xenodochium）。古代希腊罗马的医院最早设在神庙，生病的人到神庙求神医治。犹太教中也有照顾生病同胞的规定，同时还为到耶路撒冷朝圣的人修建了旅馆，供他们居住或养病。基督教则把医院变成一个真正的救助场所。圣巴西尔（约330年—379年）是医院的创建者，他依托修道院建立了医院，收留孤寡及生病的人，同时还为朝圣者提供免费住宿乃至医疗服务。③ 到4世纪末，西部的拉丁教会也开始修建医院。虽然名为医院，但基督教的医院往往兼有医疗、旅店、养老院、孤儿院等综合功能。修道运动兴起后，修道院成为教会之外的另一个重要救助机构。集体修道一开始，就规定把多余的物资用来救助穷人。随着修道院势力的增强以及以贫困为理想的圣徒观念的发展，关爱穷人几乎成了圣徒必备的品德④，圣徒崇拜的场所也成了济贫场所⑤。修道院成为信徒捐赠的新对象，其积累的大量财富使之在济贫方面与教会并驾齐驱。

基督教的救助不仅仅限于地方教会内部，还拓展到不同地区的

---

① ANF, Vol. III, *Apology*, xxxix.
② NPNF, 2nd series, Vol. XIII, pp. 74-75.
③ NPNF, 2nd series, Vol. VIII, letters 94.
④ Richard Finn, *Almsgiving in the Later Roman Empire*, pp. 116-137.
⑤ Peter Brown, *The Cult of the Saints: Its Rise and Function in Latin Christianity*, Chicago: The University Press of Chicago, 1981, pp. 44-47.

教会。使徒保罗在传道过程中曾经多次募捐，救助耶路撒冷的教会（《罗马书》15：26；《哥林多前书》16：1—2）。罗马的教会定期向各教会提供援助。虽然在基督教的发展过程中，各教会之间存在神学上的分歧，但不同地区教会之间相互帮助的传统并没有中断。西普里安在得知努米迪亚地区的基督徒被俘后，为他们募集了10万赛斯特斯的赎金。阿米达（Amida）主教阿卡西乌斯卖掉教堂的器皿等，筹钱赎买被罗马人俘虏的7,000名波斯士兵，并送他们返回故乡。君士坦丁堡教会主教艾提库斯在尼西亚发生饥馑时曾赠送300金币用于救济。① 随着基督教在帝国境内的扩展，这个体制也逐渐扩展到各地，形成一个巨大的网络。主教制的形成则进一步优化了救助资源，加强了教区内部与教区之间的联系。

为了更好地发挥救助的效力，基督教在社会救助实践中还逐渐形成了一套具体规则，涉及救助的对象、资格审查、具体措施等，以免产生各种腐败。早期基督教同情、怜悯穷人，不反对乞讨，但反对好逸恶劳。成书于4世纪后半期的《使徒宪章》规定，救济要看对象，寡妇（鳏夫）的标准是六十岁，寡妇如果足以自立，则不必救助；家庭困难的妇女，即便不是寡妇，也应该救济。生活放荡、酗酒、游手好闲的人不得救济；救济要避免厚此薄彼，不能重复发放领取，施舍者不留名等。② 圣巴西尔提到，帕卡多西亚地区凯撒利亚的主教规定，任何人不得直接施舍自己的财产，应该委托给负责济贫事务的人，由他专门分发，这样可以避免不是真穷困的乞丐冒领，尤其是好逸恶劳的流浪汉。这些人经常偷盗，不但扰乱秩序，而且夺走属于真正穷人的救济，不值得同情和救济。③ 米兰主教安布罗斯（337年—397年）则说，要防止贪得无厌的乞丐，

---

① ANF, Vol. V, Cyprian, Epistle 59; NPNF, 2nd series, Vol. II, Socrates, *Ecclesiastical History*, VII. 21, 25.
② ANF, Vol. VII, *Constitution of the Holy Apostles*, Book II, 4, 27; Book III, 1, 14.
③ NPNF, 2nd series, Vol. VIII, Letter CL. 3.

对假装欠债的人不救济，以免真正的穷人得不到救济。①

第四，基督教对贫困者的救助覆盖社会的各个群体，在救助的内容上也大大拓展，从而成为真正意义上的社会救济。基督教突破了传统以公民权为前提的救助原则。所有人，无论是基督徒还是非基督徒，公民还是非公民，本地人还是外乡人甚至敌人，只要有需要，都在救助之列。拉克坦提乌斯说，基督徒认为人都是平等的，没有穷富和主仆之分，所有的人都是兄弟，包括奴隶在内。② 社会的弱势群体，尤其是老弱病残、鳏寡孤独等，始终是教会重点关注的对象。救助内容则十分广泛，从供养寡妇和孤儿，照看供养体弱、生病、残疾的人，帮助穷人免费办理丧事，救济遭受灾难者，为旅行者提供食宿，到募集资金赎买战俘等，不一而足，几乎涵盖了各个方面。到帝国中后期，基督教已经成为一个重要的社会救助机构。3世纪中期，罗马教会供养1,500名寡妇和穷人；4世纪末，约翰·克里索斯托姆的安提阿教会每天可以供养3,000名寡妇和修女，外加众多的老弱病残等需要救助的人。③ 这个面向所有群体的体制的优势显然是传统救助机制所无法比拟的。

四、美德与爱的融合：基督教救助体制主导地位的确立

有"叛教者"之称的朱利安在位期间（361年—363年），曾经对基督教的社会救助发表过专门的评论。他在给神庙祭司的信中说："当祭司们忽略、无视了穷人时，那么我认为不信神的加利利人正是看到了整个事实，并致力于慈善。""为什么我们没注意到，是他们对外乡人的善行，是他们为死者置办棺墓，是他们伪装的圣洁生活，而最能助推无神论的就是这些。"在朱利安看来，人们之

---

① NPNF, 2nd series, Vol. X, *On the Duties of the Clergy*, Book II, 76-78.
② ANF, Vol. VII, Lactantius, *The Divine Institutes*, V. 16.
③ NPNF, 2nd series, Vol. I, *Ecclesiastical History*, VI. 43. 11-12; NPNF, 1st series, Vol. X, homily 65, 3.

所以对基督教趋之若鹜，最主要的原因就在于他们广泛的社会救助，而这正是传统罗马信仰的失败之处。"就连犹太人都不会去乞讨，不敬神的加利利人不但供养他们自己的穷人，而且还供我们的人，我们自己的人民得不到我们的支持，所有的人都看到这一点，这真是个耻辱。""我们应该与所有的人分享我们的金钱，但要对好人、无助的人和穷人更慷慨，以便能足够满足他们的需要。"为对抗基督教，他甚至提出了具体计划："要在每座城市修建旅馆，以便外乡人能够从我们的善行中获益；我并不是说只为我们自己的人民，还包括那些需要钱的其他人。为此我制定了一个计划，已下令每年给整个加拉太地区提供 30,000 莫迪粮食，60,000 品脱葡萄酒。我下令其中的五分之一用于为祭司们服务的穷人，其他的我们分给外乡人和乞丐。"① 他命令所有祭司无一例外地都要切实践行这些美德。

朱利安的这番论断形象地展示了传统罗马与基督教在社会救助方面的差异，也被用来作为基督教救助体制优越性及获胜的典型证据。的确，无论从哪方面看，基督教体制的优越性都是传统机制所无法比拟的。从历史来看，也确实如此。一方面，传统的机制逐渐衰落，尤其是政府层面的；另一方面，基督教的体制却在不断发展，最终取代了传统机制。到 7 世纪初前后，随着传统体制的消失，基督教化加深，新的财富及贫困观念形成，主教在救助事务中的话语权得到确立，基督教救助体制的主导局面形成。② 这个体制一直是中世纪欧洲社会救助的主导体制，直到宗教改革时期才发生深刻的变化。

基督教取代罗马传统的救助机制，其优势自然毋庸置疑。不过，仅仅从爱与非爱的角度进行分析过于片面。基督教体制之所以

---

① *The Works of the Empire Julian*, Vol. II, Cambridge: Harvard University Press, 1913, p. 303; *The Works of the Emperor Julian*, Vol. III, 1993, pp. 67-71.

② Peter Brown, *Poverty and Leadership in the Later Roman Empire*, p. 1; *Through the Eye of a Needle*, p. xxi.

能够把理论上的优势变成事实，主要得益于一系列主客观因素，要从罗马帝国和基督教两个方面加以分析。

就罗马帝国而言，其体制自身的特点为基督教体制的成功提供了条件。

在城邦体制下，以公民体为对象的救助机制尚能维持。传统上，罗马为了维持公民内部的资源均衡，保证强大的军事实力，或者通过调整公地的占有，使普通公民获得维持生存的资源；或者通过对外战争，掠夺土地资源进行分配；或者通过增设新的殖民地，将无地或退役的公民从罗马分出去。随着大规模对外扩张的减缓、土地集中和庄园制的发展，这些手段已经很难再发挥作用，内部的贫困问题开始凸显。有学者指出，虽然贫困现象在罗马的历史上始终存在，但穷人作为一个明确的社会阶层出现，贫困真正成为一个严重的社会和政治问题并引起重视，是在共和末期和帝国时期。随着土地占有制度基本均衡的破坏，公民内部加剧分化，越来越多的人失去土地，沦为无产者。"城邦政治的死亡不可避免地导致穷人的诞生"，也对公民体观念产生了冲击。[1] 随着公民服兵役与土地占有的彻底分离，权利与义务观念发生变化。在元首制下，普通公民在政治中已无足轻重，而公民权的普及则彻底瓦解了传统的理想公民体观念。从4世纪开始，穷人和富人的划分逐渐取代了传统的公民、非公民划分。[2]

虽然帝国的公民不断增加，公民权普遍化，贫困的群体也在增加，但值得注意的是，帝国的运作理念似乎仍然停留在小国寡民的城邦阶段。帝国臣民之间的身份差距和不平等仍旧存在，罗马公民仍然享有免税、选举投票等各种特权，维持着对行省的剥削。这些特权甚至在公民权普及后仍然存在，如行省公民仍要继续缴纳人头

---

[1] Margaret Atkins and Robin Osborne, eds., *Poverty in the Roman World*, Cambridge: Cambridge University Press, 2006, pp. 2, 10.
[2] Évelyne Patlagean, *Pauvreté économique et pauvreté sociale à Byzance, 4e - 7e siècles*, p. 1.

税。社会救助机制并没有随着政治体制和资源配置的变化而变化，仍然停留在城邦制下以个人捐赠为主的机制中。一方面，帝国范围内的统一体制并没有形成，救助仍由各个城市自主解决，并且在罗马等享受国家福利的地区，仍然限于部分而非全部公民。另一方面，就捐赠的主体而言，仍然以私人为主。这种体制在政治和经济运行良好的时期尚可支持，一旦出现波动，就会直接影响捐赠机制的运作。就罗马而言，捐赠者主要是皇帝，而罗马是靠军事征服形成的，军队在政治中举足轻重。从帝国历史来看，皇帝一旦失去了军队的支持，就会面临灭顶之灾。到帝国中后期，军队几乎完全决定了皇帝的废立，以至于塞维鲁临终前的告诫就是"让士兵发财，不要管其他人"①。为了确保军队的支持，皇帝们将大量钱物投入军队，主要保证士兵的工资，普通公民的救助并非要务，也不能时时保证。随着内战频发以及随后帝国政权在西部的灭亡，国家层面的机制也难以维系。查士丁尼灭掉东哥特王国后，干脆取消了罗马和亚历山大里亚城等市民的福利特权。② 618 年，拜占庭皇帝赫拉克利乌斯（Heraclius）下令取消君士坦丁堡的福利粮供应制度。从地方层面来看，捐赠者主要是城市富裕的中产阶层（curiales），尤其是地方元老贵族（decurions）。传统上，捐赠是富人跻身地方政治上层乃至融入共同体的重要渠道。不过，从 3 世纪上半期开始，这条通道逐渐遭到破坏，富人对共同体捐赠的热情也显著下降。不仅如此，随着帝国政局动乱和经济恶化，地方贵族的经济负担加重，以至于纷纷设法逃避。为了防止逃避义务，确保地方机构的正常运转，帝国采取了包括军队在内的严格的职业世袭制度。从奥古斯都开始，收税职责逐渐从传统的商业包税公司转到地方官吏和贵族身上。从戴克里先开始，国家收税额大增，地方贵族则逐渐沦为

---

① Cassius Dio, *Roman History*, Vol. IX, 1927, 77.15.
② Procopius, *The Anecdota or Secret History*, Cambridge: Harvard University Press, 1935, XXVI. 虽然普罗柯比乌斯在这章里主要列举的是查士丁尼如何对意大利和亚历山大里亚城进行盘剥，但从另一个侧面反映了传统救助机制的衰败情况。

专职包税人。在包税制下，这个群体中的很多人陷于破产，这从 4 世纪众多的不断重申地方元老及其子女不得无故改变职业的法令中可见一斑。地方贵族阶层的贫困化对传统的捐赠机制无疑是一个沉重的打击。在贫困人口不断增加，贫困问题日益严重的情况下，随着中央和地方政权的崩溃，传统的机制自然不能有效地应对这个局面，被抛弃也在情理之中。

就基督教而言，身份和职能的变化则是决定性的。

第一，基督教身份的变化与特权地位的确立。基督教是民间组织，最初并未经帝国许可，理论上是非法的，也多次受到政府的打击。311 年，基督教合法化。在君士坦丁的庇护下，基督教会先后获得了很多特权，如免除神职人员的兵役及政府任职等对国家的强制义务，教会可以接受公民的财产捐赠、获得土地和墓地等。到后来，不但神职人员，就连其妻子、奴仆等也不必对国家尽义务，不必交税，甚至可以免除贸易税等。① 不仅如此，教会还获得了一定的司法权力，可以审判除刑事案件之外的内部纠纷等。虽然学者们对这些特权对救助的直接影响有不同看法，但法律身份的巨大变化无疑为基督教的快速发展扫清了障碍。到狄奥多西一世时期，皇帝先是下令归还原来没收的教会地产，接着又宣布罗马教会为帝国唯一合法宗教。基督教国教化成为其救助体制主导地位确立的必要条件。

第二，基督教会的国家机构化与教会上层的官吏化。作为一个社会组织，基督教在发展过程中是仿照罗马帝国架构起来的。从 2 世纪开始，教会就出现了集中的趋势，主教地位不断上升，并形成主教制模式。在主教制下，主教负责一个甚至几个城市的宗教事务。此外，教会还仿照罗马的行省体制组建教省，两者的范围基本一致。在戴克里先实行大区制改革后，教会也加以采用，形成教区（diocese），作为主教管辖的范围。教会还仿照罗马的法律制度，形

---

① *The Theodosian Code*, 16.2.2, 16.2.4, 16.2.10.

成自己的法规体系。最为重要的是，随着基督教的发展，教会上层尤其是主教们逐渐成为政府的官吏。从2世纪起，基督教逐渐改变对帝国的敌视态度，支持信徒尽公民义务，包括服兵役和在政府任职。这种观念为官僚贵族皈依基督教提供了便利，而他们本来就是世俗政权的主要支柱。从君士坦丁开始，基督徒逐渐成为政府选拔官吏时的新宠，教会神职人员身份与政府官吏身份合一的趋势开始出现。尤其值得注意的是那些设法逃避世俗职责的贵族，他们最常见的逃避方式就是到教会任职，由世俗贵族摇身变为教会贵族。基督教国教化后，教会实际上成为国家机构的一部分，教俗之间的界限进一步模糊，信徒、公民、臣民身份渐趋合一。

与教会国家机构化相伴的是教会职能的国家化，尤其在社会救助方面。一方面，社会救助一直是教会自我定位的主要职能，也是其强大的社会凝聚力之所在，这个优势根本无须政府推动。另一方面，教会的社会救助也是统治者最看重的一点。君士坦丁曾经说过："富人必须承担世俗义务，而穷人则必须由教会的财富来供养。"① 教会的优惠和特权不是无条件的，前提是承担国家的部分职能，要在社会救助领域发挥作用。政策上的优惠实际是为教会募集社会救助资金提供便利和补偿。在这个原则的指导下，皇帝的赏赐和捐赠也逐渐向教会倾斜。在困难时期，皇帝则授权教会代表政府发放赏赐或福利粮。② 教会实际上成为国家的社会救助部门，其优势得到进一步发挥。从4世纪末开始，随着帝国二分及长期战争，西部帝国的政治秩序陷于混乱乃至最终崩溃。在西部帝国领土上建立起来的各日耳曼政权相互混战，进一步毁坏了城市行政体系。在行政体系崩溃的同时，教会的组织则在不断扩大，成为联系各地区的另类统一机构，填补了传统行政体系的空缺，成为维系共

---

① *The Theodosian Code*, 16.2.6.
② Edward Spearing, *The Patrimony of the Roman Church in the Time of Gregory the Great*, New York: Cambridge University Press, 1918, pp. 99-101, 125-126.

同体的纽带。这种作用在危机和战乱时刻尤其明显,其中罗马主教利奥一世(440年—461年在位)和格里高利一世(590年—604年在位)是典型代表。他们都是罗马贵族,都在城市面临威胁时成为实际领袖,组织防御,抵抗侵略,前者与阿提拉周旋,后者则率众抵抗伦巴德人。不仅如此,他们还在城市管理和救济中发挥了重大作用。① 格里高利一世对罗马的救助体系进行改革,建立了专门的财务发放制度,设有救济名单(matricula),按时在专门场所发放救济。他还针对教会和修道院的特点,调整其各自的救助职能。教会的常设救济机构负责教区和城市的社会救助,由教会的执事主理,在主教的领导和监督下开展救济。依托修道院的医院系统重在为流浪汉、穷困旅客、朝圣者提供住宿,同时看护照顾病人等没有劳动能力的人。②

如果说帝国政府救助机制的缺陷及世俗政权体系的崩溃为基督教体制的成功奠定了基础,基督教身份的变化及职能国家化则使得它成为历史的自然选择。

基督教救助体制主导地位的确立是不是意味着对传统的否定？自从19世纪学术界提出希腊化时代的基本特点是希腊文化与希伯来文化二元对立的观点以来,这种模式被广泛应用于对早期基督教历史的研究,包括社会救助制度。虽然在过去几十年内学术界的相关研究对此有所修正,注意到了早期基督教中的希腊文化因素,但整体上仍然把基督教的发展视为对希腊文化的否定和消解。就社会救助而言,这种判断似乎并不很准确,因为无论在观念还是实践层面,两者都还有不少相似甚至一致的地方,更多的是一种发展关系。

第一,两者对贫困的看法虽然有所不同,但也有一致之处。对他们而言,贫困是天经地义的事情,而且是社会正常运转必不可少

---

① Susan Wessel, *Leo the Great and the Spiritual Rebuilding of a Universal Rome*, Leiden: Brill, 2008, pp. 179-207.
② Edward Spearing, *The Patrimony of the Roman Church in Time of Gregory the Great*, pp. 118-132.

的。《旧约》里就有"原来那地上的穷人永不断绝"(《申命记》15：11)的论断，耶稣则告诫门徒："常有穷人和你同在。"(《马太福音》26：11)在基督教的神学里，穷人和富人都是神意的体现，贫困和富有都是神对人的考验，只能接受和服从。① 在实现救赎的过程中，穷人和富人更是相互依存的。贫穷是一种考验，更是一种资本。穷人可以通过接受富人物质上的帮助，为富人祈祷并创造自己的价值，帮助富人积累救赎资本。对富人而言，财富也是一种考验，可以检验他们是否贪迷世俗，是否谦恭，是否有爱心。他们利用物质财富帮助穷人，换取神的赞许。两者谁也离不开谁。可以说，基督教的理论就是以穷人富人共生共存为基础的，其目标从来不是消灭贫困，而是通过贫富之间的差异展示神爱和人爱。一旦这个前提消失了，其理论和实践也就难以维持。这种理念与亚里士多德的城邦中富人与穷人始终并存的观念可谓异曲同工。

第二，基督教更多地是从人性角度出发讨论社会救助，批判着眼于狭隘公民意识的观念。不过，这并不意味着两者完全对立。实际上，希腊化时代的哲学中，人性相同、人类命运相同的观念已经出现，这一点在斯多葛派中尤其明显。斯多葛派哲学在共和国后期及帝国时期的罗马影响很大，追随者中既有西塞罗、塞涅卡这样的知识分子，也有奥勒留这样的皇帝。他们的救助理念中，对等互惠等意识虽然没有完全消失，但已经出现显著变化。如塞涅卡认为救助是"基于人性的对同胞的帮助"。② 就连朱利安也认为："与邪恶的人分享我们的衣服和食物会是一件虔诚之举……我们给与一个人是出于人性，而非他邪恶的品格。"③ 此外，斯葛多派也强调救助他人最好的方式是不留名，在暗中帮助。这些理念与基督教的观点

---

① NPNF, 2nd series, Vol. XII, Gregory the Great, *The Book of Pastoral Rule*, Part III, Chapter II.
② Seneca, *Moral Essays*, Vol. I, De Clementia, Book II, 5-6.
③ *The Works of the Emperor Julian*, Vol. II, Cambridge: Harvard University Press, 1913, p. 303.

相吻合，而基督教也被认为与斯多葛派有着继承关系。当然，双方在具体的理解上有分歧。对基督教而言，同情与怜悯基础上的爱心是救助的主要动因；而斯葛多派则认为，救助的前提是理性的仁慈（clemency），而不是非理性的同情。两者都认为，人是神的子女，是亲属，要互爱互助。不过，基督教认为，人是造物主造出来的；而在传统希腊的主流观念中，人是神生出来的。

第三，基督教强调救助体现的是兄弟之爱，反对把它作为美德加以炫耀。但是，基督教并不反对美德本身，更不反对节制、审慎、勇毅、正义这些古典美德。① 恰恰相反，基督教在论战中特别重视美德善行，把它作为自己更优越的证据，尤其是在社会救助方面。最能体现这一点的当属安布罗斯的《论神职人员的职责》（成书约在 391 年）。这篇著作从结构体例到讨论的内容，都完全仿照西塞罗的《论职责》，其目的在于告诉教士们该如何履职，只是加上了基督教的例子。安布罗斯强调，善行有多种，其中最伟大的是赎买战俘，把他们从敌人手中救出来，把他们从死神的手中夺回来，使妇女免受耻辱，把孩子们还给父母，把父母还给孩子，让公民返回故国；其次是替别人还债，养育儿童，照顾孤儿，帮助没有父母的女孩结婚，救济寡妇等。② 他与西塞罗同样认为，虽然给予别人直接的物质帮助（金钱）值得赞许，但给予积极的帮助，如提供服务、建议、安慰等是更伟大更有价值的善行。③ 在他看来，美德本身毋庸置疑，关键在于目的。善行美德不是为了求得个人的荣耀和别人的赞赏，只是为了让神高兴。不让别人知道的怜悯和同情是美德，其回报不在人，而在神，获得的是永生。不仅如此，美德必须以

---

① 应该指出的是，古典的公民美德背后也并非完全没有爱，只是其面向与基督教有所不同，是一种城邦的"公民友爱"。参见拙文：《从"公民友爱"到"兄弟之爱"——古罗马社会救助伦理的发展》，《北京师范大学学报（社会科学版）》2018 年第 6 期，第 77—87 页。
② NPNF, 2nd series, Vol. X, *On the Duties of the Clergy*, II. 69, 71, 72.
③ NPNF, 2nd series, Vol. X, *On the Duties of the Clergy*, II. 73, 109-110.

信仰作为基础,"没有信仰的保护,善功是不能成立的"①。拉克坦提乌斯在批评西塞罗的好客观念时说,好客的对象不是"合适的"人,而是真正有需要的人,富人不缺住房,所以应该向穷人开放,这是符合公义的,不能背离这个原则。② 基督教的美德观实际是在原有的基础上加上了信仰和爱的维度,是对古典理念的丰富和发展。

第四,基督教反对传统的严格互惠式救助,不求受助者的直接回报。但是,基督教的救助并非不求回报,更非完全利他性的行为。这一点突出体现在其施舍与救赎的神学中。宗教改革以来,在新教意识形态的影响下,中世纪罗马教会被认为背离并败坏了初期教会的纯朴传统,变成物化的宗教。在济贫领域则体现为施舍可以赎罪的观念,即富人通过物质上的施舍或对穷人的救助可以免除罪恶,甚至可以为未来的救赎积累资本。这是一种对历史的误解。实际上,施舍可以赎罪一直是古代基督教所持的观点,是从犹太教那里继承来的。《箴言》里面说:"借慈善忠诚,可补赎罪过。"(16:6)《但以理书》则说:"厉行正义,补赎罪过,怜贫济困,以抵偿不义。"(4:24)《德训篇》里说:"水可以消灭烈火,施舍可以补赎罪过。"(3:30)《多比传》中说:"祈祷与斋戒固然是善功,但秉义施舍却超过前二者;秉义而少有,胜于不义而多有;施舍救济,胜于储蓄黄金,因为施舍救人脱免死亡,且涤除一切罪恶。"(12:8—9)耶稣在论施舍时也说,施舍者会得到神的报答(《马太福音》6:4)。这些信条为基督教所继承,成为社会救助的伦理基础。成书于 2 世纪初前后的《克里蒙后书》说,施舍比禁食和祈祷的价值更大,"能减轻罪的负担"③。随着富人入教现象的增加,这

---

① NPNF, 2nd series, Vol. X, *On the Duties of the Clergy*, II. 1-7.
② ANF, Vol. VII, Lactantius, *The Divine Institutes*, VI. 12.
③ Michael W. Holmes, ed. and trans., *The Apostolic Fathers: Greek Texts and English Translations*, Grand Rapids: Baker Academic, 2007, 3rd ed., 2 Clement, 16. 4.

个理念也不断得到深化。亚历山大里亚的克里蒙提出，富人可以"用金钱换取永生"①。西普里安认为"通过施舍我们能够洗去我们以后所犯的任何罪"②，克里索斯托姆则声称施舍"能将人迅速擢升到天穹"，"无论你有多少其他的罪，你的施舍把它们全部抵消了"，"施舍就是灵魂的救赎"。③ 在基督徒看来，施舍虽然不需要穷人直接的对等回报（受惠者仍要报以感激），但因为给穷人就等于给基督，所以会从神那里得到回报，那就是永生和救赎，是更丰厚的回报。因此，基督教的救助在本质上仍是自利性的交换行为，因为"救济穷人得利的是自己而不是穷人"④，只不过由原来双方的直接对等交换变成了以神为中介的三方行为。可以说，救赎性施舍始终是古代基督教会的重要信条，在西部的拉丁教会尤其明显⑤，就连奥古斯丁也认可施舍有助于赎罪⑥。它不但为社会救助提供了积极的理论支撑，而且极大地推动了基督教发展。它既解决了富人入教及财富问题，也协调了教会内部富人与穷人之间的关系，使之形成一个相互依存的有机整体。富人的财富帮助救济穷人，穷人则为富人的施舍创造了机会。在这种新型互利的关系中，穷人和富人共同获得救赎。⑦

第五，从实践层面来看，基督教体制取代传统救助机制虽然是大变化，但并非断裂式的。一方面，社会救助的总量没有本质上的变化。虽然有战乱及自然灾难等影响，但捐赠和救助的热情并没有

---

① ANF，Vol. II, p. 600.
② ANF，Vol. V, p. 476.
③ St. John Chrysostom, *On Repentance and Almsgiving*, Washington D. C.: The Catholic University of America Press, 1998, pp. 30-33.
④ St. John Chrysostom, *On Repentance and Almsgiving*, p. 146.
⑤ Boniface Ramsey, "Almsgiving in the Latin Church: The Late Fourth and Early Fifth Centuries", *Theological Studies*, 1982, 43, pp. 226-259.
⑥ Peter Brown, *The Ransom of the Soul: Afterlife and Wealth in Early Western Christianity*, Cambridge: Harvard University Press, 2015, Chapter 3.
⑦ Roman Garrison, *Redemptive Almsgiving in Early Christianity*, Sheffield: Sheffield Academic Press, 1993, pp. 18-23.

减弱，更没有消失。私人捐赠及施舍仍然活跃。当然，相当一部分的捐赠给了教会或修道院。教会只是取代了原来政府层面的机制，原有的会社等各种救助机构也仍然存在。另一方面，贫困问题仍然存在，救助活动中的救助方和被救助方也没有本质变化，富人仍是捐赠的主体，仍然是富有者对穷人实施救助。唯一不同的是身份：富裕的异教公民变为基督徒，异教贵族变为教会贵族，世俗官吏变成了教会领袖，对城邦的捐赠变成了对教会的奉献，爱城市变成了爱教会。掌握权力和财富的本质上还是原来的权贵阶层，他们还是穷人的恩主。这种变化是与帝国后期及中世纪早期的社会转变相一致的。随着西部帝国政权的瓦解、城邦体制的解体以及信徒与公民身份的合一，教会越来越多地担负起世俗政权的职能。在这个过程中，社会的组织和运作方式也由以市政广场为中心转向以教堂为中心。教会虽然在理论上始终有别于世俗政府，但实际上两者多混杂在一起，往往是一套人马。不但教会人员在世俗政权中任职是普遍现象，而且出现了不少主教兼君主型的政治人物。这成为中世纪西方拉丁世界封建政治的一大特色。这种新的组织方式带来的是人身关系组合的变化。代表教会的神职人员成为另类恩主，与接受救助的群体形成新的庇护关系。理论上教会的财富属于穷人，主教及助手们只是司务[①]，实际上受救助者只能听命甚至依附于他们，有些则沦为教会的劳役奴仆。随着教士对信徒个人救赎决定权的扩大，这种庇护关系愈加突出，因为他们不但控制了物质资源，而且主宰了精神资源。可以说，在形式变化的背后，传统的机制还在一定程度上延续着。

[①] NPNF, 2nd series, Vol. XIII, letter LV.

"胜利女神祭坛"之争再探：传统宗教特权与罗马朝廷的政治权衡

康 凯

（上海师范大学人文学院历史系）

【摘 要】 罗马帝国后期古典多神教与基督教之间的关系是一个争议较多的问题。自近代以来，多神教与基督教之间的冲突一直是罗马帝国基督教化过程中的主旋律。在这一过程中，胜利女神祭坛之争被视作基督教战胜多神教的标志性事件，这一事件中的两位主角安布罗斯和叙马库斯分别被认为是基督教和古典多神教的捍卫者，而以皇帝为首的罗马朝廷则被看成基督教打压多神教的积极支持者。本文尝试从罗马朝廷的角度来重新审视这一事件。罗马朝廷并非毫无保留地支持基督教，移除胜利女神祭坛也不是罗马政府打压多神教的标志。出于政治上的考量，皇帝同样希望获得多神教元老贵族的支持。这一事件不仅体现出了罗马朝廷力求达到各种政治势力之间的平衡与和谐，也展现出了罗马政府在处理政治事件时的反应——回馈模式。对这些问题的论述，将有助于我们进一步地思考"罗马帝国后期是否存在着系统性压制多神教的宗教政策"这一更加宏大的问题。

【关键词】 胜利女神祭坛；罗马朝廷；叙马库斯；安布罗斯

"那位请愿者说，让他们去吸吧，即使违背他们的意愿，也让他们去吸吧！烟雾进入他们的眼里，音乐进入他们的耳内，灰烬进入他们的口中，香气进入他们的鼻孔。让祭坛上扬起的灰烬喷到他们的脸上，即使他们厌恶地转过头去也避之不及。"① 公元 384 年，米兰主教安布罗斯在写给瓦伦提尼安二世的书信中，向皇帝绘声绘色地描述了"异教"元老们在元老院中举行宗教仪式时，基督教元老们的无助与厌恶之情。

就在写信前不久，安布罗斯获悉时任罗马城守（Praefectus Urbi）的叙马库斯代表一些信奉罗马传统宗教的元老，向瓦伦提尼安二世皇帝请愿恢复两年前刚被移除的胜利女神祭坛。这一消息引起了他的高度警觉。于是，他先后撰写了两封书信，呼吁皇帝拒绝这些异教元老的要求，并且对叙马库斯的上书做了全面的驳斥。叙马库斯的请愿并没有成功，此后随着古典宗教最终的消亡，他请求恢复祭坛的上书被收入安布罗斯主教的书信集，作为异教徒顽抗的典型证据而得以保存至今。②

自吉本以来，诸多研究者都将这一事件看成罗马帝国后期基督教战胜古典多神教的标志性事件。他们认为安布罗斯与叙马库斯的书信所呈现出的是一场虔诚的基督教领袖和顽固的异教代表之间的争论，并且将这一事件与同一时期格拉提安皇帝拒绝最高祭司头衔之举联系在一起。在他们看来，这一事件象征着多神教最后抗争的失败，也表明了 4 世纪中后期罗马政府与基督教会对古典多神教日益加强的压迫。③

---

① Ambrosius, *Epistulae*, 73. 31, in *Sancti Ambrosii Opera, Pars Decima: Epistulae et Acta, Vol. III: Epistularum Liber Decimus, Epistulae extra Collectionem, Gesta Concili Aquileiensis*, M. Zelzer, ed., *Corpus Scriptorum Eccelsiastiorum Latinorum*, Vienna: Hoelder-Pichler-Tempsky, 1982, 82. 3.

② Cristiana Sogno, *Q. Aurelius Symmachus: A Political Biography*, Ann Arbor: University of Michigan Press, 2006, pp. 32 – 34; J. H. W. G. Liebeschuetz, ed., *Ambrose of Milan: Political Letters and Speeches*, Liverpool: Liverpool University Press, 2005, p. 36.

③ H. Bloch, "The Pagan Revival in the West at the End of the Fourth Century", in A. Momigliano, ed., *The Conflict between Paganism and Christianity in the Fourth Century*, Oxford: Oxford University Press, 1963, p. 211; James J. Sheridan, "The Altar of Victor-Paganism's Last Battle", *L'Antiquité Classique*, 1966, 35, （转下页）

近几十年以来，学术界对4世纪之后罗马帝国的政治体制和宗教状况有了更加清晰的了解。安布罗斯和叙马库斯的传统形象都开始受到质疑。阿兰·卡梅伦和尼尔·麦克林恩等学者认为，安布罗斯在这起事件中的作用被后世的基督教史家夸大了。他如今的形象很大程度上来自他在书信中的自我构建，以及其传记的作者保利努斯的渲染。[①] 马修斯、萨兹曼和彼得·布朗等学者通过对叙马库斯书信的研究得出，他并非顽固反对基督教的古典多神教徒。[②] 这些研究都为我们解读胜利女神祭坛之争提供了新的视角。一直以来，研究者们较为关注的都是这一事件中的两封书信的作者，但能够下令移除胜利女神祭坛的并不是安布罗斯，而是罗马皇帝。这两位作者的目的都是向朝廷请愿，以皇帝为首的罗马朝廷才是这一事件的最终决策者。在该事件中，罗马朝廷被理所当然地认为是安布罗斯主教的支持者，但随着安布罗斯、叙马库斯传统形象的消解，我们有必要通过对这一事件的分析，来重新审视罗马朝廷在事件背后所起的作用。

（接上页）pp. 186-206；H. A. Pohlsander, "Victory: The Story of a Statue", *Historia*, 1969, 18, pp. 594-595；G. W. Bowersock, "From Emperor to Bishop: The Self-Conscious Transformation of Political Power in the Fourth Century A. D.", *Classical Philology*, 1986, 81, pp. 303-307；Averil Cameron and Peter Garnsey, eds., *The Cambridge Ancient History: Vol. 13: The Late Empire*, A.D. 337-425, Cambridge: Cambridge University Press, 1998, pp. 103-110；J. H. W. G. Liebeschuetz, *Ambrose of Milan: Political Letters and Speeches*, pp. 13-14.

[①] Alan Cameron, *The Last Pagans of Rome*, Oxford: Oxford University Press, 2010, pp. 33-56；Neil McLynn, *Ambrose of Milan: Church and Court in a Christian Capital*, Berkeley: University of California Press, 1994, pp. 166-167.

[②] John Matthews, "Letter of Symmachus", in *Roman Perspectives: Studies in Political and Cultural History, from the First to the Fifth Century*, Swansea: Classical Press of Wales, 2010, pp. 215-255；Michele Renee Salzman and Michael Roberts, eds., *The Letters of Symmachus: Book 1*, Atlanta: Society of Biblical Literature, 2011, pp. i-lxviii；Peter Brown, *Through the Eye of a Needle: Wealth, the Fall of Rome, and the Making of Christianity in the West, 350-550 AD*, Princeton: Princeton University Press, 2012, pp. 93-119.

一、"胜利女神祭坛之争"与罗马传统宗教的特权

公元前29年,奥古斯都为了纪念内战的结束,举行了盛大的凯旋式,并且将一座胜利女神像安置在恺撒建立的尤里乌斯元老院会堂中。此后,这座雕像作为罗马传统的象征,一直存放在元老院中。① 每当进入元老院时,元老们都会先到雕像前的祭坛处点上乳香,奉献祭酒。②

到了4世纪,随着君士坦丁以降历任皇帝对基督教的支持,这一祭坛最终也未能逃脱被移除的命运。公元357年,君士坦提乌斯二世在访问罗马期间移除了这一祭坛。此后不久,可能是在支持古典宗教的尤里安在位期间,这座祭坛得以恢复。③ 382年,在格拉提安皇帝的命令下,这座祭坛被再次从元老院中移除。不久之后,叙马库斯作为元老院的代表,率领了一个元老使团前往宫廷,请求皇帝恢复胜利女神祭坛和一些特权。然而,这次出使并不顺利——按照叙马库斯的说法,在一些人的干扰下,元老们并没有获得格拉提安皇帝的接见。④

383年,格拉提安皇帝在高卢的一场兵变中被杀。名义上和格拉提安共同统治西部的瓦伦提尼安二世将宫廷迁至米兰,成了

---

① Dio Cassius, *Roman History*, 50. 22. 1, in Dio Cassius: *Roman History*, Vol. V, Books 46-50, Earnest Cary, trans., Cambridge: Harvard University Press, 1955; H. A. Pohlsander, "Victory: The Story of a Statue", *Historia*, 1969, 18, pp. 590-593.

② Herodianus, *History of the Empire*, 5. 5. 6-7, in *History of the Empire*, Vol. II, Books 5-8, C. R. Whittaker, trans., Cambridge: Harvard University Press, 1970.

③ Ambrosius, *Epistulae*, 73.32, 72a. 6, in *Sancti Ambrosii Opera: Pars Decima, Epistulae et Acta*, Vol. III, M. Zelzer, ed., *Corpus Scriptorum Eccelsiastiorum Latinorum*, 82. 3.

④ Symmachus, *Relatio*, 3, in Ambrosius, *Epistulae*, 72a. 1, in *Sancti Ambrosii Opera: Pars Decima, Epistulae et Acta*, Vol. III, M. Zelzer, ed., *Corpus Scriptorum Eccelsiastiorum Latinorum*, 82. 3.

独自统治西部的皇帝。元老院准备再次向新来的皇帝发起请愿。384年，叙马库斯第二次作为元老院使团的代表前往米兰。同时，作为这一年上任的罗马城守，叙马库斯向皇帝提交了一份公务报告，陈述了请求恢复祭坛的理由。① 然而，这次请愿仍然没有成功。

现存的安布罗斯和叙马库斯的书信使我们对384年的第二次请愿有了更多的了解。但值得注意的是，虽然叙马库斯和安布罗斯的书信都围绕着胜利女神祭坛这一主题展开，但从这些书信中可以看出，元老院使团的主要目的并非恢复胜利女神祭坛。在第三份公务报告（relatio 3）的一开始，叙马库斯在恭敬地向瓦伦提尼安二世致意后（relatio 3.1-2），表示他这份公务报告的主要目的是"请求您恢复我们宗教的地位，它曾经使我们的国家获益良多"（Repetimus igitur religinum statum, qui rei publicae diu profuit），然后他提到了罗马皇帝在传统上和胜利女神之间的宗教联系（relatio 3.3），并表示祭坛也是维系整个元老院团结的象征，为元老院的决议增添了神圣的光环（relatio 3.4-5）。但紧接着，叙马库斯话锋一转，开始阐述他真正的意图。他告诉皇帝，即使当年君士坦提乌斯二世移除了祭坛，但他仍然十分尊重罗马的传统宗教："请您想一想同一位皇帝的另外一些更加值得您仿效的行为：他并没有剥夺维斯塔贞女们的特权。他让出身高贵的人们填补了祭司团的空缺。他也没有拒绝他们举行罗马公共宗教仪式的经费。"（relatio 3.6-7）接下来，叙马库斯开始用罗马历史上的一些例子来证明传统宗教的不可或缺（relatio 3.9），并表示即使现在皇帝本身并不信奉传统宗

---

① 叙马库斯写给瓦伦提尼安二世的请愿书被收入安布罗斯的书信集（72a），作为安布罗斯第一封反驳叙马库斯的书信（72）的附录。当时的罗马城守需要定期向皇帝呈交报告公务情况的文书，即"relation"；叙马库斯本人留存的书信集中也收入了此份文献，他的这次请愿是他第三份公务报告的主要内容。由于本文不涉及其他报告的讨论，因此正文中的"公务报告"指的便是第三份公务报告。参见 Cristiana Sogno, *Q. Aurelius Symmachus: A Political Biography*, pp. 32-34.

教,但通向真理的道路并不唯一(relatio 3.10)。随后,叙马库斯再次回归主题,用更长的篇幅继续向皇帝请愿:"对您神圣的国库来说,拿走维斯塔贞女的特权有什么益处呢?最吝啬的皇帝都会给予的权利,最慷慨的皇帝会将之剥夺吗?"(relatio 11)"这样的收入对您的国库来说没有意义。对于一位优秀的皇帝来说,国库不应该用祭司们的经费,而应该用敌人的战利品来充实。"(relatio 3.12)叙马库斯此后开始详细地论述这些被剥夺的特权。"国库扣留了遗赠给维斯塔贞女和祭司们的财产"(relatio 3.13),但"即便是被释奴都能够接受他人的遗赠。在某些遗嘱中,奴隶们也能够得到一些利益,而只有用神圣祭典维护国家命运的维斯塔贞女和祭司们被剥夺了继承财产的权利"(relatio 3.14)。在声情并茂的恳求中,叙马库斯还强调了维斯塔贞女和其他传统宗教祭司的重要性,并将此前的自然灾害与传统宗教特权被剥夺联系在一起(relatio 3.15-18)。最后,叙马库斯请求瓦伦提尼安二世修正前任皇帝格拉提安的政策,恢复此前传统宗教所享有的权利(relatio 3.19-20)。

从叙马库斯的请愿中可以看出,恢复胜利女神祭坛固然是他的一个目标,但并非他的主要目的。恢复维斯塔贞女和其他传统宗教祭司们的经济特权,才是这份公务报告的重中之重。安布罗斯在随后撰写的第一封信中将异教的第一次请愿形容为"迷信仪式的费用问题"①,在第二封信中则更加有条理地总结说:"在他的请愿中,尊贵的罗马城守提出了三点他认为有效的请愿理由:罗马需要他所谓的古代宗教仪式;祭司和维斯塔贞女们应该获得他们应得的经费支持;经费撤除后出现了大规模的饥荒。"② 在494年写给篡位者尤吉尼乌斯的书信中,安布罗斯回顾了十年前他参与的这一事件:"当尊贵的叙马库斯仍然是罗马城守时,他向已故的奥古斯都瓦伦

---

① Ambrosius, *Epistulae*, 72.10.
② Ambrosius, *Epistulae*, 73.3.

提尼安一世请愿恢复那些神庙被撤除的经费。"①

由此可见，无论是在安布罗斯当时的书信中，还是在此后回顾这一事件的言论中，他都十分清楚地表示，元老院使团请愿的最主要目的并不是恢复胜利女神祭坛，而是恢复"异教"祭司的经济权利。他集中驳斥的也正是业已被格拉提安皇帝撤销的那些传统宗教的经济权利。

为何叙马库斯如此看重维斯塔贞女等传统宗教祭司的经济权利？从罗马历史上来看，这些传统宗教的祭司往往也是政治上的显要人物，一般都有着足够的财力支持宗教仪式的举行。即使在传统宗教日渐式微的 4 世纪后期，诸如叙马库斯本人和时任大区长（praefectus praetorio）的大贵族普莱忒克斯塔图斯仍然有足够的经济实力举行大规模的庆典。②

然而，罗马传统宗教的实践方式与基督教有着很大的差别。国家经费的支持是罗马传统宗教仪式的一个重要组成部分。5 世纪的异教作家左西穆斯为罗马传统宗教与国家财政支持的关系提供了较好的佐证。左西穆斯提及，有一次，当狄奥多西皇帝来到罗马，要求元老们放弃传统信仰时，他们拒绝服从。狄奥多西随后表示，国库由于支持传统宗教的仪式和祭祀而负担过重，他撤除传统宗教的经费不仅是因为这一宗教本身，而且是因为军队也需要经费。而元老们则抗议说，不用国家经费而举行的宗教仪式是不恰当的仪式。③

在另一处记载中，左西穆斯提到在西哥特人围困罗马城的危急时刻，当时的罗马城守庞培阿努斯向一群善于举行传统宗教仪式的伊特鲁利亚祭司求助，这些人声称他们已经祭拜诸神，用雷电解救

---

① Ambrosius, *Epistulae extra Collectionem*, 10.2, in *Sancti Ambrosii Opera: Pars Decima, Epistulae et Acta*, Vol. III, M. Zelzer, ed., *Corpus Scriptorum Eccelsiastiorum Latinorum*, 82.3.
② Peter Brown, *Through the Eye of a Needle*, p. 115.
③ Zosimus, *Historia Nova*, 4.59.3, in *Zosimus, New History: A Translation with Commentary*, Ronald T. Ridley, trans., Canberra: American Association of Byzantine Studies, 1982.

了一座城市。庞培阿努斯也将这件事告知了罗马主教英诺森一世,英诺森为了城市的安危勉强同意让他们私下举行仪式。然而这些人声称,他们的仪式必须要用国家的经费在公共场合举行才会有效。①

无论左西穆斯的故事是否可信,这些记载都表明,国家经费是罗马传统宗教仪式正确举行的一个重要条件。

安布罗斯主教本人也来自罗马贵族阶层,他同样清楚地知道这一经济权利对于传统宗教来说不可或缺。安布罗斯在394年致西部的篡位者尤吉尼乌斯的书信中,回顾了此前元老院使团分别向格拉提安、瓦伦提尼安和狄奥多西皇帝提出的三次请愿。他的书信表明,这些请愿的主要目标并非恢复胜利女神祭坛,而是恢复传统宗教的经济特权。②

二、不曾发生的争论:叙马库斯、安布罗斯与罗马朝廷的政治权衡

安布罗斯主教的书信集收录了叙马库斯的请愿,将其作为他的两封书信的附录,貌似呈现出了一场针锋相对的争论。但值得注意的是,通过叙马库斯和安布罗斯的书信,我们可以发现,从时间顺序上来说,元老院使团和叙马库斯公务报告中的请愿,都发生在安布罗斯主教撰写两封书信之前。直到元老院使团的外交任务结束后,获悉此事的安布罗斯才上书皇帝,要求一份叙马库斯公务报告的副本。③ 此后也没有任何证据表明,叙马库斯对安布罗斯主教的书信有任何的回应。因此,一些研究者只能从这一事件的结果以及此后安布罗斯主教的历史地位来推测,是安布罗斯主教驳倒了叙马

---

① Zosimus, *Historia Nova*, 5.41.1-3.
② Ambrosius, *Epistulae extra Collectionem*, 10.2-6.
③ Ambrosius, *Epistulae*, 72.13.

库斯，从而使罗马朝廷否决了元老院使团的请愿。① 然而，这样的解读并不具有很强的说服力。

对叙马库斯来说，384年的"胜利女神祭坛之争"或许从未发生过。由于叙马库斯的公务报告被收录在安布罗斯的书信集中，他往往被后世看成信奉罗马传统宗教的"异教徒"领袖，但是除了公务报告以外，叙马库斯还留下了大量的书信。从这些书信中可以看出，他并非人们想象中顽固的"异教徒"，而是一位精明圆滑的政治家。叙马库斯十分注意积累自己的人脉。他不仅和信奉罗马传统宗教的元老通信，也和信奉基督教或拥有其他信仰的人有着书信往来。他和格拉提安皇帝的老师，信奉基督教的元老奥索尼乌斯互相讨论文学，还向别人推荐过一位来自北非的主教。在这场"胜利女神祭坛之争"的同一年，年轻的奥古斯丁也在一些摩尼教朋友的联系下获得了叙马库斯的推荐，前往米兰担任修辞学教授。② 更重要的是，他的书信集中还有八封和安布罗斯的通信。在这些书信中，两人维持着一种合作的关系，互相推荐了一些有事相求的朋友。③ 叙马库斯和安布罗斯都是罗马社会上层关系网中的一员。在当时的罗马社会，上层的大贵族往往作为庇护人推荐自己中意的朋友或有才华的青年，这样的推荐信并不罕见。④ 虽然这样的推荐信不能表明叙马库斯和安布罗斯有着特别良好的关系，但至少可以看

---

① W. Evenepoel, "Ambrose v.s. Symmachus: Christian and Pagans in A.D. 384", *Ancient History*, 1999, 29, pp. 283-306; Averil Cameron and Peter Garnsey, eds., *The Cambridge Ancient History*, Vol. 13: *The Late Empire*, A.D. 337–425, Cambridge: Cambridge University Press, 1998, pp. 106.
② Symmachus, *Epistulae*, 1.13-43, 1.46., in Michele Renee Salzman and Michael Roberts, eds., *The Letters of Symmachus: Book 1*, Atlanta: Society of Biblical Literature, 2011; Augustine, *Confessions*, 5.13-23, in *Confessions*, edited with commentary by James J. O'Donnell, 3 vols, Oxford: Clarendon Press, 1992.
③ Neil McLynn, *Ambrose of Milan: Church and Court in a Christian Capital*, pp. 264-265.
④ Peter Brown, *Through the Eye of a Needle*, p. 93.

出,叙马库斯本人并非一位坚决抵制基督教的"异教徒"。①

即使在他最著名的公务报告中,叙马库斯也尽可能地淡化自己的立场。他在公务报告的开头就向皇帝表明:"我呈上此份报告有两重目的——作为您的罗马城守,我是在处理我的公务;而作为使节,我将公民同胞们的指示传达给您。"②

从叙马库斯当时担任的职位来看,罗马城守是皇帝在罗马城的代理人,也是罗马元老院的领袖。他负责代表元老院以及罗马城的民众向皇帝请愿,同时也作为皇帝下属的官员来向元老院和罗马人民转达皇帝的指令。实际上,他所扮演的是一位中间人的角色——既要平衡皇帝和元老院之间的关系,也要处理好元老院和罗马城民众之间的关系。③

叙马库斯是想向皇帝表明,公务报告中请愿的内容并非他本人主动提出的。他只是履行了罗马城守应尽的职责,作为朝廷和元老院之间的联系人,向皇帝汇报元老们的请求。而他之所以担任元老院使团的代表,一方面是因为他那"首席元老的地位",另一方面也是因为叙马库斯本人此前就有着丰富的外交经验。④

总体来说,叙马库斯在请愿过程中更多地扮演着一个中间人的角色。他之所以能成为传统宗教的"代言人",首先是因为他职位的义务,其次是他本人的外交经验。此外,他和基督教元老之间较为和谐的关系,也可能是他成为元老院使团代表的原因。因为安布罗斯主教的书信中提到,在 384 年的这次请愿中,他甚至获得了一

---

① 关于叙马库斯和安布罗斯之间的关系,参见 Neil McLynn, *Ambrose of Milan: Church and Court in a Christian Capital*, pp. 263-275; T. D. Barnes, "Augustine, Symmachus and Ambrose", in J. McWilliam, ed., *Augustine: From Rhetor to Theologian*, Ontario: Wilfrid Laurier University, 1992, pp. 7-13.

② Symmachus, *Relatio*, 3.

③ A. H. M. Jones, *The Later Roman Empire 284-602: A Social, Economic and Administrative Survey*, Baltimore: Johns Hopkins University Press, 1986, pp. 528, 69-692.

④ Cristiana Sogno, *Q. Aurelius Symmachus: A Political Biography*, pp. 1-30.

部分基督教元老和朝廷内基督教官员的同情。① 安布罗斯主教在写给皇帝的第一封信中，请求皇帝给他一份叙马库斯公务报告的副本，这表明叙马库斯出使的请愿活动在安布罗斯主教写信时已经结束了。即使安布罗斯此后对叙马库斯的公务报告进行了针锋相对的反驳，叙马库斯也没有必要去进行回应。

从安布罗斯的角度来说，他在元老院与朝廷的交涉中始终处于这一事件的外围。在382年元老院第一次请愿期间，罗马教宗达马苏斯请求一些基督教元老将联名的抗议书呈交给身处米兰的格拉提安。② 叙马库斯在他的公务报告中提及，元老院第一次出使米兰甚至没有获得皇帝的接见。这是"由于一些名声不佳的人"（inprobi）的阻挠。③ 有研究者认为，叙马库斯所指的正是达马苏斯和安布罗斯。④ 然而，我们很难将安布罗斯称为名声不佳之人，教宗达马苏斯则忙于应对罗马教会内部的诸多争议，并未直接干预这一事件。⑤ 这位"名声不佳的人"更可能指时任宫廷政务总管（magister officiorum）的马其顿尼乌斯，因为宫廷政务总管负责安排皇帝的接见对象，只有他有权力拒绝元老院使团的觐见。在格拉提安皇帝死后，这位马其顿尼乌斯由于失职而被告发，正是担任罗马城守的叙马库斯负责处理此案。⑥ 更重要的是，安布罗斯自己在上书中明确表示，382年的这次抗议并不是他发起的。⑦ 因此，在

---

① Ambrosius, *Epistulae*, 72.8.
② Ambrosius, *Epistulae*, 72.10.
③ Symmachus, *Relatio*, 3.1.
④ J. H. W. G. Liebeschuetz, ed., *Ambrose of Milan: Political Letters and Speeches*, p. 71, n. 6.
⑤ Robert R. Chenault, "Beyond Pagans and Christians: Politics and Intra-Christian Conflict in the Controversy over the Altar of Victory", in Michele Renee Salzman, Marianne Sághy and Rita Lizzi Testa, eds., *Pagans and Christians in Late Antique Rome: Conflict, Competition, and Coexistence in the Fourth Century*, Cambridge University Press, 2015, pp. 46-63.
⑥ Cristiana Sogno, *Q. Aurelius Symmachus: A Political Biography*, pp. 47-48.
⑦ Ambrosius, *Epistulae extra Collectionem*, 10.2.

阻挠382年元老院请愿的行动中，安布罗斯主教实际产生多少影响值得怀疑。

而在第二次请愿期间，安布罗斯撰写的两封反驳叙马库斯的书信是否受到罗马朝廷的重视也同样值得思考。在安布罗斯写给尤吉尼乌斯的信中，他提到皇帝聆听了他的请愿，并且做了"我们的信仰所要求他做的事"①。但是在这段话之前，安布罗斯也提到瓦伦提尼安皇帝拒绝元老院请愿"是按照他本人的意愿和信仰"（Functus est ille partibus suis pro studio et cultu suo）。②

更值得注意的是，在384年的第二封上书中，安布罗斯一开始这样说："当尊贵的罗马城守叙马库斯向仁慈的您请愿恢复罗马元老院中已经被撤出的祭坛时，尽管陛下您从年岁上来说仍然处于人生的花季，阅历尚浅，然而从信仰上来说您却表现得像个老兵，并没有赞成异教徒的请愿。我一听到这次事件便呈上了一篇小文，虽然在这篇小文中我说了所有我需要说的话，但是我仍然请求能够给我一份叙马库斯请愿的副本。"③

这段话表明，安布罗斯获悉此事时，不仅叙马库斯代表元老院的请愿已经结束，罗马朝廷也已经做出了相应的决策。因此，即便安布罗斯的两封上书受到了朝廷的重视，如他所说"聆听了他的请愿"，那也只能说明他的请愿和罗马朝廷的既定政策相一致，而且也没有任何迹象表明朝廷希望安布罗斯主教来干预此事。

有学者认为安布罗斯在此期间对罗马朝廷政策的影响很大。④ 但实际上，安布罗斯与同在米兰的罗马朝廷之间的关系并不和睦。

---

① Ambrosius, *Epistulae extra Collectionem*, 10. 3.
② Ambrosius, *Epistulae extra Collectionem*, 10. 2.
③ Ambrosius, *Epistulae*, 73. 1.
④ G. W. Bowersock, "From Emperor to Bishop: The Self-Conscious Transformation of Political Power in the Fourth Century A.D.", *Classical Philology*, 1986, 81, pp. 298-307.

379 年左右，格拉提安皇帝下令在米兰恢复一座阿里乌斯派的教堂，安布罗斯抱怨这一行为并没有事先告知身为米兰主教的他。① 此后，格拉提安先后两次经过米兰，安布罗斯都回避了皇帝的接见。②

从罗马朝廷的立场来说，撤除传统宗教的经费有军事上的考虑。狄奥多西法典中多次提到将神庙的经费挪用到军队上。③ 而且正如安布罗斯在上书中所说，罗马朝廷此前也同样限制了基督教会的一些经济特权。④ 这种政策的主要目的并非维护基督教会的宗教立场，而是更好地控制经济。⑤

382 年移除胜利女神祭坛的行为也不是罗马朝廷主动发起的。安布罗斯在他的第一封上书中提到，已故的格拉提安皇帝是出于真正的信仰，"通过一份批复，撤除了它们"（sublata sint, et datis antiquata rescriptis）。⑥ "批复"（rescripta）是皇帝应官员或者私人的要求，针对某一具体事务做出的答复。⑦

根据大多数研究者的看法，格拉提安皇帝的这一批复回应的是某些基督教官员的请愿。⑧ 在 382 年撤除传统宗教的经济特权后，

---

① Neil McLynn, *Ambrose of Milan: Church and Court in a Christian Capital*, p. 121.
② Timothy D. Barnes, "Ambrose and Gratian", *Antiquité Tardive*, 1999, 7, p. 172.
③ *Codex Theodosianus*, 16.10.19, in Theodor Mommsen and Paul M. Meyer, eds., *Theodosiani Libri XVI cum Constitutionibus Sirmondianis et Leges Novellae ad Theodosianum Pertinentes*, Berlin: Weidmann, 1905.
④ Ambrosius, *Epistulae*, 13-16.
⑤ Lizzi Testa, "Clerical Reform: Clerical Hierarchy and Imperial Legislation in Late Antiquity: The Reformed Reformers", in Bellitto Christopher and Hamilton Louis, eds., *Reforming the Church before Modernity: Patterns, Problems and Approaches*, London: Routledge, 2005, pp. 97-102.
⑥ Ambrosius, *Epistulae*, 72.5.
⑦ Adolf Berger, *Encyclopedic Dictionary of Roman Law*, Philadelphia: American Philosophical Society, 1953, p. 680. 参见黄风：《罗马法词典》，法律出版社 2002 年版，第 69 页。
⑧ Alan Cameron, *The Last Pagans of Rome*, p. 40; Malcom Errington, *Roman Imperial Policy from Julian to Theodosius*, Chapel Hill: University of North Carolina Press, 2006, p. 200; Neil McLynn, *Ambrose of Milan: Church and Court in a Christian Capital*, Oakland: University of California Press, 1994, p. 151, n. 259.

以叙马库斯为首的元老院使团虽然请愿失败，但是不久之后也获得了一定程度的补偿。叙马库斯被任命为罗马城守，另一位信奉传统宗教的著名元老普来特克斯塔图斯不仅成了大区长官，还被任命为385年的执政官。而且，瓦伦提尼安二世还吩咐他们修复一座被人破坏的神庙。①

389年，狄奥多西在意大利平定马克西姆斯的叛乱之后访问了罗马城。元老院使团再次向皇帝请愿恢复胜利女神祭坛，仍然遭到了拒绝。② 不过，狄奥多西皇帝在此后几年间提拔了一些信奉传统宗教的元老作为帝国西部的高级官员。和叙马库斯关系密切的元老弗拉维安努斯被任命为389年的宫廷财政官，在390年到394年担任意大利、阿非利加和伊利里亚的大区长官。③ 叙马库斯则被任命为391年的执政官。他的儿子在393年年仅10岁时便当选为法务官（quaestor），叙马库斯为此举办了盛大的庆典，并且准备了角斗士、斗兽这样被基督教所排斥的活动。④

由此可见，罗马朝廷想要巩固自己的政权，需要得到各个势力和不同宗教派别的元老们的支持。即使倾向基督教立场，罗马朝廷也会注重政治上的平衡。在基督教化日益加剧的过程中，既要满足势力日益增长的基督教，但也不能完全忽视那些仍然有一点权势的传统宗教贵族。因此，每一次削减多神教权利的同时，朝廷也同样会给予多神教元老一些补偿。在394年写给尤吉尼乌斯的信中，安

---

① A. H. M. Jones, ed., *Prosopography of the Later Roman Empire*, Vol. 1, A.D. 260-395, Cambridge: Cambridge University Press, 1971, pp. 722, 865. 关于修复神庙一事，参见 Alan Cameron, *The Last Pagans of Rome*, p. 20.

② Ambrosius, *Epistulae extra Collectionem*, 10.4, in M. Zelzer, ed., *Sancti Ambrosii Opera: Pars Decima, Epistulae et Acta*, Vol. III, *Corpus Scriptorum Ecclesiastiorum Latinorum*, 82.3. 参见 Averil Cameron and Peter Garnsey, eds., *The Cambridge Ancient History*, Vol. 13: *The Late Empire*, A.D. 337-425, p. 107; Alan Cameron, *The Last Pagans of Rome*, p. 58, n. 111.

③ A. H. M. Jones, ed., *Prosopography of the Later Roman Empire*, Vol. 1, A.D. 260-395, pp. 347.

④ Peter Brown, *Through the Eye of a Needle*, pp. 115-118.

布罗斯也提到，当389年一些"异教"元老向狄奥多西皇帝请愿恢复传统宗教经费时，他的干涉惹怒了皇帝。① 因此在一段时间内，皇帝禁止他获得任何来自朝廷高层的消息。狄奥多西皇帝自然不喜欢安布罗斯对他与罗马元老贵族间的政治互惠横加干涉。391年到392年之间，狄奥多西皇帝颁布了若干禁止多神教崇拜的法令，这通常被认为是多神教最终溃败的标志。但我们需要注意的是，正是在此期间，叙马库斯等信奉传统宗教的元老成了执政官和大区长官，获得了前所未有的荣誉。②

三、结语

公元404年，在西部皇帝洪诺留第六次出任执政官的庆典之际，宫廷诗人克劳狄安描述了仍然放置在元老院中的胜利女神像："长翅膀的胜利女神，她是罗马令人信赖的保护者。她伸展金色的羽翼，庇护着元老们聚集的圣所，永不疲倦地伴随着您的军队。"③

克劳狄安的这段描述是否属实？这座胜利女神像是否仍然附带着一座祭坛？对于这些问题，研究者们有着不同的解释。④ 但可以确定的是，胜利女神并不是与基督教的罗马帝国势不相容的异教神祇。作为传统上和罗马皇帝紧密联系在一起的"神圣伙伴"（comes

---

① Ambrosius, *Epistulae extra Collectionem*, 10.4. 参见 Neil McLynn, *Ambrose of Milan: Church and Court in a Christian Capital*, pp. 313-314；J. H. W. G. Liebeschuetz, ed., *Ambrose of Milan: Political Letters and Speeches*, p. 258, n. 3.
② Averil Cameron and Peter Garnsey, eds., *The Cambridge Ancient History*, Vol. 13: *The Late Empire, A.D. 337-425*, p. 553.
③ Claudian, *Panegyricus de Sexto Consulatu Honorii Augusti*, pp. 597-600, in *Claudian*, Vol. 2, M. Platnauer, trans., Cambridge: Harvard University Press, 1922.
④ 对此问题的总结参见 Alan Cameron, *The Last Pagans of Rome*, pp. 342-343.

Augusti），她对宣扬皇权有着重要的意义。① 因此在之后的几个世纪中，胜利女神继续出现在诸多罗马皇帝发行的钱币上，她往往举着一个巨大的十字架，作为罗马皇帝胜利的象征。②

从最初基督教元老策动移除胜利女神祭坛，到此后元老院使团屡次向诸位皇帝请愿恢复传统宗教祭司的经费，罗马朝廷在处理这一事件时看似始终处于一种"反应—回馈"的应对模式中。自从1977年福格斯·米拉对这一模式做出了论述之后，罗马研究者普遍接受了这一理论，并且将其运用到了晚期罗马帝国的研究中。③ 从"胜利女神祭坛之争"中可以看出，罗马帝国朝廷在回应请愿时并非是完全被动的，而是有着预设的立场。移除胜利女神祭坛、撤销传统宗教祭司的经费并不完全是出于对基督教信仰的支持，而是有着实际的政治和军事考量。作为罗马帝国的领导者，皇帝最关注的是保持政治上的稳定，因此他同样希望获得信奉传统宗教的元老贵族们的支持，并且在此基础上力求达到各种政治势力之间的平衡与和谐。

---

① A. D. Nock, "The Emperor's Divine Comes", *Journal of Roman Studies*, 1947, 37, pp. 113-114.

② J. P. C. Kent, *The Roman Imperial Coinage*, Vol. 10: *The Divided Empire and the Fall of the Western Parts*, 395–491, London: Spink, 1994, pp. 481-483; Philip Grierson and Melinda Mays, eds., *Catalogue of Late Roman Coins in the Dumbarton Oaks Collection and in the Whittemore Collection: From Arcadius and Honorius to the Accession of Anastasius*, Cambridge: Harvard University Press, 1992, pp. 81-82.

③ Fergus Millar, *The Emperor in the Roman World*, Ithaca: Cornell University Press, 1992, 2nd ed.; Malcom Errington, *Roman Imperial Policy from Julian to Theodosius*, pp. 7-10.

加洛林王朝圣徒崇拜中君主、贵族和平民的互动

——以艾因哈德所著圣徒传记为中心

曾嘉慧　李云飞[*]

（暨南大学文学院历史系）

【摘　要】加洛林王朝的宗教和政治密不可分，圣徒崇拜是君主、贵族和平民互动的纽带之一。这种互动在艾因哈德所著《圣马塞林和圣彼得的迁移和奇迹》中有充分的体现。君主为教化平民而鼓励贵族供奉圣物。贵族贯彻君主的教化意旨，凭借圣物与同僚竞争，并通过圣徒为教堂争取经济支持。平民也借助圣徒实现各种诉求，他们的参与为政治精英们提供了重要的民意资源。艾因哈德获取和供奉圣物的个案表明，彼时国王、贵族和民众在圣徒崇拜中各有所求，彼此依存、相互制衡。

【关键词】加洛林王朝；基督教；圣徒崇拜；艾因哈德；虔诚者路易

圣徒崇拜是基督教信仰的重要内容，中世纪留下了大量圣物[①]

---

[*] 本文由曾嘉慧撰写，李云飞为笔者提供了核心史料和基本思路。文中若有疏漏，由笔者负责。本文亦曾提交 2018 年 3 月由北京大学历史学系主办的第十四届史学论坛。

[①] 圣物主要分三类：第一类是基督或圣徒的一部分遗体，例如头发、血滴；第二类是与基督或圣徒生前的重大事迹（通常是圣经中记载的事迹），特别是与殉道直接相关的物品，如十字架；第三类是接触过前两类圣物的物品，例如接触过圣物的布。关于圣物分类的讨论，参见 Julia M. H. Smith, "Relics: An Evolving Tradition in Latin Christianity", in Cynthia J. Hahn and Holger A. Klein, eds., *Saints*（转下页）

和圣徒传记①。17世纪,玻兰达斯派学者已开始将中世纪的圣徒传记编辑成《圣徒行传》(*Acta Sanctorum*),但时人认为其中充斥着迷信内容,史料价值不高,仅有少部分学者尝试从中撷取可用的片段。② 从20世纪60年代起,弗兰蒂谢克·格劳斯和彼得·布朗等学者开始强调圣徒的社会功能和圣徒传记所反映出的社会价值观以及人们的心理状态。③ 这不仅深刻地发掘了圣徒传记的史料价值,而且促使一批学者将圣徒研究融入到传统史学的各个领域。④

加洛林王朝时期,圣徒崇拜盛行于社会各阶层。虔诚者路易推行的基督教化政策使圣徒崇拜与政治的关系更为紧密,圣徒的迁

(接上页)*and Sacred Matter: The Cult of Relics in Byzantium and Beyond*, Washington D. C.: Dumbarton Oaks Research Library and Collection, 2015, pp. 41-60.

① 圣徒传记(hagiography)主要有生平传记(vita)、殉道(passio)、迁移(translatio)和奇迹(miraculum)几类。然而近年来学者们进行反思,认为这些概念分类是近现代学术的产物,不符合中世纪的实际情况。对圣徒传记等概念的讨论,参见Anna Taylor, "Hagiography and Early Medieval History", *Religion Compass*, 2013, 7, pp. 1-14.

② 其中一位代表人物是比利时学者希波利特·德勒哈耶,他于1905年出版的《圣徒的传奇》为圣徒崇拜研究奠定了基础。参见Hippolyte Delehaye, *The Legends of the Saints*, Donald Attwater, trans., New York: Fordham University Press, 1962. 该书最早的英译本为:Hippolyte Delehaye, *The Legends of the Saints*, V. M. Crawford, trans., New York, Bombay and Calcutta: Longmans, Green, and Co., 1907. 法语原版于1905年首次出版。

③ František Graus, *Volk, Herrscher und Heiliger im Reich der Merowinger: Studien zur Hagiographie der Merowingerzeit*, Praha: Nakladatelství Československé akademie věd, 1965; Peter Brown, "The Rise and Function of the Holy Man in Late Antiquity", *The Journal of Roman Studies*, 1971, 61, pp. 80-101; Peter Brown, *The Cult of the Saints: Its Rise and Function in Latin Christianity*, Chicago: The University of Chicago Press, 1981.

④ 对于圣徒崇拜学术史回顾,参见Stephen Wilson, "Introduction", in idem, ed., *Saints and Their Cults: Studies in Religious Sociology, Folklore and History*, Cambridge: Cambridge University Press, 1983, pp. 1-53; Patrick J. Geary, "Saints, Scholars, and Society: The Elusive Goal", in idem, ed., *Living with the Dead in the Middle Ages*, Ithaca: Cornell University Press, 1994, pp. 9-29; Thomas Head, "Introduction", in idem, ed., *Medieval Hagiography: An Anthology*, New York: Routledge, 2001, pp. xiii-xxxviii.

移、供奉及相关作品随之增多。① 在此环境下，艾因哈德亦参与其中，并写下著作《圣马塞林和圣彼得的迁移和奇迹》（下文简称《迁移和奇迹》）。② 与他的《查理大帝传》③ 不同，该作品的描写细致生动，具有浓厚的宗教色彩，更着重叙述了艾因哈德在此期间的经历和心理活动。对此，有学者从写法上进行分析，认为该书凭借其作者的地位和写作模式的典范性，影响了后世圣徒传记的书写。④ 也有学者通过此书，透视艾因哈德个人的虔诚和当时贵族普遍的圣徒崇拜活动。⑤

《迁移和奇迹》不仅是圣徒传记的典范之作，也是加洛林时代宗教氛围和政治逻辑的典型产物，故研究者们可以从中窥见艾因哈德等贵族在政治环境下对圣徒崇拜的运用。茱莉亚·史密斯关注加洛林改革⑥与圣徒崇拜的关系，分析罗马的基督教历史如何在法兰

---

① 这些传记已被用于讨论加洛林时期的教会改革、加洛林文艺复兴以及政治变迁等问题。对加洛林时代圣徒传记研究的回顾，参见 Kelly Gibson, "The Carolingian World through Hagiography", *History Compass*, 2015, 13, pp. 630-645.

② 该书拉丁文本参见 G. Waitz, ed., "Translatio et Miracula Sanctorum Marcellini et Petri Auctore Einhardo", in Georg Heinrich Pertz, ed., *Monumenta Germaniae Historica*, *Scriptorum*, Tomi XI, Pars I, Hannover: Hahn, 1887, pp. 238-264. 英语译文参见 Einhard, "The Translation and Miracles of the Blessed Martyrs, Marcellinus and Peter", in Paul Edward Dutton, trans. and ed., *Charlemagne's Courtier: The Complete Einhard*, Toronto: University of Toronto Press, 1998, pp. 69-130.

③ 《查理大帝传》的世俗性较强，郭小凌评价其 "很少基督教史书中常见的迷信，除了在描写查理去世前渲染了一些征兆现象以外，查理的生平活动都是在没有神启的前提下进行的"。参见郭小凌：《西方史学史》，北京师范大学出版社 1995 年版，第 157 页。同时，艾因哈德的《查理大帝传》篇幅短小，叙述精简，参见艾因哈德：《查理大帝传》，戚国淦译，商务印书馆 1996 年版，第 3—4 页。

④ Patrick J. Geary, *Furta Sacra: Thefts of Relics in the Central Middle Ages*, Princeton: Princeton University Press, 1991, p. 118.

⑤ Julia M. H. Smith, "Einhard: The Sinner and the Saints", *Transactions of the Royal Historical Society*, 2003, 13, pp. 55-77.

⑥ 加洛林时代对于 "改革" 常用 "correctio" 或 "emendation" 表示，意为匡正基督徒的行为，使其符合圣经和教父们的教导。虔诚者路易十分关注这项事务。而 "reformatio" 用于表示个人灵魂、精神的革新，或把财物归还给单个教堂，并无对整个教会进行改革之含义。

克得到重新阐释和利用，并突出了艾因哈德本人的作用。① 梅克·德·容主要研究艾因哈德如何运用"圣徒训诫"这一政治话语对君主提出建议。② 克里斯蒂安·哈丁探讨了艾因哈德如何宣传圣徒并激发平民对圣徒的虔信。③ 大卫·阿普尔比则从思想观念的角度出发，强调《迁移和奇迹》反映了830年左右的道德和政治情况，其观念承袭自奥古斯丁和格里高利一世。④

此外，一些学者摘取文中的片段，用于讨论专门性问题，例如：沃伦·布朗挑选了圣徒调解命案纠纷的事件，作为研究中世纪血亲复仇的一个例子；⑤ 伯纳德·巴克奇考察艾因哈德对圣物运送路线的描述，证明加洛林时期的地理和道路信息并非仅为军队所了解。⑥

上述学术成果从多个角度分析《迁移和奇迹》，给予了本文较好的研究基础。然而，该文献中呈现的君主、贵族和平民的政治互动，尚未得到详细分析和阐释。故此，本文将首先介绍《迁移和奇迹》一书的梗概，然后分析圣徒迁移和供奉活动中君主对圣徒崇拜的鼓励、贵族对圣徒的利用以及平民的诉求与影响，以说明三者之间的互动关系。

---

① Julia M. H. Smith, "Emending Evil Ways and Praising God's Omnipotence: Einhard and the Uses of Roman Martyrs", in Kenneth Mills and Anthony Grafton, eds., *Conversion in Late Antiquity and the Early Middle Ages: Seeing and Believing*, Rochester: University of Rochester Press, 2003, pp. 189-223.
② Mayke de Jong, *The Penitential State: Authority and Atonement in the Age of Louis the Pious, 814-840*, New York: Cambridge University Press, 2009, pp. 69-82.
③ Christian Harding, "Translation Accounts and Representations of Popular Belief in the Hagiography of the Community of St Filibert", *Quest*, 2009, 6, pp. 19-33.
④ David Flood Appleby, "Hagiography and Ideology in the Ninth Century: The Narrative Descriptions of the Translation of Relics", PhD diss., University of Virginia, 1989.
⑤ 在艾因哈德的叙述中，因为圣徒的出现，被害人的儿子决定原谅施害者。布朗由此推断，倘若没有圣徒介入，被害人的血亲与施害者之间的矛盾将持续存在，并导致更多暴力事件的发生。Warren C. Brown, *Violence in Medieval Europe*, London and New York: Routledge, 2010, pp. 87-88.
⑥ Bernard S. Bachrach, "Charlemagne and the Carolingian General Staff", *The Journal of Military History*, 2002, 66, p. 335.

一、《迁移和奇迹》的主要内容

艾因哈德的《迁移和奇迹》在《德意志史料集成》①《圣徒行传》② 以及《拉丁教父文集》③ 中均有收录，目前学界普遍采用《德意志史料集成》中由德国历史学家格奥尔格·威茨编订的版本。威茨主要依据梅斯藏本和梵蒂冈藏本考订文献内容④，并将全文分成四部分。其中，前两部分叙述了从艾因哈德派属下盗走罗马圣徒的遗骨，到圣物完整抵达其教堂的全过程；后两部分则主要描写各种圣徒奇迹。

艾因哈德在文章开头即点明事件的起因：他在虔诚者路易赏赐的土地米歇尔施塔特⑤上新建了一座教堂，希望为它配备圣物。恰

---

① G. Waitz, ed., "Translatio et miracula sanctorum Marcellini et Petri auctore Einhardo", in *Monumenta Germaniae Historica*, *Scriptorum*, *Tomi XI*, *Pars I*, pp. 238-239.
② Eginhardus, "Historia Translationis", in Jean Bolland et al., eds., *Acta Sanctorum*, *Junii Tomus Primus*, Paris and Rome: Apud Victorem Palme Biblipolam, 1867, pp. 177-201.
③ Eginhardus, "Historia Translationis BB. Christi Martyrum Marcellini et Petri", in J. P. Migne, ed., *Patrologiae Cursus Completus*, *Series Latina*, Vol. 104, Paris: Apud Garnieri Fratres, 1864, pp. 538-594.
④ 梅斯（Metz）藏本，即圣阿努尔夫（St. Arnulf）修道院手稿本，在威茨的时代藏于梅斯公共图书馆，后毁于战火。梵蒂冈藏本，即弗勒里（Fleury）手稿本。关于威茨对文献的介绍参见 G. Waitz, ed., "Translatio et Miracula Sanctorum Marcellini et Petri Auctore Einhardo", in *Monumenta Germaniae Historica*, *Scriptorum*, *Tomi XI*, *Pars I*, pp. 238-239. 研究者对文本的总体分析参见 Martin Heinzelmann, "Einhards 'Translatio Marcellini et Petri': Eine hagiographische Reformschrift von 830", in Hermann Schefers, ed., *Einhard: Studien zu Leben und Werk*, Darmstadt: Hessische Historische Kommission, 1997, pp. 269-298. 其中pp. 273—277 是对上述两个版本的介绍。
⑤ 虔诚者路易曾赏赐给艾因哈德两块相邻的土地，皆位于美因河（Main）和内卡河（Neckar）之间。其中一块土地称为米歇尔施塔特（Michelstadt），位于今黑森州南部。据艾因哈德所言，此地后来改名为奥登林（Odenwald）；另一块土地为上慕林海姆（Upper Mulinheim），后改名为塞利根施塔特（Seligenstadt），塞利根施塔特位于美因河畔法兰克福东边偏南方向约40千米处。Einhard, "The Translation and Miracles of the Blessed Martyrs, Marcellinus and Peter", in *Charlemagne's Courtier: The Complete Einhard*, pp. 78, 82.

逢圣物贩德乌斯多纳（Deusdona）前来亚琛，艾因哈德便委托他寻找圣物，并派属下拉特雷格（Ratleig）和拉金博（Raginbald）随他前往罗马。又因德乌斯多纳曾承诺为伊尔杜因（Hilduin）① 带回圣蒂布尔齐乌斯（Tiburtius）的遗骨，故伊尔杜因派遣属下胡努斯（Hunus）与他们同行。途中，拉金博染病发热，梦见圣彼得预言他们将无法按原计划获得圣物，并为他指明自己所在的教堂。拉金博将此事告知同行者，他们起初表示怀疑，后来发现德乌斯多纳果然无法兑现诺言，方想起圣彼得的劝告。于是，他们悄悄摸清了教堂的情况，准备自行盗窃圣物。德乌斯多纳获知此事，不甘让他们抛开自己获得圣物，便和他们一同掘墓。两次潜入教堂地窖后，拉特雷格和拉金博获得了圣马塞林和圣彼得的遗骨，而胡努斯却未能完全如愿。

随后，一行人踏上归程，他们把圣物放在德乌斯多纳的兄弟鲁尼索（Luniso）胸前保管，让他和胡努斯先离开，拉特雷格和德乌斯多纳在罗马城留意舆论。几人约定在帕维亚（Pavia）会合。抵达帕维亚后，他们又听闻教皇将路过此处，于是胡努斯和德乌斯多纳先行一步，拉特雷格则带着圣物留在原地。教皇队伍离开后，拉特雷格害怕遭到胡努斯暗算，没有依照原定计划会合，而选择了另一条道路，并联系艾因哈德，希望能尽快得到接应。艾因哈德迅速调动人力到索洛图恩（Solothurn）迎接圣徒。圣徒很快引起大家的注意，在拉特雷格一行人去往米歇尔施塔特（Michelstadt）的途中，圣徒周围始终簇拥着热情的平民。艾因哈德本人也迫不及待地到教堂敬拜圣徒，并把遗骨安置到更好的圣物匣中。但圣徒却接连显灵要求离开此地，艾因哈德不敢违抗圣徒的意愿，只能将遗骨迁

---

① 伊尔杜因是虔诚者路易的宫廷教士长（archchaplain），巴黎主教，同时也是圣德尼、圣梅达等修道院的院长。他也是路易最重要的顾问之一，被自己的学生辛克马尔（Hincmar）称为"第一宫廷教士长"。他在朝政中影响巨大。在内战中，伊尔杜因投奔路易诸子的阵营，反叛失败后受到惩罚，被剥夺其修道院。但不久他再次获得路易的青睐，圣德尼修道院也重归其管理。Philippe Depreux, *Prosopographie de l'entourage de Louis le Pieux（781-840）*, Paris: Thorbecke, 1997, pp. 251-256.

移到自己位于慕林海姆（Mulinheim）的教堂。

作者在第二册书开头写道，迁移工作完成后，他回到了亚琛。在一次与伊尔杜因的闲谈中，他发现后者对圣马塞林和圣彼得遗骨的外观十分熟悉，不禁生疑。在质问之下，伊尔杜因表示，胡努斯盗走了两位圣徒的部分遗骨，并将之交给了他。艾因哈德十分震惊，向拉特雷格等人求证此事，听到的答案细节略有不同，但可以肯定胡努斯确实带走了部分圣物。于是，艾因哈德要求归还圣物，并派人前往伊尔杜因的圣梅达修道院（Monastery of St-Médard）取回圣物。圣物抵达亚琛后，终于在复活节后归于艾因哈德，并很快被运到慕林海姆，与另一部分圣物合并。

第三、四册书呈现了大量的圣徒奇迹，主要分为治愈疾病、驱赶恶灵、教化世人和保护旅人几大类。圣徒治愈疾病的奇迹有其模式，求助者一般患有聋哑、视障或肢体扭曲之症，抵达圣坛后即进入熟睡状态，并被击打、拉伸，很快便喷出鲜血，并渐渐复苏、恢复健康。驱赶恶灵在书中出现了两次，恶灵寓于人体与世人交谈，并最终被圣徒驱走。教化世人则是指圣徒口述戒律启示某人，并命他记录下这些道德戒律。保护旅人方面，书中常写道，最初天气不佳，于出行不利，随后却变得天朗气清，这是因为人们携带着圣物或周遭有为圣徒树立的十字架。圣徒还会行其他奇迹，例如变啤酒为葡萄酒等。这些奇迹程式化较强、虚构程度较高，也有模仿圣经经典事件的痕迹。该部分占据全书过半篇幅，可见作者对此之重视。

总体而言，本书讲述的是艾因哈德如何派属下盗回圣物、转移圣物到自己的另一座教堂和从伊尔杜因手中夺回被窃圣物的过程，并记录了许多圣徒奇迹。在全书的叙述中，君主、贵族与平民三者之间的互动引人注目。

二、君主对圣徒崇拜的鼓励

加洛林王朝时期，查理曼和虔诚者路易皆致力于在帝国内部推行基督教化政策，而圣徒崇拜因直接面向民众而显得尤为重要。故此，君主积极颁布和重申圣徒崇拜的相关法令，并亲身垂范，推动圣徒崇拜的发展。艾因哈德迁移圣徒也正以此为背景。

加洛林家族的统治者素来注重以基督教巩固统治。不论是与罗马教会建立政教联盟，并模仿罗马教廷的宗教仪式①，还是在新征服地区设立主教区、兴建教堂和修道院，都体现出查理曼等人希望获得上帝垂青，利用宗教巩固统治的愿望。虔诚者路易继位后，面对父亲留下的广阔却矛盾重重的领土，更需要借助宗教的力量重振帝国。他委托安尼亚纳的本尼迪克（Benedict of Aniane）②在全国范围内推行教会改革，招致许多抗议和抵制，权力也因此有所受损。甘冒风险推行教会改革，可见路易对宗教事务的重视程度。

加洛林王朝时期，要使其民众真正皈依基督教，最直接的途径就是发展圣徒崇拜。此时，民众对圣徒的热情很高，君主亦顺水推舟，将圣徒崇拜纳入官方管理之下，使其朝着日常化、规范化和纯洁化方向发展。803年，查理曼要求民众必须在教堂里或者在圣物面前发誓，并规定誓词中有一句"愿上帝和圣徒的遗骨裁定我（说的是实话）"③，意在使圣徒崇拜渗透进平民的日常生活④。君主还

---

① Mayke de Jong, "Charlemagne's Church", in Joanna Story, ed., *Charlemagne: Empire and Society*, Manchester: Manchester University Press, 2005, p. 118.
② 安尼亚纳的本尼迪克原名维梯察，因崇拜圣本笃改名本尼迪克。他是虔诚者路易推行教会政策的最大功臣，并建立起许多本尼迪克修道院。他的行为被乔治·杜比认为是"西方隐修制度史上真正的转折点"。陆璐：《论虔诚者路易的教会政策》，东北师范大学硕士学位论文，2015年，第12页。
③ Alfred Boretius, ed., *Capitularia regum Francorum I*, in *Monumenta Germaniae Historica*, *Leges II*, Hannover: Hahn, 1883, p. 118. 原文为：Omne sacramentum in ecclesia aut supra reliquias iuretur; et quod in ecclesia iurandum est, vel cum sex electis vel, si duodecim esse debent, quales potuerit invenire: sic illum Deus adiuvet et sancti quorum istae reliquiae sunt, ut veritatem dicat.
④ 对于加洛林王朝对圣物的管理，帕特里克·格里在《圣徒盗窃》（*Furta Sacra*）中写道，在801年和813年，第五次迦太基会议中"所有缺乏圣物的祭坛都要被拆毁"的规定再次被重申。该论断被许多学者原句引用，足见其影响力。但是，从注释来看，该叙述所依据的史料有二。其一来自埃克斯法令（Capitulare（转下页）

希望使圣徒崇拜规范化，794 年法兰克福主教会议（Synod of Frankfurt）规定："新的圣徒不应被崇拜或呼求，他们的纪念也不应公开举行，仅仅是那些因受难的声誉和生命中的功绩而被认可的（圣徒）才能在教会受到尊崇。"①这则规定并非为了限制圣徒崇拜的发展，而是要防止圣徒的泛滥导致崇拜的混乱。此外，查理曼认为，教会人士热衷于迁移圣徒，这与其说是出于对上帝的爱，不如说是贪求平民奉献的财物，故在 813 年美因茨会议（Concilium Moguntinense）上规定"除非得到君主或主教以及宗教会议的批准，否则不能私自迁移圣物"。② 此规定意在提高圣徒崇拜的纯洁性。

君主对贵族供奉圣徒的重视在《迁移和奇迹》中得到了充分体现。书中艾因哈德提及，他将圣物安置到上慕林海姆（Upper

（接上页）Aquisgranens），史料中提到"在那里（指教堂）圣物被看见在场"（ubi reliquiae praeesse videntur）。其二则来自美因茨会议（Concilium Moguntinense），该史料列举了多个节日，并认为每个教区都有自己的圣徒，其遗体或遗物安息于教堂。前者只是表明教堂有圣物，后者仅表明美因茨地区的教士认为每个教堂都有圣物，两者皆未直接体现出"无圣物则须被拆毁"的意思，不能完全支撑上述论断。值得注意的是，格里在后来出版的另一本书中提及美因茨会议的例子时，也以让步语气说："不论我们是否能够确定这是对迦太基会议教规的重申……"这或许表明作者也认为《圣物盗窃》中的观点有商榷的空间。Patrick J. Geary, *Furta Sacra*, p. 37；Patrick J. Geary, *Living with the Dead in the Middle Ages*, p. 185；Alfred Boretius, ed., *Capitularia regum Francorum I*, p. 170；Albert Werminghoff, ed., *Concilia aevi Karolini*, Tomus I, Pars I, Hannover and Lipsig: Hahn, 1906, p. 270.

① Alfred Boretius, ed., *Capitularia regum Francorum I*, p. 77. 原文为：Ut nulli novi sancti colantur aut invocentur, nec memoria eorum per vias erigantur; sed hii soli in ecclesia venerandi sint qui ex auctoritate passionum aut vitae merito electi sint.

② Albert Werminghoff, ed., *Concilia aevi Karolini*, Tomus I, Pars I, p. 272. 原文为：Ne corpora sanctorum transferantur de loco ad locum. Deinceps vero corpora sanstorum de loco ad locum nullus transferre praesumat sine consilio principis vel episoporum sanctaeque synodi licentia. 吉奥吉尔·沃西诺认为加洛林王朝几乎没有着力执行这条法令；而在该文的另一处，作者认为伊尔杜因非常熟悉圣物迁移过程中必要的手续。Giorgia Vocino, "Under the Aegis of the Saints: Hagiography and Power in Early Carolingian Northern Italy", *Early Medieval Europe*, 2013, 22, pp. 26-52.

Mulinheim）的教堂后，路易颁布皇家特许状（royal charter）召集教士照看圣物。① 结合813年美因茨会议的规定来看，这一举措表明路易批准艾因哈德迁入圣物，同时希望罗马圣徒今后得到良好的侍奉。此外，伊尔杜因归还圣物后，艾因哈德将其暂时安放在亚琛自己的小教堂里，路易曾计划专门到此处敬拜圣徒，后来采纳伊尔杜因的建议，临时将圣物移至圣母玛利亚教堂以示尊重，并在敬拜时谦卑地向圣徒祈祷。圣祭结束后，路易奉献给圣徒一份地产，王后朱迪斯（Judith）也献出一条由金子和珠宝制成的腰带。② 君主的最终目的是借助圣徒教化民众，贵族则是其意志的执行者。通过特许状的颁布和财物的赏赐，君主对贵族供奉圣徒的活动表现出鼓励态度。

《迁移和奇迹》中同样体现出，路易十分关注平民对圣徒的态度。书中写道，一位妇女带着瘫痪的女儿到教堂祈求圣徒帮助，当她把女儿放下并专注于祈祷之时，她身后的女儿已奇迹般痊愈。母女两人十分欣喜，正值教职人员休息，母亲便把奇迹告知门外的乞讨者。消息辗转几次，最终传到了路易耳中。路易在会议上与廷臣分享此事，艾因哈德亦亲耳听闻。③ 路易鼓励发展圣徒崇拜的目的就在于教化民众，如今得知民众非常虔信圣徒，自然十分乐意谈到此奇迹。

结合加洛林时期的宗教背景来看，路易所赐的土地位于帝国的边远地区。离慕林海姆不远处就是富尔达（Fulda）和洛尔施（Lorsch）两座皇家修道院，两座修道院肩负着传播基督教的使命，也承载着君主盼望当地归化于帝国统治的期待。同样，米歇尔施塔

---

① Einhard, "The Translation and Miracles of the Blessed Martyrs, Marcellinus and Peter", in *Charlemagne's Courtier*, p. 83.
② Einhard, "The Translation and Miracles of the Blessed Martyrs, Marcellinus and Peter", in *Charlemagne's Courtier*, p. 89.
③ Einhard, "The Translation and Miracles of the Blessed Martyrs, Marcellinus and Peter", in *Charlemagne's Courtier*, pp. 115-116.

特（即奥登林）在8世纪中叶以后，也在君主的支持下被修士们逐步开发。可以说，路易将这块土地赐给艾因哈德，除了答谢他的忠心效劳外，或许也希望他能够推进当地的宗教事业，并实现路易的政治目标。艾因哈德也确实有所作为：最初获得米歇尔施塔特时，此地还只有一座木质小教堂①，四年后已有至少两座教堂，820年以后又新建一座用于供奉圣物的石质大教堂。② 君主路易将土地赐予艾因哈德，使他以贵族身份联系地方和中央，并在自己的土地上修建教堂，从而推动边陲地区基督教化。

加洛林王朝对宗教的重视，突出表现在对圣徒崇拜的鼓励上。查理曼和路易都注重利用宗教巩固统治，引导贵族迁移和供奉圣徒。同时，君主发布法令，使圣徒崇拜活动规范化、日常化、纯洁化，保持圣徒对平民的吸引力。此外，路易专门召集教士侍奉圣徒，并关注平民对圣徒的态度。这些举措表明，君主鼓励贵族发展圣徒崇拜，旨在促使平民虔信基督，增强帝国凝聚力，最终实现帝国的基督教化。

三、贵族对圣徒的利用

在加洛林王朝的圣徒崇拜中，贵族可谓是最突出的角色，他们借助圣徒实现多重目标。对于君主，贵族借助圣徒贯彻君主教化民众的愿望，并向君主展现自己的忠诚和能力。在贵族群体内部，他们利用圣徒争取君主的宠信和民众的支持，以提升自己在同侪中的声望。此外，贵族还凭借圣徒吸引捐赠，维持教会和修道院的运转。贵族耗费大量资财和精力供奉圣徒，具有多种世俗目的。艾因

---

① Karl Glöckner, *Codex Laureshamensis* (Band 1): *Einleitung*, *Regesten*, *Chronik*, Darmstadt: Selbstverl. der Hessischen Historischen Kommission, Kap. 19, p. 300; http://digi.ub.uni-heidelberg.de/diglit/gloeckner1929bd1/0312 2018-02-02.

② Karl Glöckner, *Codex Laureshamensis* (Band 1): *Einleitung*, *Regesten*, *Chronik*, Kap. 20, p. 301.

哈德即是如此。

对于君主，艾因哈德体察到路易对圣徒崇拜的重视，积极运用圣徒展现自己的功绩、忠诚度和能力。艾因哈德早年在富尔达修道院学习，凭借出众的才学被推荐入查理曼宫中。此时，查理曼广纳人才、礼贤下士，博学多识的艾因哈德也颇受重用。同僚对他评价很高，阿尔昆（Alcuin）称他"身材小巧却充满活力"，并向查理曼举荐他，认为当自己不在宫廷时，艾因哈德可以轻松地为君主解释繁难的语法和数学问题。① 艾因哈德也不负期待，806 年他出使罗马，会见教皇利奥三世；813 年查理曼召开亚琛大会议（Diet of Aachen）商讨继承人问题，艾因哈德代表一众贵族，公开支持虔诚者路易成为共治皇帝。② 艾因哈德无疑是查理曼的得力助手和良伴，路易也对他相当重视。路易上台后，艾因哈德是少数几位仍留在朝中的老臣之一。或许是出于对艾因哈德的感谢和信任，路易赐予他修道院和田产，并委托他指导长子洛泰尔（Lothair）。③ 艾因哈德对两任君主的熟悉程度，使他足够了解君主以基督教凝聚平民、巩固统治的意图。他在《迁移和奇迹》一书的前言中写道，自己写作是为了"纠正人们的罪恶行径并赞美上帝的万能"④，除了虔诚之外，也可见他对君主心意洞察之深。

艾因哈德深得君主信任，但 820 年以后经常不在宫廷，影响力或遭削弱。此时，他的主要精力已从经纶世务转移到侍奉圣徒上，虽仍间或返回亚琛，却并不情愿。⑤ 他写道，828 年的冬天路易召开会议，所有主要的贵族都须参加，他便留在了亚琛，但这样一来

---

① Paul Edward Dutton, trans. and ed., *Charlemagne's Courtier*, p. xii.
② Paul Edward Dutton, trans. and ed., *Charlemagne's Courtier*, p. xvi.
③ Julia M. H. Smith, "Emending Evil Ways and Praising God's Omnipotence", in *Conversation in Late Antiquity and the Early Middle Ages*, p. 193.
④ Einhard, "The Translation and Miracles of the Blessed Martyrs, Marcellinus and Peter", in *Charlemagne's Courtier*, p. 69.
⑤ 关于艾因哈德此时状态的讨论参见 Mayke de Jong, *The Penitential State*, p. 70.

他就不能侍奉圣徒，故这段时光难称快乐。① 远离朝廷固然可以暂时从政务中抽身，但缺席宫廷的会议、狩猎和节日庆典，便很难与君主保持紧密的个人联系，也就离开了权力中枢。艾因哈德既要维持自己对君主和朝政的影响力，又不愿受政务羁绊，就必须从君主重视的宗教领域入手，巩固自身的地位。

艾因哈德明白，圣徒是教会向民众传播宗教的重要媒介，能够吸引君主的注意力。而文中有例子表明，路易确实留意到了艾因哈德的圣徒。前文提到，路易听闻瘫痪幼女在圣徒的庇佑下康复，感到十分欣喜，并专门在朝会上与一众廷臣分享此事。② 对君主而言，平民患病向圣徒求助是虔诚的表现，圣徒的奇迹更昭示着上帝对加洛林帝国的垂爱和庇佑。艾因哈德声称，他亦是在朝会中才欣闻此奇迹。艾因哈德可曾暗中插手，为君主获知此事创造机会，如今已无从考证。但可以肯定的是，他一直致力于对外传扬圣徒的奇迹。这些奇迹中，精彩程度超过上述事件的比比皆是，任意一件大抵都会使路易十分欣慰。很有可能艾因哈德的策略本就重在宣传，只要圣徒的名声足够响亮，君主知悉奇迹的存在并肯定他在民间传播基督教的功绩，便都是水到渠成之事。

为争取君主的重用，艾因哈德除了展现自己推进帝国基督教化的成果外，还利用圣徒委婉地建言献策，彰显自身与君主共渡难关的忠诚和能力。彼时，帝国内兵戈频仍，派系竞争激烈，且多地谷物歉收、畜疫横行。面对这种困局，路易和洛泰尔共同主持会议，讨论帝国的腐败、罪恶问题。③ 此时，艾因哈德"恰巧"收到拉特雷格送来的一本小书，书中记载着一系列法条。据称，一位被圣徒

---

① Einhard, "The Translation and Miracles of the Blessed Martyrs, Marcellinus and Peter", in *Charlemagne's Courtier*, p. 100.
② Einhard, "The Translation and Miracles of the Blessed Martyrs, Marcellinus and Peter", in *Charlemagne's Courtier*, pp. 115-116.
③ Julia M. H. Smith, "Emending Evil Ways and Praising God's Omnipotence", in *Conversation in Late Antiquity and the Early Middle Ages*, p. 204.

治愈的盲者在将醒未醒之时见到了以圣徒外表出现的天使长加百利，后者向他口授一系列法条，并要求由艾因哈德将这些法条呈送君主。艾因哈德依照命令，把小书交给路易。他没有记录这本法条之书的内容，但写下了君主的反应：路易通读过全书，但书中所要求之事，只有一小部分他会费心去完成。① 紧随其后，艾因哈德又叙述了相似的事例：恶魔附体于女童，道出民众之奸邪和君主之罪行，并称这就是自己和同伴肆虐人间的缘由。②

以上两个接连叙述的事件，即艾因哈德通过"一正一邪"的双方面力量，对君主提出严肃的劝诫的典型例子。在天使长加百利的事件中，艾因哈德先以平民盲者被圣徒治愈的经历为铺垫，进而以天使托梦为形式，委婉地提出对君主的建议，描绘出帮助君主涤荡浊风、重振帝国的蓝图。随后艾因哈德更进一步，借恶魔之口道出路易未能匡正民风的事实。在加洛林时期的政治话语中，每个人都应承担与其等级相适应的对上帝的义务，而君主的义务就是在现世治理活动中促进民众对上帝的虔诚。③ 此时的许多圣徒传记作者就常常指责墨洛温王朝的君主对宗教事业的漠视，来对比论证加洛林王朝统治的合法性。④ 所以，艾因哈德是借"恶魔"的言论指控路易对上帝的渎职。时隔数年后，艾因哈德在写作《迁移与奇迹》一书时提及天使托梦和恶魔附体这两件事。此时正值路易诸子与父亲兵戎相见，艾因哈德重述两事，正是要劝诫路易和他的儿子们，希望平息战乱。艾因哈德使用充满宗教色彩的政治话语申明治国蓝图、调停内乱，尽管措辞严厉，却并非意在攻击路易的统治，而是

---

① Einhard, "The Translation and Miracles of the Blessed Martyrs, Marcellinus and Peter", in *Charlemagne's Courtier*, pp. 100-103.
② Einhard, "The Translation and Miracles of the Blessed Martyrs, Marcellinus and Peter", in *Charlemagne's Courtier*, pp. 103-105.
③ 刘寅：《"训诫"话语与加洛林时代的政治文化》，《历史研究》2017年第1期，第123—140页。
④ 凯莉·吉布森总结了学界在这方面的研究，参见 Kelly Gibson, "The Carolingian World through Hagiography", *History Compass*, 2015, 13, pp. 631-632.

要站在宗教道德高地上劝诫君主，期待得其倚重。

虽然艾因哈德未能让路易完全采纳其建议，但他使用的政治话语符合当时的政教氛围，也得到了后辈的认可和敬畏。这一点我们可以在富尔达修道院的年代记中窥见。874年的年代记中写道，小路易①在圣马塞林和圣彼得的教堂与父亲的谋臣进行秘密会谈，一天晚上梦见父亲虔诚者路易深陷困境。这使他想到：如果父亲遵守加百利的警告，尽其能力纠正臣民的过错，或许可以免受这样的惩罚。② 这表明至少该文献的作者认为，艾因哈德呈交的天使长加百利的警告具有神圣效力，足以使不愿费心执行的路易受到惩罚。时隔数十年，虔诚者路易的后代小路易以及富尔达年代记的作者，都能够忆起这次劝诫，并正视其严肃性，说明在当时，艾因哈德的劝诫小书必然具有较大的政治影响力。简而言之，艾因哈德已经向路易展现了自身的忠诚和能力。

艾因哈德利用圣徒，使路易知悉自己激发民众宗教热情的努力，又运用巧妙的政治话语劝诫路易，表现出为君主分忧的实力，以获得他的信赖。但这并非艾因哈德唯一的目标，与同为君主近臣的伊尔杜因展开竞争也在他的计划中。在这种竞争中，艾因哈德必须同时拥有君主的宠信和民众的支持，才能打击对手，提高自身在精英群体中的影响力。

在贵族间的竞争中，平民的支持是贵族取得优势的基础，故贵族试图利用圣徒崇拜争夺民意。书中写道，艾因哈德接待德乌斯多纳，并暗示希望达成交易时，曾提及伊尔杜因在苏瓦松的修道院供奉圣徒塞巴斯蒂安一事。③ 伊尔杜因在当时的政坛和教会中皆具有

---

① 此处指的是虔诚者路易之子日耳曼人路易。
② Friedrich Kurze, ed., *Annales Fuldenses sive Annales regni Francorum orientalis*, in *Monumenta Germaniae Historica*, *Scriptorum*, *Scriptores rerum Germanicarum in usum scholarum separatim editi*, Hannoverae: Impensis Bibliopolii Hahniani, 1891, pp. 81-83. 该段材料的阅读和引用参考了李云飞的中文译文（未刊稿）。
③ Einhard, "The Translation and Miracles of the Blessed Martyrs, Marcellinus and Peter", in *Charlemagne's Courtier*, p. 70.

举足轻重的地位。塞巴斯蒂安的遗骨抵达苏瓦松后，曾在民间掀起过很大的圣徒崇拜浪潮，使当地成为一个重要的朝圣地，更激发了其他贵族获取圣物的欲望。艾因哈德要与伊尔杜因竞争，就必须利用圣徒赢得民心。他不但迂回圣徒，更为吸引民众的关注颇费心力，书中写道，圣徒即将抵达慕林海姆时，欣喜异常的民众前来恭迎圣徒，以至于道路都被围得水泄不通。① 这体现出当地民众对圣徒的崇敬，下文仍会提及。此处值得思考的是，按照当时的消息传播条件，仅靠民众自身口口相传很难达到如此轰动的效果。故书中还有一个细节需要留意：迁移圣徒的队伍抵达奥斯特海姆（Ostheim）时天色已晚，艾因哈德便让众人留在当地，自己携几位属下先行赶往终点，"为迎接圣徒的遗骨做一些礼俗上规定的准备"②。艾因哈德所做的准备，很可能包括了有意散布圣徒即将到达的信息，同时围绕圣徒进行一番宣传。圣徒抵达的消息被越多人知晓，就越能够激起民众对圣徒的热情。唯有如此，艾因哈德才能赢得与伊尔杜因旗鼓相当的影响力，为博取路易的宠信打下坚实的基础。

为与伊尔杜因抢夺民心，艾因哈德不仅在现实中与之相争，在写作中也使用话语策略进行舆论宣传。民众对圣徒的来源和能力至为关心，艾因哈德便在此处做文章。他在书中详细记录了自己获取并迁移圣物的经过，却说胡努斯在墓中发现圣蒂布尔齐乌斯的遗骨可能早已被盗，只能挖走一抔土象征圣徒。③ 艾因哈德称伊尔杜因拥有的圣物并非圣徒遗骨，乃是从来源上对其进行贬抑，反衬自己

---

① Einhard, "The Translation and Miracles of the Blessed Martyrs, Marcellinus and Peter", in *Charlemagne's Courtier*, pp. 78-83.
② Einhard, "The Translation and Miracles of the Blessed Martyrs, Marcellinus and Peter", in *Charlemagne's Courtier*, p. 82.
③ Einhard, "The Translation and Miracles of the Blessed Martyrs, Marcellinus and Peter", in *Charlemagne's Courtier*, p. 76.

圣物的神圣性。① 此外，他又从效力上否定伊尔杜因的圣物，称自己的圣物被送到各处供奉时，有信徒专程前来朝拜，因为他们祈求圣徒塞巴斯蒂安无效。② 无论是可疑的来源，还是欠佳的效力，都是艾因哈德否定对方的圣物、贬斥对手的话语武器，能够削弱民众对伊尔杜因的圣徒的热情。艾因哈德的一面之词是为了抬高自己的宗教声誉，不能完全采信，但他争夺民众支持的心理昭然若揭。

在争夺民众支持的基础上，艾因哈德和伊尔杜因更将君主的偏爱视为竞争的焦点。上文提到，伊尔杜因将圣物归还艾因哈德后，圣物曾被短暂地供奉于艾因哈德位于亚琛的小教堂。路易知悉民众对圣物的崇拜，欲前去敬拜圣徒，却遭伊尔杜因阻拦。伊尔杜因的说辞是，君主应该把圣徒请到更大的圣母玛利亚教堂。③ 实际上，权力的天平会随君臣关系的亲疏而倾斜。倘若路易亲自前往艾因哈德的教堂，一来会提升艾因哈德在政坛中的地位，二来也会使平民效仿君主，敬拜艾因哈德的圣徒。这都会让艾因哈德处于竞争中的优势地位，无疑是伊尔杜因所不愿见到的。伊尔杜因无法阻止路易礼敬圣徒，却尽可能降低他对艾因哈德及其圣徒的礼遇程度。可见，贵族为争取君主的宠信，巩固自己的地位，必须高度关注君主对同僚的圣徒的态度。而君主对圣徒的优待，则可能损益不同贵族的利益，故又是贵族们竞逐的目标。

与对民众的宣传相似，艾因哈德与伊尔杜因的宫廷权力竞争在叙述里也有体现。艾因哈德由始至终都将伊尔杜因及其属下胡努斯

---

① 根据史密斯的研究，触碰过圣徒遗骨的土堆，也带有圣徒的神圣性，可被称为圣物。但是，土堆与圣徒遗骨本身，确有效力上的差异。Julia M. H. Smith, "Relics", in *Saints and Sacred Matter*, pp. 41-60.
② Einhard, "The Translation and Miracles of the Blessed Martyrs, Marcellinus and Peter", in *Charlemagne's Courtier*, p. 125.
③ Einhard, "The Translation and Miracles of the Blessed Martyrs, Marcellinus and Peter", in *Charlemagne's Courtier*, p. 89.

塑造成负面人物。他从一开始就描述胡努斯为"狡猾的人"①，称他为交差而贿赂鲁尼索以盗走部分圣物②。写至属下们为避教皇而先后行动时，他又勾勒出拉特雷格的考虑：狡猾如胡努斯，很可能会在前方设下埋伏。③ 此处艾因哈德暗含着对胡努斯的负面评价，认为他一经达成共同的目标，便会因利益背叛同行者。对伊尔杜因，艾因哈德虽然没有进行正面攻击，却以他阻碍君主敬拜圣徒、迟迟不归还圣物并宣称自己不会屈服于任何人的事例，在字里行间塑造其固执、自大的形象。830年洛泰尔叛乱④，伊尔杜因也参与其中，艾因哈德在书中对他进行指责，或许也意在表现伊尔杜因反抗君主，其来有自。在叙述中，艾因哈德既运用圣徒攻击对手及其属下，又表现了自己与君主站在同一阵线上的态度，以求最大限度地宣传自己。

艾因哈德与伊尔杜因围绕圣徒展开了多番竞争。他们向民众宣传自己的圣徒，攻击对方的圣徒，以争取舆论基础。凭借这一点，两位贵族又试图赢得君主对圣徒的崇敬和对自己的宠信，使权力的天平向自己的一边倾斜。他们博取民众的支持和君主的关注，并使两方面的力量相互影响，增加自己的政治资本。艾因哈德的策略确实维持住了他在精英群体中的显赫地位。据叙述，周边地区的教会贵族都希望获得部分圣物，艾因哈德也欣然答应。⑤ 于是，艾因哈德终于成了新一轮圣徒崇拜热潮的中心，其宗教和政治影响力进一步向外辐射。

---

① Einhard, "The Translation and Miracles of the Blessed Martyrs, Marcellinus and Peter", in *Charlemagne's Courtier*, p. 71.
② Einhard, "The Translation and Miracles of the Blessed Martyrs, Marcellinus and Peter", in *Charlemagne's Courtier*, p. 86.
③ Einhard, "The Translation and Miracles of the Blessed Martyrs, Marcellinus and Peter", in *Charlemagne's Courtier*, p. 77.
④ 830年也同样是艾因哈德书中最后一件奇迹发生的时间，故四本书的完结最早应在830年。
⑤ Einhard, "The Translation and Miracles of the Blessed Martyrs, Marcellinus and Peter", in *Charlemagne's Courtier*, pp. 116-126.

贵族供奉圣徒具有多重目的，除了争取君王的倚重、赢得同侪的歆羡外，还有经济方面的动机。艾因哈德在迁移和供奉圣徒上付出了大量金钱。一开始，艾因哈德与德乌斯多纳沟通买卖条件时，同意派属下护送后者回罗马，并为他们配备骡子且提供路上所需的金钱。① 得到圣物后，艾因哈德的属下带着圣物独行途中，为了光明正大地携带圣物，购买了灵柩和圣物匣。② 圣物抵达后，艾因哈德认为原来的圣物匣材质不佳，又命人重新制作了一个。③ 这一切都需要耗费不少财物。虽然艾因哈德能够承担这笔开支，但对于他的教堂而言，这仍然是一笔不小的投资。唯有吸引更多供奉，教堂才能够更好地运转。这些供奉品主要来自君主和平民信徒，平民对圣徒的供奉热情将在第四部分详述，此处需要点明的是，虔诚者路易和王后为了展现个人的虔诚，初次敬拜圣徒时便已赐予他们一份地产和特制腰带。随着圣徒所行奇迹的不断增加，以及民众热情的不断高涨，艾因哈德将有望争取到更多捐赠物。

贵族通过推动圣徒崇拜达成多重目标。对于君主，艾因哈德强调民众的虔诚以展现出自己推行基督教化政策的功绩，并从圣徒奇迹中抽取出符合政治氛围的元素劝谕国君。对于同僚，艾因哈德和伊尔杜因的竞争从民间上升到宫廷，他们鼓动平民的宗教热情、关注君主敬拜圣徒的细节，并在叙述上进一步攻击对方，其目的都是获得平民的支持和君主的肯定，提升自己的地位。此外，艾因哈德还利用圣徒谋求捐赠品，维持教堂的存续。总之，贵族居于君主和平民之间，利用双方面的力量相互推进，谋取政治资本和经济利益。

---

① Einhard, "The Translation and Miracles of the Blessed Martyrs, Marcellinus and Peter", in *Charlemagne's Courtier*, p. 70.
② Einhard, "The Translation and Miracles of the Blessed Martyrs, Marcellinus and Peter", in *Charlemagne's Courtier*, p. 78.
③ Einhard, "The Translation and Miracles of the Blessed Martyrs, Marcellinus and Peter", in *Charlemagne's Courtier*, p. 79.

四、民众的诉求和影响

平民是君主的统治基础，也是贵族博取名利的筹码。君主和贵族热衷于发展圣徒崇拜，皆因平民对圣徒的尊崇能够为上层社会提供政治、宗教乃至经济支持。然而，君主、贵族和平民并非仅仅是自上而下的关系，民众的诉求和态度也会自下而上地对上层精英产生影响。

平民对圣徒的基本诉求影响了艾因哈德的写作内容和模式。艾因哈德书中的第三、四部分皆为对圣徒奇迹的记述。这些记述中出现频率最高的就是疾病的疗愈，其种类涵盖了各种难治之症，例如失聪、肢体扭曲等。其次就是圣徒庇佑平民的奇迹，例如：几个人路过森林时雾气很重，致使他们迷失方向，但突然发现此地竖立着纪念圣徒彼得的十字架，于是雾气消散、阳光普照。① 这些记述的真实性十分可疑，难以采信，却透露出艾因哈德的宣传目的。路易治下的加洛林帝国饥荒、瘟疫横行，医疗水平低下，平民最朴素而迫切的愿望就是疾病的治愈和生活的改善。这种愿望使艾因哈德必须从这两方面入手进行宣传。圣徒刚抵达时，已在当地引起一股民众的朝拜热潮，而艾因哈德选取其中一些所谓的"奇迹"进行加工②，载于书中并分发到其他宗教机构③，以期再度激发民众的信

---

① Einhard, "The Translation and Miracles of the Blessed Martyrs, Marcellinus and Peter", in *Charlemagne's Courtier*, pp. 107-108.
② 艾因哈德多次提到，有许多奇迹并非自己亲眼目睹，而是耳闻而得。即便如此，他仍然保证这些奇迹是可信的。笔者推测，艾因哈德所记录的奇迹在现实中应有其原型，而他又进行了夸张和修改。Einhard, "The Translation and Miracles of the Blessed Martyrs, Marcellinus and Peter", in *Charlemagne's Courtier*, p. 92.
③ 艾因哈德在开篇就说明了自己"决定传布和提供此书给上帝的崇拜者阅读"。Einhard, "The Translation and Miracles of the Blessed Martyrs, Marcellinus and Peter", in *Charlemagne's Courtier*, p. 69.

仰热情①。艾因哈德的著述缘于对前来朝拜的平民的观察，又期望能够切中平民的诉求，其内容为平民的心理所深刻影响。与此同时，艾因哈德笔下的圣徒"治愈"疾病大多是通过简单的拉伸或击打动作，其过程呈现出高度的程式化特征。这恰恰是由于民众对圣徒的青睐简单而实际，他们只求解决困难，无意深究宗教奥义。艾因哈德反复书写情节雷同的治愈和庇佑奇迹，可见平民心理对他的写作产生的重要影响。

平民的心理特点也影响了贵族对圣徒的现场宣传方式。前文述及，民众的宗教热情对艾因哈德而言十分重要，促使他连夜赶往目的地进行宣传。圣徒抵达后，民众果然十分激动：

> 附近的一群人跟着我们，他们（之前）听到圣徒抵达的传闻，十分惊喜。于是，他们在黎明时分已聚集到教堂门前，希望和我们一起接圣徒……我们一起赞颂耶稣基督的仁爱，幸福欣喜地把圣徒的圣物带到上慕林海姆……群众堵住了各条前路，我们无法进入教堂，把灵柩放进去。所以我们在附近的高地上露天立起了祭坛……弥撒结束了，民众也回了家，我们才把圣物带到教堂里。②

由此处可见，对于民众而言，迎接圣徒是一次难得的狂欢，他

---

① 艾米·博斯沃思认为，艾因哈德所预设的听众除了教会人士之外，还有俗人。Amy K. Bosworth, "Learning from the Saints: Ninth-Century Hagiography and the Carolingian Renaissance", *History Compass*, 2010, 8, pp. 1057-1066. 凯莉·吉布森在学术回顾中总结道，圣徒传记在多大程度上触及俗界人士仍不确定，但教士能够在讲道中为俗界民众介绍圣徒故事。Kelly Gibson, "The Carolingian World through Hagiography", *History Compass*, 2015, 13, pp. 631-632. 笔者认为，圣徒的奇迹简短易懂，且为平民所喜，教会人士很容易进行介绍。故艾因哈德预设的读者或许是教会人士，而他预设的听众则包括了民众。
② Einhard, "The Translation and Miracles of the Blessed Martyrs, Marcellinus and Peter", in *Charlemagne's Courtier*, pp. 78-83.

们能够共同表达对上帝的爱，并且有机会蒙受上帝的恩泽。

在上述例子中，民众尚且知道自己是在迎接圣徒，而在部分时候，他们甚至不清楚热闹的队伍在进行什么活动。当艾因哈德把圣徒从米歇尔施塔特迁走时，"一大群穷人跟随着我们，他们从四处聚集到这里想要获得施舍。这些住在附近的民众完全不知道我们在做什么"。① 这样的情况绝非个例，艾因哈德把伊尔杜因归还的圣物迁回教堂时，"虽然很大一部分聚集在那里的群众不知正在发生什么事，但他们充满了惊喜并赞美全能上帝的慈悲"。② 在这两个例子中，民众朴素的心理影响了艾因哈德。因此，他没有派教士讲解枯燥的教义，也不求民众了解圣徒，只采取最热闹和欢乐的方式聚集起民众，甚至不惜以财物吸引民众。

除了表达最基本的生存愿望和对圣徒的朴素感情以外，民众还让圣徒成为社群内人与人之间的道德纽带，这是艾因哈德和君主乐见的一项成果。《迁移和奇迹》中写道，一位男子在圣徒面前免除他人对自己欠下的债务，随后又写道，另外一人在圣徒面前化解与他人的矛盾，他说：

> 你曾经杀了我的父亲，故我们曾为仇敌。但现在，为了上帝和这位圣徒的爱与荣耀，我希望结束我们之间的怨恨，并同意从今以后我们将维持友谊。愿这位圣徒作为本次我们彼此承诺的和解的见证人，愿他惩罚第一个试图破坏（我们之间的）和平的人。③

---

① Einhard, "The Translation and Miracles of the Blessed Martyrs, Marcellinus and Peter", in *Charlemagne's Courtier*, p. 81.
② Einhard, "The Translation and Miracles of the Blessed Martyrs, Marcellinus and Peter", in *Charlemagne's Courtier*, p. 87.
③ Einhard, "The Translation and Miracles of the Blessed Martyrs, Marcellinus and Peter", in *Charlemagne's Courtier*, pp. 89-90.

由于人们普遍认为圣徒没有真正死去,而是在天堂里永远关注人间,故倾向于以圣徒为誓言的见证者。同时,圣徒不朽且具有赐福降祸的能力,可以永远见证誓言,并以其能力惩罚毁约之人。这种永恒的能力使圣徒成为人们彼此之间的道德纽带。借助圣徒使基督教融入到人们的日常生活中,使民众以教义为道德标杆,这既是君主基督教化政策的具体内容之一,也是艾因哈德着力的方向。显然,他们的努力在民众中已有成效。

上述事件体现出民众对圣徒朴素的宗教感情,这为艾因哈德所重视,也为路易所注意。如前文所述,路易一回到宫里,获知圣马塞林和圣彼得的遗骨在亚琛,便希望能够立即到艾因哈德的小教堂拜见圣徒。君主谦卑地面对圣徒,并且和皇后一起捐赠了财物和土地。① 君主的这番礼遇是对民众崇拜的圣徒的尊重,并亲身垂范,希望加深民众对圣徒的崇敬。而对于贵族而言,若没有平民长期对圣徒奇迹的传颂,艾因哈德也难以借助圣徒展现功绩和运用政治话语劝诫君主。可以说,平民的心理是君主和贵族利用圣徒达成政治目标和进行政治对话的根基。

民众的心理除了影响上层社会的政治利益外,还会影响贵族的经济利益。书中有一片段充分体现出民众在供奉圣徒上的慷慨:一位患重病的老人被认定将不久于人世,他计划将所有财产捐赠给圣徒以换得死后的拯救,但是仆人在途中遗失了财物,老人遂决定卖掉仅剩的一头猪,换成钱献给圣徒。下达卖猪命令之后,他马上恢复了健康。但他并未食言,仍然将唯一的财产变卖为 40 块金币供奉给圣徒。② 平民乐于为圣徒奉献财物,这一现象不仅发生在艾因哈德的教堂,也发生在伊尔杜因的圣梅达修道院。据记载,伊尔杜因的圣塞巴斯蒂安极受民众崇拜,为其所在的圣梅达修道院吸引到

---

① Einhard, "The Translation and Miracles of the Blessed Martyrs, Marcellinus and Peter", in *Charlemagne's Courtier*, p. 89.
② Einhard, "The Translation and Miracles of the Blessed Martyrs, Marcellinus and Peter", in *Charlemagne's Courtier*, pp. 93-94.

大量供奉品，甚至招致了其他教会精英的妒意。这种情况为一个世纪以后同修道院的欧迪罗（Odilo）所描述。欧迪罗假托9世纪中叶的拉昂（Laon）主教欧斯特杜斯（Ostroldus）训诫教众的言论，以表现圣塞巴斯蒂安引起的轰动：

> 你们要到苏瓦松去朝圣什么，好像你们能够找到圣徒塞巴斯蒂安似的？你们很清楚，在殉教以后他便被埋在了罗马，从未被人移动过。在这里你们就拥有尊敬的圣母的教堂；（你们应该）常常来，进来立下你们的誓言、献出你们的供奉品。你们不应该跑到别处，寻求外部的帮助。你们通过圣母真诚祈祷的事都会由上帝实现。①

欧迪罗的描述具有虚构成分，但不难从中推测当年民众为圣塞巴斯蒂安捐赠供奉品的盛况。可见，在一个笃信圣徒的社会中，平民为祈求平安福乐，只要经济情况许可，必不遗余力地供奉圣徒。而这些供奉，都是贵族所必须争取的。

上文详述了平民的崇拜为贵族带来的巨大政治和经济利益，而反面的例子也可以让我们更清晰地看到民众的态度对贵族的重要性，书中就有这样的例子。当艾因哈德证实了民间的流言，确定自己的圣物正在伊尔杜因手中以后，他十分震惊和悲痛：

> ……我十分忧心，特别是因为我还没找到方法对付那狡猾的魔鬼四处传播的谣言，并把谣言从受骗的群众心中驱赶出去。但是，我想我最好要求伊尔杜因归还那些从我的箱子里拿走的东西。②

---

① Patrick J. Geary, *Furta Sacra*, p. 41.
② Einhard, "The Translation and Miracles of the Blessed Martyrs, Marcellinus and Peter", in *Charlemagne's Courtier*, p. 85.

民众舆论对艾因哈德的圣徒的声誉影响甚大，艾因哈德除了夺回圣物并无他法，故他在归还圣物一事上毫不让步。可以推测，艾因哈德可能使用了不少强硬手段，原本声明自己不会屈服于任何人的伊尔杜因最终也只能归还圣物。艾因哈德获得该部分圣物后，又在运回教堂的途中大加宣传。可见，平民认为圣物是否为真至为关键。他们的想法影响到贵族的宗教声誉，损益贵族的政治和经济利益，甚至会激化贵族之间的竞争。

平民的基本生活愿望和心理影响了艾因哈德的写作内容、模式以及宣传方式。他们将对圣徒的崇拜融入到自己的生活中，也是基督教化政策有所落实的表现。民众的崇拜为君主所重视，也为以艾因哈德、伊尔杜因为代表的贵族带来了较大的政治和经济利益，并影响其个人声誉。从根本上说，政治精英们之所以发展圣徒崇拜，皆因民众需要圣徒以满足自己的生活和心理诉求。换言之，民众对圣徒的渴望，是君主和贵族围绕圣徒崇拜所展开的一系列活动的前提。

五、结语

加洛林时期政治和宗教密不可分，故而在圣徒崇拜的发展过程中，君主、贵族和平民呈现出权力互动关系。君主制定相关法令并亲身垂范，鼓励贵族迁移和供奉圣徒，教化民众。贵族则迎合君主的意图，在发展圣徒崇拜的过程中博取君主的信任，争夺民众的支持，为教堂吸引捐赠，并谋求在精英群体中的优势地位。平民在圣徒崇拜中也并非消极被动，而是有自身的多种诉求，这构成了君主和贵族供奉圣徒的经济基础和思想动因。

在《迁移和奇迹》中，艾因哈德不惜笔墨地描述平民的崇拜行为，他和君主在推动各自政治目标的实现时也十分注重平民的心理。这启示我们，应该将加洛林帝国的政治运行视为一个有机体，它不仅是君主与贵族之间以及贵族内部的合作与博弈，更关系到平民社会。同样值得注意的是，虽然路易在书中出现的次数不多，但赐予土地、颁布特许状和敬拜圣徒等事例体现出他的每一项举措都具有重大影响。他在推动圣徒崇拜发展过程中显示出的权威不容我们忽视。

诚然，本文剖析的只是一则微小的个案，但其主角艾因哈德联系中央和地方，又兼具君主近臣和修道院创建者双重身份，他的行动和叙述反映出加洛林时代的种种特征。艾因哈德在路易所赐予的地产上，贯彻君主的基督教化政策，本质上是在落实一项政治任务。然而他在全书中未曾明说自己对君主的效忠，反而声言自己的努力都是出于对上帝的爱，甚至连写作该书都是为了颂扬上帝和匡正民风。他为了影响君主的行为，展现自身的政治实力，需要借天使和恶魔之口进行严肃的劝诫。而他对伊尔杜因的贬抑，也都隐藏在与圣徒有关的一系列叙述中。

这正是当时政治环境的缩影。路易治下的帝国不似查理曼时代那般强盛，但其宗教氛围却在两代君王的基督教化政策下愈发浓厚。于是，君主和贵族若要实现政治目标，必先将自己置于宗教的道德高地上，并尽力将其种种谋划都解释为对上帝的义务。艾因哈德的行为并非个例，联系同时期的其他政治事件，特别是从教俗贵族对路易的责难以及路易的两次悔罪中，都可以看到类似的行为模式。与艾因哈德的初衷相似，教俗贵族逼迫路易悔罪并非意在损害加洛林家族的统治，相反是想要维护加洛林王朝的宗教氛围及其背后的政治秩序。而路易作为这种宗教氛围的构筑者之一，也并非被动承受责难，而是采用向上帝悔罪的方式，重新登上道德高地。

当然，加洛林王朝的圣徒崇拜并非只与内部的政治生态有关，更融汇于和其他权力集体的互动之中。正是由于加洛林君主与罗马教廷彼此需要、过从甚密，罗马为法兰克王国提供了源源不断的圣物，加洛林王朝圣徒崇拜的兴盛才得以实现。而加洛林王朝崇拜圣徒遗物和遗骨的潮流，也影响了他们在拜占庭圣像崇拜争端中的立场。①

《迁移和奇迹》是本文的考察重点，它被艾因哈德用于论证自己占有圣徒遗骨的合法性，故不可避免地具有圣徒传记这类作品的虚构和宣传成分，考察的结果难免存在局限性。并且，此时期的其他教俗贵族也热衷于圣徒迁移和供奉活动，若能结合这些例子进行分析，或许能得出更为全面的结论。最后，我们从《迁移和奇迹》中还可引申出一系列问题，例如，艾因哈德为何要为其教堂配备圣物，所配备的又为何是罗马圣徒？人们对圣徒的偏好可曾发生变化？这些问题都值得我们今后进一步研究。

---

① 传统观点认为，至少在 8 世纪 90 年代时，加洛林王朝不理解拜占庭在圣像破坏争论中的基本问题。而托马斯·F. X. 诺伯认为，加洛林关于圣像问题的争论意义重大，在当时宗教艺术的讨论中有着独特的影响。Thomas F. X. Noble, *Images, Iconoclasm, and the Carolingians*, Philadelphia: University of Pennsylvania Press, 2009.

诺曼征服对英格兰教会的影响辨析

——以伦敦主教制度的发展为中心

麦殷闻　龙秀清

（中山大学历史学系）

【摘　要】 诺曼征服以后，英格兰教会在改革中逐渐转型。伦敦教区的主教选举制度以及俗界教士团制度在12世纪初已基本稳固，伦敦主教逐渐从教区的信仰首领转变为日常的教牧管理者。但诺曼征服带来的教会改革并未迅速深入主教层面之下，对教士团和教区牧灵管理的影响相对较弱。俗界教士团延续了传统的特权、教职和职俸田体系，伦敦主教在教区内的教牧管理长期受到一定阻力，伦敦教区在12世纪后期的信仰繁荣具有一定偶然性。由此可以看出，诺曼征服后，英格兰教会在制度建设与教牧管理两方面的改革并不同步，牧灵成果的进展明显滞后于制度定型。诺曼教会文化影响伦敦教区的进程较为缓慢，并可能出现了两种文化融合的现象。

【关键词】 诺曼征服；伦敦主教；教士团；授职权改革；牧灵关怀

在英国历史上，1066年的诺曼征服是一个重大的历史事件，它对英格兰的政治、经济、社会等诸多方面的影响几乎是不言而喻的。但它对英格兰教会是否具有同样的冲击力，在英国学界却一直存在争议。20世纪80年代以前，弗兰克·巴洛等学者认为，1066年后英格兰教会的发展方向产生了重大转变①。尽管诺曼人本身并

---

① 弗兰克·巴洛认为诺曼征服后的首任坎特伯雷大主教兰弗朗克（Lanfranc）在1072年—1076年间的改革带来了诸多变化，包括主教权力加强，教区教士团与（转下页）

不是改革的发起者,但他们将西欧教会的新潮流,如格雷戈里七世的改革措施以及奥古斯丁会等新修会体系引入了英格兰。①而自80年代起,随着大卫·史密斯、朱莉娅·巴罗和菲莉帕·霍斯金等学者开始对地方教会进行研究,英格兰教会的本土传统逐渐得到英美学界的重视。② 亨利·洛恩在《英格兰教会 940—1154》一书中,即试图修正此前的传统叙事。他将英格兰教会自 10 世纪本笃改革(Benedictine Reform)③ 至 12 世纪的发展视作一个整体,更加注重

  (接上页)修士团的改革,教区位置移动,主教座堂重建以及教会传统习惯改变。总体上至亨利二世即位前,英格兰各教区边界固定,教士结婚受到谴责,教会的教牧与司法机构得以建立,对教士群体的教育与管理更加系统,教会法规的作用更为明显。同时,巴罗也承认这些变化来自西欧教会的整体变化趋势,诺曼人更多的是新趋势的引导者。Frank Barlow, *The English Church 1066-1154*, London: Longman Inc., 1979, pp. 65, 314-316.

① Frank Barlow, *The English Church 1066-1154*, p. 6. 至 1154 年,在英格兰影响力较大的修会主要有三个,即传统的本笃修会、诺曼征服后新兴的奥古斯丁会(Augustinian)以及西多会(Cistercian)。在 1128 年和 1144 年先后进入英格兰的圣殿骑士团(the Knights Templars)和医院骑士团(the Knights Hospitallers)分别奉行西多会和奥古斯丁会会规。Frank Barlow, *The English Church 1066-1154*, pp. 206-207, 212.

② David M. Smith, "Hugh's Administration of the Diocese of Lincoln", in Henry Mayr-Harting, ed., *St. Hugh of Lincoln*, Oxford: Oxford University Press, 1987, pp. 19-47; Julia Barrow, "The Canons and Citizens of Hereford, c.1160-c.1240", *Midland History*, 1999, 24, pp. 1-23; Julia Barrow, "Clergy in the Diocese of Hereford in the Eleventh and Twelfth Centuries", in John Gillingham, ed., *Anglo-Norman Studies XXVI*, Woodbridge: The Boydell Press, 2004, pp. 37-53; Philippa M. Hoskin, "Diocesan Politics in the See of Worcester 1218-1266", *Journal of Ecclesiastical History*, 2003, 54: pp. 422-440.

③ 10 世纪英格兰本笃改革的思想基础源自 816 年—817 年亚琛主教会议(Councils of Achen)颁布的各项教规,9 世纪前中期的历次教会改革,以及 10 世纪初的克吕尼改革(Cluniac Reforms)。早期改革由坎特伯雷大主教奥达(Oda)以及约克大主教沃夫斯坦一世(Wulfstan I)发起。正式改革则由坎特伯雷大主教邓斯坦(St. Dunstan)和温切斯特(Winchester)主教埃塞沃尔德(St. Æthelwold)等改革派主教主持。改革的主要内容为修建本笃会修道院与修道院大教堂(Minister),颁布各项教会法规和在各教区推广克吕尼派本笃会会规等。在改革的影响下,盎格鲁-撒克逊晚期的英格兰教会形成了独特的本笃修道文化传统。具体可参见 Margaret Deanesly, *The Pre-Conquest Church in England*, London: A. and C. Black Ltd., 1961, pp. 306-308, 312, 315-319.

英格兰本土信仰传统在此期间的内在演变。① 美国学者玛丽·吉安德拉进而认为，盎格鲁-撒克逊晚期以后，英格兰教会的长期文化积累促成了它在 12 世纪前后的变化。② 本文拟以《英格兰主教实录：伦敦 1076—1187》(English Episcopal Acta 15: London 1076-1187)③ 等拉丁文献为基本史料，从个案研究的角度剖析内在传统与外来因素对伦敦教区的影响，以期对英美学者的上述观点做一辨析。

一、伦敦主教选举制度的嬗变

在教会史上，主教选举产生的原则尽管早有规定，但在盎格鲁-撒克逊晚期，英格兰教会中少有自由选举主教的记载，常见的情况是由国王提名甚至直接任命主教。10 世纪中后期，坎特伯雷（Canterbury）大主教邓斯坦（St. Dunstan，959 年—988 年）等高级教士推动本笃改革，曾鼓励各修道院辖区（monastic see）和俗界主教区（secular see）仿照本笃会会规，让教士们自由选举主教。④ 但实情却是教会必须依赖王权来维持日常的教牧活动，教士们并不愿意以冒犯国王为代价争取选举权利。因此真正付诸实践的

---

① Charles F. Briggs, "Review of the English Church 940 - 1154 by H. R. Loyn", Albion: A Quarterly Journal Concerned with British Studies, 2001, 33, p. 617.
② Mary F. Giandrea, Episcopal Culture in Late Anglo-Saxon England, Woodbridge: The Boydell Press, 2007, p. 192.
③ 《英格兰主教实录》(English Episcopal Acta) 是由英国学术院（The British Academy）组织编纂的史料集。该史料集旨在将诺曼征服至 13 世纪期间英格兰各教区保存的分散的主教文献予以搜集整理并编订成册。1929 年，英国历史学家弗兰克·斯坦顿（Frank Stanton）最早提出编订史料集的想法。1973 年，英国科学院正式启动编订该史料集的计划。自 1980 年至 2017 年，《英格兰主教实录》已出版 45 卷。Alan Deyermond, ed., A Century of British Medieval Studies, Oxford: Oxford University Press, 2007, pp. 136-138.
④ Frank Barlow, The English Church 1000 - 1066, London: Longmans, 1979, p. 101.

主教选举在文献记载中十分稀少，国王始终是决定主教人选的核心角色。① 1057 年枢机亨伯特（Cardinal Humbert，1000/1015 年—1061 年）在《斥买卖圣职三论》（Adversus Simoniacos Libri Tres）中强调，主教选举有三个步骤："教士选出，民众欢呼，并由该教省的主教们以大主教之名祝圣。"但他也承认，只有祝圣这一环节是必不可少的，省略其他步骤则情有可原。② 可见英格兰的情况并非特例。当时，英格兰修道院辖区的新任主教到任之时，教士与民众会向他表示欢迎和认可，作为他们践行选举权的一种象征性仪式；而俗界教区则缺乏相关文献记载，因为当时大部分主教出身修道院，通常距离其所出任的教区较远，很可能会拖延上任的日期③，所以推测仅会有小规模的欢迎仪式。

诺曼征服后，英格兰的主教选举制度出现两个明显变化。随着罗马教廷的改革措施传入英格兰，主教选举程序从国王直接任命主教逐渐变为国王主持下的教士团选举；而诺曼人教会文化的影响则使得主教人选的出身从以修士为主逐渐变为以俗界教士为主。这两个变化在伦敦教区的主教选举制度变化中均有充分的体现。

首先是主教选举程序，伦敦教区在诺曼征服后逐渐落实了由教士团选举主教的制度。盎格鲁-撒克逊晚期，伦敦教区的主教人选通常由国王直接决定。当时的伦敦教区并非一个修道院辖区，在本笃改革后仍保持了俗界教区的特征；④ 同时，伦敦处于英格兰王国

---

① Frank Barlow, *The English Church 1000-1066*, p. 100.
② Frank Barlow, *The English Church 1000-1066*, pp. 101-102.
③ Frank Barlow, *The English Church 1000-1066*, p. 110.
④ 修道院辖区是盎格鲁-撒克逊时期英格兰本土常见的教区形式，辖区内的核心教牧管理机构是修道院大教堂（拉丁语 monasterium，英语 minster）。修道院大教堂一般附属于某一修道院，内有若干俗界执事（拉丁语 clerus，英语 clerks）和持戒修士（monks）负责教堂的日常维护与当地的牧灵关怀。伦敦教区的圣保罗大教堂则是在西欧更常见的主教座堂（cathedral church），其教士团成员奉行俗界教士团规章，而非本笃会规。具体可参见 Margaret Deanesly, *The Pre-Conquest Church in England*, p. 193; Frank Barlow, *The English Church 1000-1066*, p. 219.

的政治中心，王权在教区的影响十分明显，因此有记载的伦敦主教任免一般都由国王主持。从 10 世纪至诺曼征服前，伦敦教区先后有 12 位主教就职。文献表明大部分主教都在上任前经历过祝圣仪式，祝圣环节意味着教会在理论上可以否决主教的任命，比如国王爱德华（Edward the Confessor，1042 年—1066 年）在 1051 年任命伯里·圣埃德蒙兹（Bury St. Edmunds）修道院修士、阿宾顿（Abingdon）修道院院长斯皮尔哈佛（Spearhafoc）为伦敦主教，但前任伦敦主教、当时已升任坎特伯雷大主教的罗伯特拒绝为他祝圣。爱德华只得改任王室礼拜员威廉（William the Norman）为主教，方获得罗伯特的支持。①

本笃改革之前，与英格兰其他地区相似，伦敦教区大多数主教的任免过程缺乏详细记载，仅有名字和大概任期存留在文献中，如 10 世纪前期的两位主教埃森瓦尔德（Æthelweard）和列奥福斯坦（Leofstan），目前仅知两人在 909 年—926 年间先后出任伦敦主教，具体日期不详。记载稍详细的主教是西奥多（Theodred），他是一位来自西欧大陆的日耳曼教士，身边跟随着一个教士团体，有研究推测他可能受命前往英格兰新收复的丹麦法区重建教会。② 西奥多于 925 年—926 年间成为伦敦主教，并兼领东盎格鲁南部教区的职位，但任免过程不详。西奥多在 951 年—953 年间去世后，文献表明伦敦、韦尔斯（Wells）、塞尔西（Selsey）和温切斯特（Winchester）由一个或几个名为布利斯海姆（Brihthelm）的主教管辖，由此可以推断当时主教兼领圣俸（plurality）的情况较为常见。959 年国王埃德加（Edgar the Peaceful，943 年—975 年）登基后，先后任命格拉斯顿伯里修道院（Glastonbury Abbey）院长邓斯坦为伍斯特、伦敦和坎特伯雷的主教，邓斯坦在成为坎特伯雷大主教后便从伦敦

---

① 在主教选举中，大主教反对国王任命的情况虽然偶有出现，但并不多见。
② S. E. Kelly, ed., *Charters of St. Paul's London*, Oxford: Oxford University Press, 2004, pp. 52-54.

教区离职。在 10 世纪后期本笃改革后,伦敦主教任免的记载逐渐增多,而有记载的主教任命如埃尔夫瓦尔德(Alfweard)和罗伯特(Robert of Jumieges)等,均由国王决定。①

诺曼征服后,随着英格兰教会改革,伦敦教区在主教选任过程中出现了实质性的选举程序。英格兰教会改革的基础是 1074 年后教宗格雷戈里七世(St. Gregory VII,1073 年—1085 年)推动的授职权改革。这项改革旨在鼓励教会自由选举主教和修道院院长,让教职任命过程摆脱俗界贵族的干预。由于诺曼征服期间,罗马教廷曾对威廉公爵予以支持,诺曼王朝时期的英格兰王室总体上与教廷关系和睦,因此在经历教俗双方的数次短暂争议后,授职权改革较为顺利地在英格兰王国推行。1107 年亨利一世(Henry I,1100 年—1135 年)与坎特伯雷大主教安瑟伦(Anselm,1093 年—1109 年)定下协议,国王放弃向主教授予权杖与戒指,而安瑟伦则向国王行臣服礼。随后两人商定了主教的选举程序,其记载见于 1164 年亨利二世颁布的《克拉伦顿规章》(*The Constitutions of Clarendon*)中:

> 当主教之位空缺时,国王须通知教会的重要人士(可能为主教座堂教士团)。而选举则在国王的礼拜堂里进行,在得到国王的允许后,国王召集的教士开始商议人选。当选者在祝圣前须向国王陛下,他的君主宣誓效忠……②

在斯蒂芬(Stephen,1135 年—1154 年)当政期间,英格兰教会已从国王手中争取到了选举自由的真正实践。③ 但英格兰主教毕竟是国王的封臣,其职位空缺时,职俸地产与收入则回归国王手中。因此,即便在 1107 年改革后,主教候选人的任免仍由国王最

---

① S. E. Kelly, ed., *Charters of St. Paul's London*, pp. 121-122.
② Frank Barlow, *The English Church 1066-1154*, London: Longman Inc., 1979, p. 119.
③ Frank Barlow, *The English Church 1066-1154*, p. 118.

终裁决。从伦敦教区的个案来看，自威廉一世（William I，1066年—1087年）至亨利二世（Henry II，1154年—1189年）期间，英格兰国王在主教任命过程中始终拥有旁人难以企及的权威，受王室青睐的候选人更容易当选。

在诺曼征服后的一个世纪里，伦敦教区先后有八位主教上任。一般而言，历次伦敦主教选举都由国王主持，获得教士团提名和国王任命的主教，需要向坎特伯雷大主教行服从礼并接受祝圣。教会方面的礼仪程序时有拖延，因而主教很可能在祝圣前已开始参与教区事务，祝圣仪式很大程度上只具有象征意义。1107年理查德·贝尔梅斯（Richard de Belmeis I）出任伦敦主教时，英格兰教会的授职权改革已经基本完成，伦敦主教选举的程序开始稳定，教士团（chapter）基本成为选举过程的主要参与者，但整个选举程序仍然掌控在国王手中。此后，伦敦主教职位在1134年—1141年和1188年—1189年间两度长期空缺。1134年伦敦教士团推选坎特伯雷大主教安瑟伦的侄子，即伯里·圣埃德蒙兹修道院院长圣萨巴的安瑟伦（Anselm of St. Saba）为伦敦主教候选人，并于1137年得到罗马教廷支持，但国王斯蒂芬始终予以反对，教士团、国王与罗马教廷三方争议不断。在此期间，伦敦教区实际上由温切斯特主教代管，直至新候选人产生。① 而在1188年吉尔伯特·福里奥（Gilbert Foliot）主教去世后，国王亨利二世下令让伦敦监理（dean）拉尔夫·迪赛托（Ralph de Diceto）率领八名教士团成员前往诺曼底参与主教选举，但国王自己因事务繁忙一再推迟选举日期，直至1189年去世。② 这两次选举波折与教座空缺的案例表明，英格兰国王是主教选举程序的核心人物。国王可以决定选举的地点、日期和参与者，可以在选举过程中否决教士团的提名。教会在名义上获得了主

---

① John le Neve, ed., *Fasti Ecclesiae Anglicanae*, Vol. 2, Oxford: Oxford University Press, 1947, pp. 281-282.
② John le Neve, ed., *Fasti Ecclesiae Anglicanae*, Vol. 2, p. 283.

教选举自由，但无法在国王缺席的情况下完成选举程序，因此国王仍是不可或缺的权威中心。

其次，在主教人选的出身方面，与英格兰的整体情况相似，伦敦教区经历了从以修士为主到以教士为主的转变。盎格鲁-撒克逊晚期的伦敦教区与英格兰的整体情况相似，大多数主教候选人均为修士出身。在本笃改革后，由于修道文化在英格兰教会中盛行，英格兰大多数主教候选人都是修士出身。从统计来看，在 1000 年—1042 年间，英格兰的 15 位~17 位主教中有 9 人~10 人为修士，明确记载为俗界教士出身的主教不到三人。① 国王爱德华（Edward the Confessor, 1042 年—1066 年）在 1052 年平息戈德温（Godwin）家族的内乱后，为巩固自身实力，曾任命宫廷教士和外籍教士取代大部分英格兰本土修士出任主教②，故当时俗界教士出身的主教人数一度超过修士。然而，爱德华并未长期推行这一举措，仅数年后修士出身的主教人数重新回升，至诺曼征服前夕又有半数主教为修士出身。③ 伦敦教区的情况亦反映了英格兰教会的总体特征。本笃改革后，伦敦仍然保留了俗界教区体制④，但直至诺曼征服前，历任七位主教大多数由修士出任，仅有爱德华国王 1051 年任命的主教威廉为俗界教士。

诺曼征服后，主教人选则由以修士出身为主逐渐转变为以教士出身为主。这是源于诺曼人自身的政治与教会文化影响。1070 年，教宗亚历山大二世（Alexender II, 1061 年—1073 年）派遣使节前往英格兰主持改革会议，开除了多数"不称职"的主教，包括兼俸和参与圣职买卖的坎特伯雷大主教斯蒂甘德（Stigand, 1052 年—1070 年）。⑤ 随后，威廉一世在填补空缺教职时，大量任

---

① Frank Barlow, *The English Church 1000-1066*, p. 63.
② Frank Barlow, *The English Church 1000-1066*, p. 47.
③ Frank Barlow, *The English Church 1000-1066*, p. 63.
④ S. E. Kelly, ed., *Charters of St. Paul's London*, pp. 121-122.
⑤ Frank Barlow, *The English Church 1066-1154*, p. 57; Frank Barlow, *The English Church 1000-1066*, p. 113.

用诺曼人,尤其是供职于宫庭内的教士,作为对他们服务的赏赐。① 这些王室教职人员大多出身于诺曼地区的主教座堂,最初在教士团中受过教育或曾出任俗界教职,后调往王室为威廉一世服务。故威廉一世在位期间任命的主教大多为俗界教士出身。1087年威廉去世时,英格兰的 15 位主教中只有五位出身修士,相较于盎格鲁-撒克逊时期,修士主教的比例有所下降。② 亨利一世在位时先后任命了 30 位主教,多数为王家礼拜堂(royal chapel)的宫廷教士。③ 至 1135 年亨利一世去世时,英格兰的 18 位主教中依然有五位是修士出身④,教士与修士出身的主教比例基本稳定。这种变化体现了诺曼统治者所习惯的教会文化与英格兰本土的差异。10 世纪以后英格兰教会独特的本笃修道文化传统显然并不受诺曼人欢迎,仅少数德高望重的修士才会被国王提名为主教候选人。⑤

同样,诺曼征服后伦敦教区的八位主教大多由俗界教士升任,仅罗伯特·希吉纳(Robert de Sigllo)和吉尔伯特·福里奥两人为本笃会修士出身。威廉一世任命的两任伦敦主教分别是黑格·奥利瓦勒(Hugh de Orivalle)和莫里斯(Maurice)。黑格的早年经历并无记载,但有研究推测其为威廉的近臣,并在职位上有出色的表现;主教莫里斯则是国王的礼拜员和宫廷大臣(chancellor)。⑥ 莫里斯在任时重建了伦敦主教座堂的教士团,在此后的主教选举中可能已有教士团的参与。1107 年,亨利一世任命的主教理查德·贝尔梅斯曾是什罗普郡(Shropshire)伯爵的私人教士。伯爵去世后,亨利一世并未任命新的伯爵,而是让贝尔梅斯代为管理。贝尔梅斯出色

---

① Frank Barlow, *The English Church 1066-1154*, p. 58.
② Frank Barlow, *The English Church 1066-1154*, pp. 57-58.
③ Frank Barlow, *The English Church 1066-1154*, pp. 77-78.
④ Frank Barlow, *The English Church 1066-1154*, p. 89.
⑤ Frank Barlow, *The English Church 1066-1154*, pp. 77-78.
⑥ John le Neve, ed., *Fasti Ecclesiae Anglicanae*, Vol. 2, p. 281.

的管理才干颇受亨利一世赏识，因此得到晋升。① 1128 年当选的主教吉尔伯特（Gilbert the Universal），早年是纳韦尔（Nevers）主教座堂学校的校长和里昂教士团成员，他参与了坎特伯雷大主教与约克（York）大主教之间的首席权之争，并在教廷会议上一改故辙，从支持约克倒向支持坎特伯雷。② 吉尔伯特此举令约克的教士们颇为不满，却获得了坎特伯雷大主教和国王亨利一世的赏识，因而被晋升为伦敦主教。③ 1141 年当选的主教罗伯特·希吉纳，曾任亨利一世的司玺员和伦敦教区执事长。希吉纳参与主教选举时，恰值亨利一世之女、神圣罗马帝国皇后玛蒂尔德（Empress Matilda，1141 年 4 月—1141 年 11 月）主政英格兰，他得到了皇后的亲自提名。④ 理查德·贝尔梅斯二世（Richard de Belmeis II）是前任主教贝尔梅斯之侄，因获得伦敦本地显赫的家族势力的支持而于 1151 年顺利当选。这些事例说明，伦敦历任主教要获得提名，必须在教会或俗界有着深厚资历与势力支持。

在主教选举制度这一层面上，经过诺曼征服后一个世纪的变化，盎格鲁-撒克逊晚期修道院文化传统已经日趋淡化，而 11 世纪罗马教廷改革和诺曼文化的影响则逐渐明显。主教选举程序逐渐固定，教区教士团、英格兰国王和坎特伯雷大主教成为左右选举进程的关键势力。英格兰各教区的主教人选亦从以修士为主，逐步转变为以俗界教士为主。伦敦教区的主教候选人一般都担任过执事长、监理或教士团成员，具备俗界高级教士的资历。主教选举程序的固定让伦敦教士团对主教任免的影响力增强，亦拉近了主教与教士团之间的关系。盎格鲁-撒克逊晚期伦敦的修士主教一般兼任修道院

---

① Falko Neininger, ed., *English Episcopal Acta 15: London 1076–1187*, Oxford: Oxford University Press, 1999, p. xlix.
② Hugh the Chanter, *The History of the Church of York*, Charles Johnson, ed. and trans., Oxford: Oxford University Press, 2006, pp. 214–215.
③ Falko Neininger, ed., *English Episcopal Acta 15: London 1076–1187*, p. liii.
④ Falko Neininger, ed., *English Episcopal Acta 15: London 1076–1187*, p. liv.

院长之职,显然他们更重视自身修道院的事务,而较少顾及俗界教区的管理。① 诺曼征服后,历任主教都在教俗两界拥有一定资历,与教俗上层保持着密切关系,因此更容易在教区内获得管理实权。俗界主教有更多教牧管理的经验,对待教区事务的态度更为积极,因此自 11 世纪后期开始,伦敦主教对教区的日常管理记载也逐渐增多了。

二、伦敦教士团的改组

诺曼征服后,格雷戈里改革与诺曼人的影响亦渗入英格兰各教区的主教座堂教士团。教士团在改革中规模逐渐扩大,职俸与日常管理制度逐渐稳定。盎格鲁-撒克逊时期,主教座堂教士团的正式拉丁文名称"capitulum"很少见于英格兰教会的文献中。早在 7 世纪奥古斯丁传教时,就在坎特伯雷建立了教士团体,大主教与其随从教士们在该团体中共同生活,仅有小品神职人员被允许结婚;而教堂收入分为三份,其中一份属于主教及其教士团。② 在诺曼征服前,英格兰类似的主教座堂教士团常被称为"familia""household"与"community",其意义均为共同生活的教士团体,其中的教士通常被称为执事,而教士团成员(canon)一词则在 11 世纪后才被引入英格兰。伦敦教士团可能在奥古斯丁的随从米利图斯(Mellitus)在伦敦建立教座后不久即初具雏形,但几乎没有留下文献记载。③ 817 年亚琛主教会议上颁布的《教士团规章》(*Institutio Canonicorum*)使得教士团制度开始在教会内推广。925 年—926 年间,教士西奥多从西欧来到伦敦教区就职主教,让伦敦教士团接受了该规章。④ 有研究者根据现存文献推断,10 世纪时伦敦教士团可

---

① Frank Barlow, *The English Church 1000-1066*, pp. 219-220.
② S. E. Kelly, ed., *Charters of St. Paul's London*, p. 17.
③ S. E. Kelly, ed., *Charters of St. Paul's London*, p. 17.
④ S. E. Kelly, ed., *Charters of St. Paul's London*, pp. 29-30.

能已依据此规章编订了自己的守则,即《圣保罗教堂规章》(*Rule of St. Paul's*)。①

10世纪本笃改革期间,相当一部分支持改革的教区,如坎特伯雷、温切斯特、伍斯特等,都参照修道院的样式,将教士团的俗界执事替换成持戒修士,并进一步扩充了教士团的规模。改革后,这些教士团被称为持戒修士团(monastic chapter)或主教座堂修士团(cathedral monastery)。其组织制度近似于修道院②,主教座堂的地产被重新分配,修士团不再拥有独立地产,而是将收入统一归入主教教座的管理,成员尊奉修会会规,进行修道生活。一些主教在此基础上也寻求更多俗人捐赠,以适应人数的扩张和修道生活的日常需要。③

不过,部分教区,如约克、伦敦、罗切斯特(Rochester)和利奇菲尔德(Lichfield)等,在改革后并未完全修道院化,仍然保留俗界教士团(secular chapter)制度。关于当时俗界教士团的组织构成,较少有文献记载留下。亚琛会议的《教士团规章》规定:"教士团应有一名资深教士、一名学校校长、一名金库保管员。"学界有人据此推断,英格兰的俗界教士团中应该也存在类似组织体系,但并不清楚当时英格兰人如何称呼这些教士职位,以及这些职位与诺曼征服后逐渐定型的教士团制度有何联系。④ 当时的俗界教士团通常规模较小,如约克只有七人,罗切斯特和利奇菲尔德等地人数更少。至于伦敦教士团,其组织成员与人数规模均无详细资料,但文献表明其地产规划仍然遵循俗界教士团的传统,即主教座堂的地产独立于主教自身财产之外,地产收入按教士名单进行记录与分配。弗兰克·巴洛推测伦敦的部分教士团成员在当时已有自己的职俸田(prebend),这一点亦不同于当时英格兰大多数教区修道

---

① S. E. Kelly, ed., *Charters of St. Paul's London*, pp. 30, 44.
② Frank Barlow, *The English Church 1000-1066*, p. 241.
③ Frank Barlow, *The English Church 1000-1066*, p. 240.
④ Frank Barlow, *The English Church 1000-1066*, p. 242.

院文化兴盛的状况。① 当时的伦敦教士团地位较高，其与伦敦主教均被视作国王的直属封臣（tenant-in-chief）。从国王克努特和爱德华的两份特许状来看，教士团拥有独立的经济与司法特权，并有权自主选择教士团的新成员。② 因此教士团在教区内具有相当高的威望与特权。盎格鲁-撒克逊晚期的伦敦主教在教区事务上态度并不积极，很可能缘于教士团在权力上的掣肘。③

诺曼征服后，持戒修士团与俗界教士团呈现出两条独立的发展轨迹。在坎特伯雷、伍斯特等教区，持戒修士团的修道生活一直持续至13世纪以后。④ 而多数俗界教士团则在诺曼征服后陆续进行重建和改组，建立了更为成熟的教职体系与职俸田制度。教士团改革的契机之一是11世纪中期英格兰部分教区的主教座堂相继遭到毁坏，教士团也随之解散，新任主教因而能够推行比较彻底的重组工作，如赫尔福德（Hereford）的主教座堂在1055年毁于威尔士人的攻击，部分教士团成员被杀；⑤ 约克的主教座堂毁于诺曼征服期间的战火，教士团成员失散。⑥ 伦敦教区的教士团在诺曼征服期间虽未受到冲击，但1085年主教座堂意外遭遇大火，主教莫里斯在重建主教座堂之时亦同步改革了教士团。黑格（Hugh the Chanter）关于约克大主教托马斯（Thomas of Bayeux）在1069年—1093年间重建教士团的记载，可以作为此时期俗界教士团改革的典型案例：

---

① Frank Barlow, *The English Church 1000-1066*, pp. 240-241.
② S. E. Kelly, ed., *Charters of St. Paul's London*, pp. 204-207.
③ Frank Barlow, *The English Church 1000-1066*, p. 220.
④ Julia Barrow, "Clergy in the Diocese of Hereford in the Eleventh and Twelfth Centuries", *Anglo-Norman Studies*, 26, p. 41; David Knowles, *Thomas Becket*, Standford: Standford University Press, 1970, pp. 22-23.
⑤ Julia Barrow, "The Canons and Citizens of Hereford, 1160-1240", *Midland History*, xxiv, 1999, 24, p. 3.
⑥ Hugh the Chanter, *The History of the Church of York*, pp. 2-3.

（大主教托马斯）尽其最大努力重建了教堂，安置了他所寻回的教士团成员；他召唤逃离的教士回来为上帝和教会服务，并且扩大了教士团的规模；他也重建了主教座堂的餐室和宿舍。他任命了一位座堂主持（provost）领导其他人，并管理他们的事务……他将自己的很多财产授予教士团成员；任命睿智且勤勉的人为教区执事长（archdeacon）……教士团成员们长期以来共同生活，而大主教在接受他人建议后，决定将圣彼得主教座堂的一部分荒废土地划为独立的职俸田，以备将来教士团规模扩张……然后他任命了一位监理，一位司库，一位领唱人……在此之前他还为主教座堂学校任命了校长。他创建了现在的教堂，并竭尽所能地用教堂执事、书本和礼仪器具来装潢和充实它。①

约克大主教托马斯所任命的"监理""司库""领唱"与"校长"等四大教职（the "four-square"），在诺曼时期逐渐被推广于英格兰，并在12世纪中后期成为各教区俗界教士团的常见组织体系。②

伦敦主教莫里斯改革后的教士团制度与约克相似，有相对稳定的教职体系和职俸田制度。伦敦教士团拥有监理和四名执事长，分别掌管当时重新划分的四个执事长辖区，即伦敦、米德尔塞克斯（Middlesex）、科尔切斯特（Colchester）和圣阿尔班（St. Alban）。主教座堂学校校长和司库两个教职则分别在1111年之后和1160年—1162年间才有正式的任命文书留存。③ 伦敦教区执事长在教士团中地位较高，仅次于监理，排在司库、领唱等其他教士团成员之

---

① Hugh the Chanter, *The History of the Church of York*, pp. 19-20.
② Frank Barlow, *The English Church 1000-1066*, p. 242; Dom A. Morey and C. N. L Brooke, *Gilbert Foliot and His Letters*, Cambridge: Cambridge University Press, 1965, pp. 188-189.
③ Falko Neininger, ed., *English Episcopal Acta 15: London 1076-1187*, pp. 17, 51.

前，而其他教区的执事长一般位列监理等四大教职之后。① 有学者据此推断，早在诺曼征服前，伦敦教士团已有执事长一职，他们地位较高，在教区事务上具备一定实权，并拥有属于自己的辖区。② 主教莫里斯改革后，教士团的职俸体系亦日趋完善，到1107年他去世时，伦敦教区内职俸田的数量已基本固定，总共为30份。③ 教士团成员一般在受职祝圣时获得相应的独立职俸田，在拥有者去职时也有明确的继任记录。④ 仅有领唱人无职俸田，直至1203年时才由国王赐予地产。⑤

诺曼征服后，伦敦教区的教士团仍然保留此前的传统特权，即相对独立的身份地位以及选举、财产方面的权利。主教莫里斯大约在1090年确认了教士团"根据传统，拥有立法、选举特权，以及对俗人捐赠的职俸田和已建成庄园的各项权利"⑥。1108年主教贝尔梅斯再次确认了教士团此前的各项特权。⑦ 不过，教士团在伦敦教区内的传统权威亦使得主教与教士团之间时有矛盾。如1107年主教莫里斯的文献记载："在我的弟兄和同事诺里季（Norwich）主教赫尔伯特（Herebertus）的提醒下，我为自己曾对圣保罗大教堂和你们（教士团）所犯的错误道歉……我当主教时曾给予你们的特权，你们将继续拥有。"⑧ 这表明莫里斯可能一度打算撤消教士团

---

① Falko Neininger, ed., *English Episcopal Acta 15: London 1076-1187*, p. xxxix.
② Falko Neininger, ed., *English Episcopal Acta 15: London 1076-1187*, p. xxxix.
③ 此30份职俸田各自有对应的地名，如布莫斯伯里（Broomesbury）、布朗斯伍德（Brownswood）、大卡丁顿（Caddington Major）、小卡丁顿（Cardington Minor）、肯提施镇（Kentish Town）和圣潘克拉斯（St Pancras）等，但11—12世纪时这些职俸田的准确位置和具体情况似无文献明确记载。参见 Dom A. Morey and C. N. L Brooke, *Gilbert Foliot and His Letters*, p. 196. 全部职俸田的地名列表可见于 Dom A. Morey and C. N. L Brooke, *Gilbert Foliot and His Letters*, pp. 276-288.
④ C. N. L. Brooke, "The Composition of the Chapter of St. Paul's, 1086-1163", *The Cambridge Historical Journal*, 1951, 10, p. 114.
⑤ John le Neve, ed., *Fasti Ecclesiae Anglicanae Vol. 2*, p. 347.
⑥ Falko Neininger, ed., *English Episcopal Acta 15: London 1076-1187*, p. 5.
⑦ Falko Neininger, ed., *English Episcopal Acta 15: London 1076-1187*, p. 11.
⑧ Falko Neininger, ed., *English Episcopal Acta 15: London 1076-1187*, p. 5.

的特权，虽然并未成功，但莫里斯仍然试图强调教士团的特权来自主教。而在1127年贝尔梅斯主教向教士团归还其错误收入自己猎园中的木材时，自称这是由"奴仆的可怕过错"所致。① 文献还记载了木材的归还仪式，由主教座堂的赞美诗作家首先提议，并在埃塞克斯郡长等人的见证下进行。② 这种郑重其事正说明教士团拥有相对于主教的独立性，并且教士团成员拥有较高的地位。

在12世纪中后期，伦敦教士团与主教之间的联系日趋紧密，历任伦敦主教均在教士团内安置亲信，教士团的大部分教士职位在数十年间逐渐被数个教会家族所掌控。所谓教会家族，即某一家族内的成员出任高级教职后，利用自身权力让多位亲属进入教职界，从而在教会内形成家族势力。莫里斯主教将其在王室供职时的旧日同僚拉尔夫·弗兰巴德（Ranulph Flambard）任命为教士团成员，当时，弗兰巴德家族已有多名成员在英格兰各教区出任教士团成员，此后也有多名成员加入伦敦的教士团。③ 主教贝尔梅斯将两个儿子与四个侄子安排入教士团中④，因而形成了伦敦本地最为显赫的教会家族⑤。1163年吉尔伯特·福里奥主教上任时，30名教士团成员有近半数出身于不同的教会家族，其中有五至八人属于贝尔梅斯家族。⑥ 由于教士团与主教的社会关系日渐紧密，12世纪的伦敦主教通常能获得大多数教士团成员的拥护，而且能对教士团的日常事务，如成

---

① Falko Neininger, ed., *English Episcopal Acta 15: London 1076-1187*, p. 17.
② Falko Neininger, ed., *English Episcopal Acta 15: London 1076-1187*, p. 17.
③ C. N. L. Brooke, "The Composition of the Chapter of St. Paul's, 1086-1163", *The Cambridge Historical Journal*, 1951, 10, pp. 124-125.
④ C. N. L. Brooke, "The Composition of the Chapter of St. Paul's, 1086-1163", *The Cambridge Historical Journal*, 1951, 10, p. 126.
⑤ C. N. L. Brooke, "The Composition of the Chapter of St. Paul's, 1086-1163", *The Cambridge Historical Journal*, 1951, 10, p. 126.
⑥ C. N. L. Brooke, "The Composition of the Chapter of St. Paul's, 1086-1163", *The Cambridge Historical Journal*, 1951, 10, pp. 120, 126. 根据学者的研究，30名成员中五至八人为贝尔梅斯家族出身，一人为前任主教的儿子，四人为其他教会家族的成员。Dom A. Morey and C. N. L Brooke, *Gilbert Foliot and His Letters*, p. 204.

员更替和职俸地产分配等，进行一定程度的管理。①

诺曼征服后，《伦敦主教实录》中对教士团工作的记载主要包括选举主教与教士团新成员，见证教区内的重要事务与节庆等。监理、领唱、司库、座堂校长等四大教士职位各有其相应的职能与事务，但文献中的记载相对较少。执事长作为主教在教区事务中的助理，在文献中出现的次数较多，其工作主要是见证其辖区内重要的地产捐赠和教职授予，如执事长罗伯特（Robertus）在1104年见证了主教将小邓莫村（Little Dunmow）的教堂授予当地的小修道院，而该村即位于罗伯特管辖的米德塞克斯辖区内。② 当然，文献中也同样出现了其他情况，如执事长参与见证非本辖区的事务、监理与多位执事长共同见证仪式、两者均缺席而仅有其他教士团成员在场等。这说明在主教层面的事务上，执事长等教士团成员作为主教随从的身份更为明显，且相互之间并无十分严格的权责区分。

相较于主教选举制度，诺曼征服对于教士团制度的影响并不彻底。英格兰俗界教士团与持戒修士团之间的制度区分，在10世纪本笃改革后已基本形成，俗界教士团制度主要参照817年亚琛会议的规定，独创性内容较少。在盎格鲁-撒克逊晚期，教士团规模较小，组织制度与职俸田体制尚不稳固；诺曼征服后各教区的改革则逐渐将俗界教士团的教职体系与职俸田制度予以完善、固定和实施。威廉一世等国王任命了许多西欧的俗界教士担任主教，这些外籍主教同样在自己的教士团中引入了很多外籍教士③，伦敦教区的情况即是如此。但除此以外，诺曼统治者很少对教士团产生直接的影响。伦敦俗界教士团制度的改革使得教区内的上层教士组织框架逐步稳固，并形成了不同于盎格鲁-撒克逊时期修道传统的俗界教士文化。改革后，伦敦主教逐渐掌控了教士团，与教士团保持着相

---

① Dom A. Morey and C. N. L. Brooke, *Gilbert Foliot and his letters*, pp. 194-195.
② Falko Neininger, ed., *English Episcopal Acta 15: London 1076-1187*, p. 5.
③ Frank Barlow, *The English Church 1066-1154*, p. 58.

对和睦的关系。这些都有助于主教在教区内开展工作，并推动了 12 世纪中后期伦敦教区的各种发展，如代牧制度的成型，各堂区界限的逐渐固定，教会法的推广实施，修道院和慈善堂的建设等。①

三、伦敦主教的角色变化

诺曼征服后，随着主教选举制度的稳固与教士团改革，伦敦主教在教区内的角色发生了一定程度的转变。对于盎格鲁-撒克逊晚期主教的教牧管理是否取得了良好的成果，英美学界一直以来有明显的争议，因为文献中缺乏对英格兰主教牧灵工作的直接记载。10 世纪本笃改革后，修道文化深入英格兰的许多教区，一定程度上推动了教士素养的提高、修道院体系的复兴以及信仰生活的活跃。② 然而，在主教管理层面上，情况并不乐观：大多数主教出身修士，缺乏教区牧灵管理的经验；兼俸现象的普遍存在使得部分主教需要同时管理多个教区；修士主教仍兼有修道院职务，因而需要同时顾及修道院的事务；英格兰主教多为贤人会议成员，须经常参与政治事务。③ 如此繁复的职责，令主教很难在教区牧灵关怀上集中精力，因而弗兰克·巴洛和亨利·洛恩都认为，10 世纪至诺曼征服前主教牧灵工作的成效相当有限。④ 到 21 世纪，玛丽·吉安德瑞对前者的观点进行了修正，她根据古英语版本的《赫洛德刚教规》(The Old English Version of *the Enlarged Rule of Chrodegang*) 和其他手稿文献推测，当时英格兰主教理论上必须

---

① Dom A. Morey and C. N. L Brooke, *Gilbert Foliot and His Letters*, pp. 221, 223-224.
② Margaret Deanesly, *The Pre-Conquest Church in England*, p. 321.
③ Mary F. Giandrea, *Episcopal Culture in Late Anglo-Saxon England*, Woodbridge: The Boydell Press, 2007, p. 68.
④ Frank Barlow, *The English Church 1066-1154*, pp. 242-244; H. R. Loyn, *The English Church 940-1154*, Harlow: Longman & Pearson Education Ltd., 2000, pp. 64-66.

肩负坚振礼、祝圣教士以及新建教堂等职责，主教可能经常参与布道和告解礼，而零星的主教通信文献则说明当时似乎存在着教区会议和主教巡视制度。① 由于现存史料有限，这些观点都具有一定的猜测性。

从10世纪到诺曼征服前，伦敦教区的信仰活动同样缺乏文献资料，只有零星的重要事件被记录下来，如9世纪后期邓斯坦在伦敦建立了威斯敏斯特修道院，1023年克努特将伦敦圣保罗教堂内的圣物转移至坎特伯雷②，以及1042年后忏悔者爱德华改造威斯敏斯特修道院，增添王室葬礼堂等③。从当时英格兰的整体情况来看，伦敦主教同样难以在教区内开展牧灵工作。10世纪以后，历任伦敦主教大多为修道院院长出身，故可能难以兼顾教区与修道院两方的事务。而伦敦教区的俗界教士团在10世纪后拥有大量特权与独立地产，可能会给伦敦主教的工作带来阻力。此外，当时教区的边界并不固定，伦敦主教教座的日常管辖范围很可能仅限于伦敦市镇内，城区外则有大量的修道院教堂、私人教堂以及坎特伯雷大主教等高级教士的教产，其辖地交错，互不统辖。这些教堂的名目与性质亦差别明显，如修道院大教堂、母亲教堂以及庄园教堂等。英格兰的俗界贵族、修道院修士以及高级教士等各类人群，都可能直接参与建造与管理伦敦周边地区的教堂，伦敦主教显然很难全部加以监督约束。因此，诺曼征服前的伦敦主教更像是一个在本教区内受教俗人士尊重的教会首领。

诺曼征服后，随着主教选举制度与伦敦教士团改革的完成，伦敦主教在教区内的角色开始转变为实际的教牧管理者。主教选举制度改革后，历任伦敦主教均为俗界教士出身，在教会内资历深厚，熟悉教区事务。主教莫里斯亲自主持了教士团改革，重新确认教士

---

① Mary F. Giandrea, *Episcopal Culture in Late Anglo-Saxon England*, pp. 99-119.
② S. E. Kelly, ed., *Charters of St. Paul's London*, pp. 39-40.
③ S. E. Kelly, ed., *Charters of St. Paul's London*, pp. 42-43.

团此前拥有的各项特权，这在一定程度上体现了主教对于教士团的权威。改革后，伦敦教士团的各项特权明晰，集中于私有财产、主教与高级教士选举等方面。因此在教区事务上，教士团只有协助和建议的职能，少有直接干预主教决策的情况。

在1076年—1108年间，伦敦主教的工作记录主要集中于其本人的地产与主教座堂事务上。对于自己的私人地产，主教一般把经营权授予俗人及其继承人，并规定租金。而对于主教座堂财产，主教一般与教士团共同见证重要的地产变更，并任命主教座堂附属教堂的神职人员。如1104年一位妇人将所属地产赠与圣保罗大教堂，教士团则将地产转租给妇人的子系亲属经营，并收取四索里德（solidus）的年租。① 这说明当时主教的私人地产与教士团的财产是相互独立的。

1108年贝尔梅斯主教上任后，伦敦主教开始将事务拓展至教区内各大修道院。常见于文献的各修道院既包括盎格鲁-撒克逊时期的旧有修道院，如伯里·圣埃德蒙兹修道院、威斯敏斯特修道院等，也包括诺曼征服后新建的舒兹伯里修道院（Shrewsbury Abbey）、科尔切斯特修道院（Colchester Abbey）、科恩修道院（Earls Colne priory）以及伦敦圣三一修道院（London Holy Trinity Aldgate Priory）等。除了伦敦的圣三一修道院隶属于奥古斯丁会外，其余都属于本笃会。伦敦主教对修道院的管理涉及各方面内容，包括见证教俗人士对修道院的地产捐赠，亲自授予修会以地产、庄园和教堂，管理修道院的什一税以及来自磨坊、周围村庄和下属庄园的收入，批准修道院下属的教堂建设，发行赎罪券以支持新修道院的建造，调解各修道院与俗界教士之间的纠纷等。这可能说明主教对教区内修道院的管理已经基本常态化。从主教文献中看，主教在授予修道院教堂和土地后，很少再关注修道院所辖堂区的牧灵工作状况，这也许说明修道院对自己辖区内的教牧管

---

① Falko Neininger, ed., *English Episcopal Acta 15: London 1076-1187*, p. 3.

理有一定的自主权。① 不过，一旦修道院与外界发生纠纷，主教必然会予以干预。比如，罗伯特主教就曾处理过伦敦圣三一修道院与俗人鲍德温之间关于修道院下属教堂的纠纷。文献记载鲍德温"无理侵占肖尔迪奇圣莱纳兹教堂（Ecclesie Santi Leonardi de Soresdicha）的钥匙、书本以及银质圣杯"②，主教因而下令警告其归还上述物件。吉尔伯特·福里奥主教在任期间也解决了教士团与修道院关于教堂归属权的两起纠纷。③

1163年以前，伦敦主教留下的教区管理记载虽已日渐增多，但内容丰富度有限，除主教座堂、教士团和修道院事务外，其他内容仅零星出现，因而很难判断文献数量的增加是缘于史料保存状况的改善，还是主教日常教牧活动的逐渐活跃。伦敦主教实施管理的阻力，主要来自高级教士与俗界贵族的私人教产。比如，坎特伯雷大主教兰弗郎克（Lanfranc，1070年—1089年）在伦敦教区内的哈罗（Harrow）地区拥有100海德地产，但兰弗郎克"在去世前并未能为哈罗的教堂祝圣"④。1094年时，继任大主教安瑟伦认为，根据传统习惯，他有权在坎特伯雷教区外的大主教地产上为教堂祝圣，于是计划前往哈罗举行仪式，但伦敦主教莫里斯写信予以反对。⑤ 1163年前的主教文献中，很少有记载主教直接管理其他高级教士和俗人的私有教产的情况。这可能说明主教虽然逐渐成为教区的实际管理者，但私人教产持有者与主教之间在教牧管理上仍有争端。

1163年吉尔伯特·福里奥主教上任后，伦敦主教的角色进一

---

① 伦敦教区内的威斯敏斯特修道院势力较大，并利用伪造的文献支持其特权，故能在主教的管理下保持明显独立性，其余修道院则在主教的准许及支持下拥有可观的财产。Dom A. Morey and C. N. L. Brooke, *Gilbert Foliot and His Letters*, p. 223.
② Falko Neininger, ed., *English Episcopal Acta 15: London 1076-1187*, p. 39.
③ Falko Neininger, ed., *English Episcopal Acta 15: London 1076-1187*, pp. 94-95.
④ Falko Neininger, ed., *English Episcopal Acta 15: London 1076-1187*, p. 3.
⑤ Falko Neininger, ed., *English Episcopal Acta 15: London 1076-1187*, p. 3.

步转变。1187 年福里奥去世时,他所留下的主教文献共有 175 份,尚有遗失的文献被其他史料间接提及;而在 1076 年—1187 年的百余年间,伦敦教区全部主教实录的文献总数不过 251 份,因此 12 世纪伦敦教区大部分关于主教活动的记载,实际上只与福里奥一人有关。① 福里奥主教还留下了大量的书信与特许状,如此丰富的个人史料在 12 世纪的英格兰主教中并不多见。这很大程度上得益于他在教会内的出色表现。福里奥出生于英格兰的教会世家,早年受过神学、修辞学与法学等教育,后在克吕尼长期修行,先后担任过格洛斯特(Gloucester)圣彼得修道院院长和赫尔福德主教,在英格兰的修士与俗界教士群体中威望甚高。② 1161 年—1162 年坎特伯雷大主教选举时,他曾是众所期待的候选人之一③,但亨利二世最终选择了托马斯·贝克特。而在贝克特当选后,国王与贝克特大主教则共同请求教宗将福里奥调往伦敦教区,也许是对其落选的某种补偿。④

福里奥在出任伦敦主教期间,仍然在整个英格兰教会内有着重要地位,并参与了亨利二世与托马斯·贝克特之间的纷争。同时,福里奥对伦敦教区本地的教牧管理极为负责,涉及多个方面,除了上文提及的主教座堂与修道院的纠纷外,还包括教区内的牧灵工作与慈善等内容。福里奥亲自任免了多位堂区主持、代牧等基层教士。比如,在 1177 年—1179 年,福里奥为教士团成员威廉·贝尔梅斯(William de Belmeis)的职俸田圣潘克拉斯(St. Pancras)任

---

① Falko Neininger, ed., *English Episcopal Acta 15: London 1076-1187*, p. lxii.
② Falko Neininger, ed., *English Episcopal Acta 15: London 1076-1187*, p. lxi.
③ 福里奥的学识和资历受英格兰的主教们认可,但他的个性严苛,主教们考虑再三后希望一位性格更宽厚的候选人出任大主教。同时主教们希望新任大主教能与国王保持紧密联系,因此身为国王近臣的贝克特最终当选。Frank Barlow, *Thomas Becket*, Berkley and Los Angeles: University of California Press, 1990, pp. 35, 64.
④ Dom A. Morey and C. N. L. Brooke, *Gilbert Foliot and His Letters*, p. 99; Frank Barlow, *Thomas Becket*, pp. 84-86.

命了一名代牧富尔彻（Fulcher），令他管理当地的教堂。① 对职俸田圣潘克拉斯的详细文献记载始于 1145 年②，可以推测当时代牧的任命仍然是由持俸的教士团成员自行决定的③。福里奥此时亲自决定代牧一职的任命，则似乎表明他在教区内的权威高于此前的主教。至于慈善方面，福里奥在任内支持了多所慈善堂的建立，如发行为期十天的赎罪券为科尔切斯特的慈善堂建设提供资金④，以及将伦敦城区内教堂的部分属灵收入拨给圣巴托罗缪慈善堂（St. Bartholomew's Hospital）等⑤。而在 1172 年以后，福里奥陆续以授予教堂及其附属地产、发行赎罪券以及见证俗人捐赠等多种方式，支持医院骑士团在伦敦教区的活动。⑥ 同时，福里奥长期担任教宗的代理，负责调停教区内外的纠纷，如他曾调解威斯敏斯特修道院与林肯教区教士团之间关于多丁顿（Doddington）等地教堂的归属权矛盾。⑦ 学界研究大多认为，福里奥是一个认真负责的教牧管理者。⑧ 他的教牧工作在很大程度上推动了伦敦教区 12 世纪后期信仰生活的繁荣。

---

① 威廉·贝尔梅斯是主教理查德·贝尔梅斯二世的侄子，1162 年从教士团成员坎特伯雷的约翰（John of Canterbury）手中继承职俸田圣潘克拉斯。Dom A. Morey and C. N. L Brooke, *Gilbert Foliot and His Letters*, p. 286; Falko Neininger, ed., *English Episcopal Acta 15: London 1076-1187*, p. 96.
② 1145 年前仅有地名，但无相应的教士团成员继任记录。John le Neve, ed., *Fasti Ecclesiae Anglicanae*, Vol. 2, p. 423.
③ 伦敦教区监理拉尔夫·迪赛托（Ralph de Diceto）认为，根据教士团传统，教士团成员应常驻于自己的职俸田所在地（即 stall，该词本义为教堂圣歌的颂唱席位，引申为教士团成员的职位与职俸），偶尔替国王和主教服务时才可离开。不过在实际情况中，伦敦仍有少数教士团成员不居于职俸田内，若职俸田拥有附属教堂，则需要任命代牧负责当地的教牧工作。Dom A. Morey and C. N. L Brooke, *Gilbert Foliot and His Letters*, pp. 192-193.
④ Falko Neininger, ed., *English Episcopal Acta 15: London 1076-1187*, p. 70.
⑤ Falko Neininger, ed., *English Episcopal Acta 15: London 1076-1187*, p. 88.
⑥ Falko Neininger, ed., *English Episcopal Acta 15: London 1076-1187*, pp. 77-79.
⑦ Falko Neininger, ed., *English Episcopal Acta 15: London 1076-1187*, p. 133.
⑧ David Knowles, *Thomas Becket*, Redwood City: Standford University Press, 1970, p. 163; Dom A. Morey and C. N. L Brooke, *Gilbert Foliot and His Letters*, p. 226; Falko Neininger, ed., *English Episcopal Acta 15: London 1076-1187*, p. lxii.

自诺曼征服之后，伦敦主教在教区内的角色已经在逐渐转变，即从名义上受尊敬的教会领袖逐渐转变为教区事务的实际管理者，但在文献中，主教活动的数量与丰富程度仍然有限。直至福里奥接任主教后，伦敦主教才真正获得了教区内的管理实权。文献记载表明，福里奥主教所处理事务的丰富度远大于前几任主教。不过，12世纪后期伦敦主教权力的迅速上升具有偶然性。福里奥的出色能力与深厚资历，使他有机会排除各种阻力开展教牧工作，这显然是其他主教无法做到的。由此可知，诺曼时期伦敦主教的角色虽然有所改变，开始掌控教区内的实际事务，但直至12世纪后期，主教在很多领域中仍然受到掣肘，教牧管理难以形成日常习惯和定制，牧灵成果的丰硕与否很大程度上取决于主教的工作态度与个人能力。11至12世纪英格兰教会的各项改革措施，在很长时间里并未能深入到教区的牧灵实践中。

四、结语

整体而言，不论是在盎格鲁-撒克逊时期，还是在诺曼征服后，伦敦教区的发展都呈现出自己的特色，与当时英格兰教会的整体概况有一定的差距。尽管如此，伦敦主教制度的变迁仍然反映了诺曼征服后英格兰教会的发展趋势。诺曼征服后，英格兰教会盛行的修道文化传统在主教与教区制度层面上已逐渐衰落，俗界教区开始独立于修道院体系之外。俗界教区内建立了相对完善的主教选举制度与教士团等俗界教职体制。诺曼人比英格兰人更早接触罗马教廷的改革潮流[1]，在11世纪初的鲁昂（Rouen）教省会议上，诺曼教士

---

[1] 11世纪罗马教廷以及教宗格雷戈里七世的改革措施主要包括：加强罗马教宗对世俗力量的精神权威，进行主教和修道院院长授职权改革，禁止圣职买卖和教士婚姻，推广施行教会法与司法权等。

已经开始推广罗马教廷的改革措施。① 诺曼征服后，虽然威廉一世和亨利一世等诺曼国王对教会改革并不热心，甚至对危及自身利益的改革内容施加阻力，如教会的自由选举和俗人授职权改革等，但跟随国王进入英格兰的大多数诺曼教士支持教会改革。诺曼教士通过国王的授职任命，在很短的时间内占据了英格兰大部分高级教职，并因此将罗马教廷的改革引入英格兰。伦敦教区的情况表明英格兰主教制度的改革大体上是顺利的。在 1100 年前后，英格兰的主教选举和教士团制度已基本成型。

伦敦教区自 7 世纪建立以来，长期保持着俗界教区的特征，故本文难以考证盎格鲁-撒克逊晚期的修道文化传统在伦敦是否延续至诺曼征服后。不过，伦敦俗界教士团的变迁表明，它的教职制度在诺曼征服前后有一定的连贯性。教士团的各项传统特权、执事长的特殊次序以及教士团的职俸体系等，可能在 10 世纪后已初具雏形。诺曼征服后，外来的主教与教士团成员则逐渐接受伦敦教士团制度的传统，并在改革中将其完善。英国学者布鲁克认为，盎格鲁-撒克逊时期伦敦教士团的文化传统在诺曼征服后依然长期存在，只是"藏在法兰西式教士头衔、体制管理以及教会礼仪所组成的罩袍下面"，并且出现了诺曼教会与英格兰教会文化融合的情况。② 伦敦教士团中的诺曼教士在本地结婚成家，形成各个教会家族，也从侧面反映了这一融合过程。③

---

① C. N. L Brooke et al., eds., *Church and Government in the Middle Ages: Essays Presented to C. R. Cheney on His 70th Birthday*, Cambridge and New York: Cambridge University Press, 1976, pp. 27-29.
② C. N. L. Brooke, "The Composition of the Chapter of St. Paul's, 1086-1163", *The Cambridge Historical Journal*, 1951, 10, pp. 118, 120.
③ 教宗格雷戈里七世在改革中严禁教士结婚，然而诺曼征服后，英格兰教会对主教以下的各级教士监管约束不严，伦敦教区长期存在教士团成员和堂区神父违背教规结婚的现象，直至 12 世纪中期这种现象才逐渐减少。Dom A. Morey and C. N. L. Brooke, *Gilbert Foliot and His Letters*, p. 99; Frank Barlow, *Thomas Becket*, pp. 220-221.

因此，英格兰教会在诺曼时期的转型确实并不如传统观点所描述的那样迅速。教区制度、教牧管理、信仰文化等方面的变化，步调明显不一。伦敦教区的主教与教士团制度改革为时短暂且过程顺利，但经历了数十年时间，新制度才逐渐固定并完全付诸实践。同时，诺曼征服带来的教会改革并未深入主教层面以下，其影响在向下渗透的过程中逐渐减弱。俗界教士团制度在很大程度上延续了此前的传统特权与制度基础。伦敦教区在12世纪后期的信仰进步最初源于诺曼征服时期传入的改革思想，但其真正实现在很大程度上依赖福里奥主教的个人能力和医院骑士团、奥古斯丁会等新兴修会的传入。因此，诺曼征服虽然显著推动了英格兰主教制度的改变，但对教士团、教牧管理以及民众信仰文化等其他方面的影响则相对间接和缓慢。盎格鲁-撒克逊时期的部分教会传统可能仍在伦敦各堂区内得以保留，并在经历较长时间后才逐渐融入新的教会体制中。

附录：10 至 12 世纪伦敦主教

中文姓名	英文姓名	上任日期	卸任日期	个人信息
埃塞维尔德	Æthelweard	909?—926?	909?—926?	仅记录在主教名单上
利奥弗斯坦	Leofstan	909?—926?	909?—926?	仅记录在主教名单上
西奥多	Theodred	909?—926?	951—953	日耳曼教士
博西特姆	Brihthelm	951—953	957—959	仅记录在主教名单上
邓斯坦	Dunstan	957—959	959?	本笃会修士，英格兰人，曾任格拉斯顿伯里修道院院长；兼任伍斯特主教；后升任坎特伯雷大主教，推动10世纪英格兰的本笃会教会改革
埃尔夫斯坦	Ælfstan	959—964	995 or 996	仅记录在主教名单上
沃夫斯坦	Wulfstan	996	1002	本笃会修士，1002年升任约克大主教并兼任伍斯特主教

(续表)

中文姓名	英文姓名	上任日期	卸任日期	个人信息
埃尔夫胡恩	Ælfhun	1002—1004	1015—1018	本笃会修士，曾为米尔顿·阿巴斯（Milton Abbas）修道院院长
埃尔夫维格	Ælfwig	1014	1035	
埃尔夫维尔德	Ælfweard	1035	1044	本笃会修士，曾为伊夫斯海姆（Evesham）修道院院长
约米格斯的罗伯特	Robert of Jumièges	1044	1051	本笃会修士，曾为瑞米耶（Jumièges）修道院院长；1051年升任坎特伯雷大主教
（斯皮尔哈佛）	(Spearhafoc)	1051初	1051年7月	本笃会修士，曾为伯里·圣埃德蒙兹修道院修士以及阿宾顿修道院院长，1051年初接受主教任命，但并未被祝圣，7月因偷盗教会财物被驱逐出英格兰
威廉	William the Norman	1051	1075	俗界教士，曾任国王爱德华的王室礼拜员
黑格	Hugh de Aurea Valle	1075	1085	俗界教士，诺曼人
莫里斯	Maurice	1085	1107	俗界教士，曾任国王威廉一世的王室礼拜员与宫廷大臣
理查德·贝尔梅斯	Richard de Beaumis I	1108	1127	俗界教士，生于英格兰，曾任什罗普郡伯爵的私人神父，什罗普郡郡长
吉尔伯特	Gilbert the Universal	1127	1134	俗界教士，曾任里昂教士团成员
教座空置		1134	1136	
（圣萨巴的安瑟伦）	(Anselm of St. Saba)	1136	1138	本笃会修士，坎特伯雷大主教安瑟伦的侄子，伯里·圣埃德蒙兹修道院院长，1136年—1137年间被教士团提名主教，但最终在国王和罗马教廷的争执中被否决

(续表)

中文姓名	英文姓名	上任日期	卸任日期	个人信息
教座空置		1138	1141	
罗伯特·希吉纳	Robert de Sigello	1141	1150	本笃会修士，曾为雷丁修道院（Reading Abbey）修士，出任国王亨利一世的王玺保管人以及伦敦教区执事长
教座空置		1150	1152	
理查德·贝尔梅斯二世	Richard de Beaumis II	1152	1162	俗界教士，生于英格兰伦敦，属于贝尔梅斯家族成员，曾任伦敦教区米德塞克斯执事长
吉尔伯特·福里奥	Gilbert Foliot	1163	1187	本笃会修士，生于英格兰，先后担任格洛斯特圣彼得修道院院长以及赫尔福德教区主教，1163年从赫尔福德教区调任伦敦
教座空置		1187	1189	
理查德	Richard FitzNeal	1189	1198	俗界教士，曾任林肯教区监理，伊利（Ely）教区以及科尔切斯特教区执事长

教士独身制的建立与西欧中世纪社会秩序

李 腾

(上海师范大学人文学院历史系)

【摘 要】教士独身制是拉丁礼天主教的核心特征,从古代晚期到中世纪盛期的数个世纪的发展中,其动机经历了从追求灵性益处到保障圣事纯洁等变化,教会对于教士独身的要求也越发严格。这种变化过程一方面反映了天主教会自身的建制化,另一方面也体现为教会自我认同以及界定与世俗关系的手段。尤其是11至12世纪的教士独身运动彻底完成了教士独身的强制性要求,并使之成为圣俗分野的重要标记,由此构建了中古西欧独特的两元一体社会秩序,催生了西欧封建社会的"三等级"制。

【关键词】中世纪盛期;教士独身制;社会秩序;圣俗分野

迈克尔·克洛斯比曾指出,拉丁礼天主教的核心特征之一就是教士独身传统。① 这一制度的演进既体现了天主教会的演进,同时也塑造了西欧社会。对于这样一个"敏感"而又现实的问题,学术界从19世纪末开始就进行了长期讨论,可以说每过一段时间就会成为学界的热点话题,对于教士独身制利弊的探讨在教会内也一直没有中断过。

美国教会史学家亨利·查尔斯·李亚在煌煌近千页的《基督教

---

① Michael N. Crosby, *Celibacy: A Means of Control or Mandate of the Heart*, Notre Dame: University of Notre Dame Press, 1996, p. 56.

会神职独身制的历史》中，纵论了从早期犹太教到 19 世纪下半叶的独身制发展。虽因时代局限和宗教偏见，其中若干论述失之武断，但仍不啻为独身制研究的开山之作。① 美国著名历史学家彼得·布朗对于在基督教形成早期身体、社会与信仰的关系做出了精到而深刻的论述。② 许多学者分别从教会法、性别研究、比较宗教学和西方教会制度发展史等多种角度讨论了从古代晚期到近代早期各个时间段中独身制的演变，也为我们进一步的探索提供了空间和基础。③ 中文学界对独身制的关注则相对较少，也值得进行更为深入的讨论。④ 独身制本身是一种教会纪律，主要针对教士阶层这个特殊人群，然而由于强调圣俗之间的划分，教士独身制就不仅是一项宗教性事务，而且体现了鲜明的社会规训特色。因此，本文试图以教士独身制在 12 世纪的建立为核心，探讨这一制度漫长的推行过程，并以此考察中世纪社会与教会的互动关系和西欧独特的圣俗分野体系。

---

① Henry Charles Lea, *The History of Sacerdotal Celibacy in the Christian Church*, New York: The Macmillan Company, 1907, 3rd ed.
② Peter Brown, *The Body and Society: Men, Women, and Sexual Renunciation in Early Christianity*, New York: Columbia University Press, 1988.
③ J. E. Lynch, "Marriage and Celibacy of the Clergy: The Discipline of the Western Church: A Historical and Canonical Synopsis: Part 1", *Jurist*, 1972, 32, pp. 14-38; Part 2, *Jurist*, 1972, 32, pp. 189-212; Pierre J. Payer, *Sex and Penitentials: The Development of a Sexual Code, 550-1150*, Toronto: University of Toronto Press, 1984; Carl Olson, ed., *Celibacy and Religious Traditions*, New York: Oxford University Press, 2008; Helen Parish, *Clerical Celibacy in the West: c. 1100—1200*, Farnham: Ashgate Publishing Limited, 2010.
④ 林中泽：《中世纪西欧的宗教禁欲主义及其历史影响》，《史学月刊》1997 年第 5 期，第 60—65 页；林中泽：《西欧中世纪教会法中的婚姻与性》，《历史研究》1997 年第 4 期，第 122—133 页；戴国庆：《天主教独身主义的起源和演变》，华南师范大学硕士学位论文，2007 年。

一、从节制到规训：作为教会规训的独身制

独身是世界上许多宗教对其教职人员的要求。① 在基督教各宗派中，对独身的要求不尽相同。新教各教派无论男女、婚否皆可充任牧师，东正教只要求出家修道的隐修士和被擢升为主教职位者保持独身，一般的神甫可以同常人一样结婚生子。而在天主教中，所有的修道人都必须终身保持独身，从修士、神父到主教、教宗概莫能外。② 在早期语境中，"独身"的拉丁文词源"caelebs"往往指从未结婚或从未有过性关系，后来逐渐演化为广义的"不再继续维持某种性的关系"。因此，作为一项纪律的独身制，强调的是在成为神职人员之后，教士们应当弃绝寻求婚姻并禁绝性关系。

古代晚期对于独身的探讨主要集中在灵性益方面，并不局限于教士阶层，而是面向基督徒整体。从圣经来看，耶稣本人被视为终身独身者，也多次明确提出了对性的克制和对婚姻的拒斥。③ 保禄在独身制的建立过程中也发挥了重大作用，尤其是《格林多前书》中的若干经文，成了日后论述独身制的基础。④ 在当时的罗马帝国社会中，曾经纵情声色的社会风潮也发生了转变。正如彼得·布朗所言，在独身制即将被广泛宣讲的世界中，对于性的克制已经在民

---

① Carl Olson, ed., *Celibacy and Religious Traditions*, New York: Oxford University Press, 2008.
② 这一教会纪律并不适用于所谓的"东方礼天主教"（Eastern Rite Catholic Churches），主要包括乌克兰希腊天主教会（Ukrainian Greek Catholic Church）、亚美尼亚天主教会（Armenian Catholic Church）、叙利亚马龙礼教会（Syriac Maronite Church）等 23 个分支。
③ 《玛窦福音》19：1—10 以及《马尔谷福音》10：1—12 等。本文所引圣经皆依据思高圣经学会版，中国天主教主教团 2009 年。
④ 尤其是《格林多前书》7：8—11，17—24，29—31。另见 Will Deming, *Paul on Marriage and Celibacy: The Hellenistic Background of 1 Corinthians 7*, Grand Rapids: William B. Eerdmans, 2004, pp. 47-104.

间思潮中站稳了脚跟。①

乔·麦克纳马拉认为,德尔图良(Tertullian,约160年—230年)是天主教会中最早试图构建独身秩序的人。② 德尔图良认为,独身是一种来自天主的恩典,借由独身,人得以向圣神的感动开放,以获得未来天国的赏报:

> 多少男人和女人因他们的贞洁,为他们在教会秩序中赢得了尊重!多少人已经同天主结为连理!多少人已经恢复了他们肉身曾经丧失了的高贵!他们通过杀死那些邪念,而使自己(与世界)分离,成为那个即将到来的世界的子女。而那些有邪念之人,则没有在天国乐园中的位置。③

东西方教会后来在教士独身制上的要求不同,但早期教父都对贞洁和独身甚为赞赏。希腊教父尼撒的格里高利(Gregory of Nissa,约335年—395年)在《论贞洁》中坦承自己和其他人一样仅仅属于"别人之美的研究者和其他人福乐的见证者",而这里的"其他人"就是那些从未涉足"世俗生活之深渊"(亦即未曾有婚姻)的贞洁者。④ 米兰的安布罗斯(Ambrose of Milan,约340

---

① Peter Brown, *The Body and Society*, pp. 19, 76-77. 关于希腊罗马世界对独身的看法,参见 Willi Braun, "Celibacy in the Greco-Roman World", in Carl Olson, ed., *Celibacy and Religious Traditions*, pp. 21-40.

② Jo Ann Kay McNamara, *A New Song: Celibate Women in the First Three Christian Centuries*, New York: Institute for Research in History, Haworth Press, 1983, pp. 99-100.

③ Tertullianus, *De exhortatione castitatis*, XIII, PL 2, 930A. 德尔图良晚年投身孟他努斯派(Montanism),并认为他们之所以享有预言的恩典,正是因为过着独身生活。他将贞洁本身划分为三个递减的层次:首先是从出生之后一直保持贞洁,其次是在洗礼的重生后保持贞洁,最后是在寡居后拒绝再婚的贞洁。由此可见,德尔图良所指的是全体基督徒,而非单指代教士阶层。

④ *Saint Gregory of Nyssa: Ascetical Works*, Washington, D. C.: Catholic University of America Press, 1967, p. 12.

年—397年）则在《关于贞洁》中指出，基督降生于童贞女的母胎之中是整个救赎的核心，耶稣一生的所行是所有基督徒应效法的榜样。基督的无性诞生和他在取得了人的肉身后仍保持无性生活，这构成了连接人类当下堕落状况与复活时光荣变化之间的桥梁。① 奥古斯丁少年时曾经纵情色欲，这也使他对贞洁和独身的认识更具代表性。奥古斯丁相信性和婚姻虽然都是创世秩序中的一部分，但是同整个世界的其他部分一样，都因为人类原祖父母的堕落而受到了污染。尤其是在与佩拉纠主义和多纳徒派的斗争胜利之后，奥古斯丁对于性和婚姻的看法成了西方拉丁教会的主流。②

总体来说，独身并非一项强制性的要求，但对灵魂却大有裨益，并且是为进入天国所做的重要准备。早期教父的相关论述可以从两个角度加以理解。其一是拒绝危险的事物，比如性关系、对女性（或男性）的感情以及对肉欲的依赖。这些欲念和行为都会导致灵魂和身体的双重污染。与此相对应的第二个层面则是要寻求圣洁的事物，比如超越时间的灵性欢乐、永恒的生命、灵魂和身体的净化。

随着天主教会的建制化和教会对西欧世界重建的深度参与，神圣和世俗之间的界限越发模糊，但对圣事纯洁性的追求却日益强烈。③ 教会法令和现实生活之间，乃至不同时期教会法令之间的冲

---

① Peter Brown, *The Body and Society*, pp. 350 - 351; idem, "Bodies and Minds: Sexuality and Renunciation in Early Christianity", in David H. Halperin et al., eds, *Before Sexuality: The Construction of Erotic Experiences in the Ancient Greek World*, Princeton: Princeton University Press, 1990, p. 489.
② 关于奥古斯丁在性、独身、婚姻方面的思想的研究很多，此处不再赘述，经典解读和核心论述可参见 David Hunter, "Augustinian Pessimism? A New Look at Augustine's Teaching on Sex, Marriage, and Celibacy", *Augustinian Studies*, 1994, 25, pp. 153 - 177; Elizabeth Clark, ed., *St. Augustine on Marriage and Sex*, Washington, D. C.: The Catholic University of America, 1996.
③ Carl Olson, "Celibacy and the Human Body: An Introduction", in Carl Olson, ed., *Celibacy and Religious Traditions*, pp. 6-7; Mary Douglas, *Purity and Danger: An Analysis of Concepts of Pollution and Taboo*, New York: Praeger, 1966, pp. 96-97.

突与分歧，都在中世纪盛期（11至13世纪）的教会改革中逐渐得到了解决，呈现出更为统一完备的教士独身制理念，并最终完成了中古西欧社会圣俗秩序的划分。

二、圣事权力与教士独身制的建立

对圣事纯洁性的推崇是中世纪天主教会强化教士独身制的核心动力。作为基督教源头的犹太教虽对永久独身持否定态度，认为这违背了圣经中关于人应当繁衍滋生、充满大地的训导①，但仍认为性行为会导致不洁，因此祭司在洁净自己之前不能进行献祭。② 基督宗教中的"圣事"观念使教职人员承担着举行"超越世界的神秘奥迹"的任务，而性生活则被认为会污染圣事的洁净性和尊贵性。

末日并没有像教父时代的人们所预期的那样立即到来，天主教会也越发与整个西欧的社会运作结合在了一起。教会对于社会的训导权力就在于教会掌握着终极的救赎，而这一救赎则需要通过教会的圣事来传播。因此，独身制就从追求个体净化与得救的贞洁，演变为建制化教会中对教职人员的强制纪律，从而赋予其浓厚的控制和规训意味。

1. 婚姻内的性节制

首先，正式地将独身制与教士身份联系起来并在教会内进行推广，主要依靠宗教会议的力量。③ 值得注意的是，独身制早期的着眼点主要在于大品教士不得与女性发生性行为，但实际上却允许了教士婚姻的存在。从历史上来看，最早提出教士独身议题的是大约举行于公元306年的艾尔韦拉（Elvira，今属西班牙）宗教会议。

---

① 参见《创世记》1：28，《出谷记》21：10。
② 参见《出谷记》19：15，《肋未记》7：19—20，15：16，22：4。
③ 关于早期宗教会议的详细梳理，参见 Pierre J. Payer, "Early Medieval Regulations Concerning Marital Sexual Relations", *Journal of Medieval History*, 1980, 6, pp. 353-376.

参会的主教们决定，已婚的教士应当禁绝与他们的妻子再有任何的性关系。第三十三条法令表明："所有参与圣事的主教、神父、执事和所有教士，都必须完全地禁止与他们的妻子发生关系，且不得繁育子嗣。凡违反此项规定者将被从教士中摒弃。"① 325年的尼西亚大公会议进一步声明，经祝圣之后的神父不可结婚，也不得在其房中容留除血亲之外的妇女。② 与此相应的是，345年的甘格拉宗教会议（Synod of Gangra，今土耳其中北部的昌克勒）第四条教令中指出，如果谁坚持认为一个已婚神父的圣祭是不合法的，则诅咒他。③ 这一方面说明了当时仍大量存在教士结婚的现象，另一方面也表明平信徒已经意识到神职人员的性行为可能会影响到他所行圣事的有效性。

其次，基于对圣事纯洁性的追求，西方教会一直坚持要求教士过克己、节制的生活，但并没有将教士婚姻和司铎职能对立起来。380年的教宗西利修斯（Siricius）的谕令和390年的迦太基宗教会议（The Council of Carthage）重申了克制肉体的要求来自使徒传承，作为圣事服务者的教士应当完全地禁欲（continentes esse in

---

① Joannes D. Mansi, ed., *Sacrorum Conciliorum nova et amplissima collection*, Paris, 1901-1906, II, 2, p. 406. 关于这次会议的详细讨论，参见 Samuel Laeuchli, *Sexuality and Power: The Emergence of Canon Law at the Synod of Elvira*, Philadelphia: Temple University Press, 1972.

② "First Council of Nicaea", Canon 4, in Norman P. Tanner, S. J., ed., *Decrees of the Ecumenical Councils: Volume I—Nicaea I to Lateran V*, Washington D. C.: Georgetown University Press, 1990, p. 7. 根据传统说法，来自西班牙科尔多瓦的霍修斯（Hosius of Cordova）主教提出在公会议法令中写入教士应当保持独身的条款，这一建议却因底比斯的帕夫努提斯（Paphnutius of Thebes）的强烈反对而被否决。虽然帕夫努提斯本人恰恰因为苦修的独身生活而备受尊重，但他认为独身不该成为法律，而应由教士们自主选择。相关争议的梳理可参见 Friedrich Winkelmann, "Die Problematik der Entstehung der Paphnutioslegend", in Joachim Herrmann, Helga Köpstein, Reimar Müller, Hrsg., *Griechenland - Byzanz - Europa*, Berlin: 1985, S. 32-42. 较为详尽的分析参见 Karl Josef von Hefele, *A History of the Councils of the Church*, Vol. 1: A.D. 325 to A.D. 429, London: T. & T. Clark, 1871, pp. 436 ff. 关于这一"故事"在11世纪教士独身制运动中的使用，参见 Helen Parish, *Clerical Celibacy in the West*, pp. 115-116.

③ Karl Joseph von Hefele, *A History of the Christian Councils*, pp. 325-339.

omnibus)。① 教宗英诺森一世（Innocent I，401 年—417 年在位）也指出，从实际牧灵活动来看，司铎们每天都要举行圣事，不能像犹太教祭司那样在性生活后进行自我洁净，而应当完全摒弃性行为。② 奥尔良主教西奥多夫（Theodulf of Orleans，约 780 年—821 年）最早明确提出神职人员应当永久性地处于一种独身状态，因为他们的职责就是进行"我主之无玷圣体和宝血"的祭献。③ 但直到 10 世纪，教士与妻子同居的现象仍然非常普遍，当时的人们也多容忍这种现象，甚至对此习以为常。④ 出身本笃会的维罗纳的拉瑟（Rather of Verona，约 890 年—974 年）曾说，如果严格按照教会法律的规定，将所有和女人姘居或者在祝圣后仍同妻子共同生活的神父们逐出教会的话，那么除了一些少年之外，就没有什么人能在教会中服务了。⑤ 正如爱德华·斯奇勒贝克斯（Edward Schillebeeckx）所指出的，直到 12 世纪拉丁教会仍然允许其教士结婚，但又要求其处于完全的禁欲状态，这种在心理和生理上的反常状态使教士独身的法规成为死文字。⑥

由此可见，直到 11 世纪改革之前，对于教士的要求并非绝对地否弃婚姻，而只是对性行为的禁绝。作为一项纪律的独身制，强调的是在成为神职人员之后，教士们应当弃绝寻求婚姻并禁绝性关

---

① Roman Cholij, *Clerical Celibacy in East and West*, Leominster: Fowlwe Wright Books, 1988, pp. 118-123.
② Innocent I, *Epistolae Et Decreta*, PL 20, 475C-477A, 496B.
③ Theodulfus Aurelianensis, *Capitula ad presbyteros parochiae suae*, XLIV; PL 105, 205C; Mayke De Jong, "'Imitatio morum': The Cloister and Clerical Purity in the Carolingian World", in Michael Frassetto, ed., *Medieval Purity and Piety: Essays on Medieval Clerical Celibacy and Religious Reform*, New York: Garland Publishing, Inc., 1998, pp. 49-50.
④ Charles Frazee, "The Origins of Clerical Celibacy in the Western Church", *Church History*, 1988, 57, p. 158.
⑤ *Ratherii Romam Euntis Itinerarium*, in PL 136, 585-586.
⑥ E. Schillebeeckx, *Clerical Celibacy under Fire: A Critical Appraisal*, London and Sydney: Sheed & Ward, 1968, p. 42.

系，也就呈现为一种在婚姻内但不得行使婚姻内性交权利的悖论。由圣事纯洁所引发的圣秩圣事和婚姻圣事之间的冲突直到12世纪才被彻底解决。

2. 教会改革时期独身制的确立

在11至12世纪，天主教会经历了剧烈的改革，这也与西欧社会的变化相辅相成。也就是在这一时期，教士独身制作为严格的教会纪律得以最终确立。

首先，中世纪盛期的教士独身制运动深受隐修主义改革的影响。从10世纪左右开始，许多隐修会的院长和隐修士从圣事洁净的角度积极呼吁教士独身。正如菲利斯·杰斯提斯所指出的，修道主义的灵修精神（尤其是克吕尼运动）是第二次独身制推广高潮的重要动力，对性的克制不仅涉及圣事的纯洁，而且直接指向了圣事的有效性。① 虽然"神父性行为导致圣事无效"的激进观点从未受到罗马教会的正式认可，但这一观念的广泛传播在推行教士独身制的运动中起到了极大的推动作用。②

在中世纪早期，隐修士群体中的大部分人不会被祝圣为神父，没有举行圣事的权利，从圣事权利上来说等同于一般的平信徒。隐修生活的核心是对世界的弃绝，自然也就包括对性和婚姻的弃绝，因此隐修士们就成了"贞洁者"和宗教虔诚的典范。9世纪以来出现了隐修士被祝圣为神父的浪潮，越来越多的隐修士接受祝圣，被纳入圣职团体当中，并承担起牧灵工作。在这种对照之下，在俗教士们的个人操行相形见绌，也就形成了一种倒逼教士独身制改革的压力。而且，11至12世纪的新兴教士修会群体越发强调共同生活，呈现出明显的"隐修化"倾向，隐修士和教士之间的界限日渐模

---

① Phyllis G. Jestice, "Why Celibacy? Odo of Cluny and the Development of a New Sexual Morality", in Michael Frassetto, ed., *Medieval Purity and Piety*, p. 81.
② 11世纪中期对这一问题的讨论主要体现在亨伯特枢机和彼得·达米安的作品中，两人分别呈现出了相对激进和相对温和的不同面貌，相关简要讨论可参见 Helen Parish, *Clerical Celibacy in the West*, pp. 108-111.

糊。① 中世纪盛期的天主教会借助这样一种"教士隐修士化"的过程强化了对在俗教士的规训，也进一步明晰了神职人员和世俗平信徒之间的区隔。

其次，以利奥九世、彼得·达米安、格里高利七世等为首的改革派，不断地通过宗教会议、教宗谕令和各种书信、小册子鼓吹教士独身制，最终在 11 世纪中后期形成了强制推行教士独身制的高潮。② 尤其是在 1059 年的罗马宗教会议上，教宗尼古拉斯二世（Nicholas II，1059 年—1061 年在位）偕同一百多位主教宣布了与七百年前甘格拉宗教会议相反的教令：

> 任何人不得参与那些他们确知和姘妇或不合法妇女同居（subintroducta mulier）之神父的弥撒。因此之故，此神圣会议宣布下列人等皆处于绝罚之威胁中，包括：凡神父、执事、助理执事，在至圣教宗利奥（指利奥九世）、我们蒙福恩铭记的前任颁布关于教士贞洁宪章后，仍公开与姘妇结合者，又或不遣散其原先已婚配者，不得举行弥撒，亦不准读福音或宗徒书信。此为我们代表全能之天主，并以蒙福之伯多禄及保禄宗徒之权威宣布和禁止的。上述诸人亦不得在唱诗班中颂唱日课，在我们对他们做出法律裁决之前，上述诸人也不得再获得教会之薪俸。愿天主的旨意承行。③

---

① "隐修主义的司铎化"（sacerdotalization of monasticism）和"司铎的隐修化"（monachization of priesthood）的问题还值得进一步深入探讨，斯旺森有一个简单的解释，认为前者代表着越来越多的隐修士被祝圣为神父，而后者指代将守贞推及所有教士，参见 R. N. Swanson, "Angels Incarnate: Clergy and Masculinity from Gregorian Reform to Reformation", in Dawn Hadley, ed., *Masculinity in Medieval Europe*, London and New York: Routledge, 1999, pp. 160-177.

② 11 世纪早期帕维亚的区域性宗教会议也涉及了教士独身制，但其着眼点集中在避免教士家族的形成，以避免这些家族对教会土地和什一税的控制，并没有涉及圣事和司铎职位的纯洁性，参见 U-R. Blumenthal, "Pope Gregory VII and the Prohibition of Nicolaitism", in Micheal Frassetto, ed., *Purity and Piety*, pp. 240-241.

③ P. Jaffé, *Regesta pontificum Romanorum ab condita ecclesia ad annum post Christum natum MCXCVIII*, 2 vols, 1885-1888, pp. 4405-4406.

在这份教令中，我们可以看到如下几个重要变化。其一，其将教士的妻子称呼为"姘妇或不合法的妇女"，表明教会不再容忍教士婚姻的合法状态。其二，教令中对于姘居教士的主要限制集中在弥撒圣事的服务中，不仅不允许他们举行圣事和读经，并且以停发教士薪俸的方式加以惩罚。其三，这一法令首次呼吁平信徒对这些已婚教士加以抵制，体现了教会试图发动信众帮助教会实现独身制改革的策略。

米兰地区从 1057 年持续到 1075 年的巴塔利亚（Pataria）运动就是平信徒参与的典型事例。这场运动由一些具有改革思想的低级教士和平信徒领导，采取暴力方式反对教士婚姻和圣职买卖。斯特鲁米的安得利亚（Andrea of Strumi，1107 年去世）在 1075 年为卡里马特的阿里奥德（Ariald of Carimate，约 1010 年—1066 年）所写的传记中记载了他的第一次布道，明确响应了教宗抵制教士婚姻的呼吁：

> 看，耶稣说："跟我学吧！因为我是良善心谦的。"（玛窦 11∶29）。他又说到他自己："人子没有枕头的地方。"（玛窦 8∶20）还说："神贫的人是有福的，因为天国是他们的。"（玛窦 5∶3）但是与此相反，如你们所见，你们的神父们因为尘世之物而认为他们更加富有，因建造塔楼和房屋而更加尊贵，因荣誉而更加骄傲，因柔软和舒适的衣服而更加美丽。这些（尘世之物）被视为是更加有福的。而且，如你们所知道，他们公开地与妻子结合，如同平信徒一样，如同那些被谴责的平信徒一样放荡。①

---

① 全文见 Friedrich Baethgen, ed., *Vita sancti Arialdi*, *MGH Scriptores*, 30.2, 1926-1934, pp. 1047-1075. 此处见于第 1063 页。关于米兰的教士独身制运动的历史叙述，参见 Henry Charles Lea, *History of Sacerdotal Celibacy in the Christian Church*, Vol. 1, New York: The Macmillan Company, 1907, 3rd ed., rev., pp. 244-263.

教士独身制最终在 12 世纪上半叶得以确立,从而彻底完成了长达八个世纪的独身制建立过程。教宗卡里斯图斯二世(Callistus II,1119 年—1124 年在位)在 1123 年主持召开了第一次拉特朗大公会议(First Lateran Council),其中第七条教令重申了禁止神父、执事和副执事与任何妇女同居,而第二十一条则进一步声明:"我们绝对禁止神父、执事、副执事和隐修士拥有姘妇或约定之婚姻。"最为重要的是,教令宣布这一群体的婚约应被视为无效,违反此项禁令之人当受惩罚。① 这一条教令是教士独身制历史上的重大变革,此前教会虽然一直对教士姘居和结婚现象进行谴责,却从未否定其有效性,而从这一教令开始,教士婚姻原先所有的合法性陷入了岌岌可危的局面。教士与教会的结合超越并吞噬了其他一切社会关系,使教士与平信徒之间的界限变得不可扭转,并使教会秩序凌驾于社会秩序之上。

1139 年的第二次拉特朗大公会议承袭了奥尔良的西奥多尔的思路,将教士的身体称为"上主的器皿和圣灵的圣殿"(vasa Domini, sacrarium Spiritus sancti)。第七条则更为明确地沿着尼古拉斯二世、格里高利七世、乌尔班二世和帕斯卡二世的改革路线,规定教徒不得参与不守独身制神父的弥撒。虽然其并未直接否认这些教士的圣事有效性,但却造成了一个强制排斥的模式。② 这次会议最终宣布,神职人员的婚姻是与教会法令相违背的,因此教会并不认可

---

① "First Lateran Council", in S. J. Tanner, ed., *Decrees of the Ecumenical Councils: Volume I*, pp. 191, 194. 这两条教令在不同抄本中的编码和文字各有不同,其中后一条常常和前一条合并,关于此处差异的讨论参见 Thomas P. Murphy, "A Collection of Some of the Legislative Sources of Canon 132 (Code of 1918): Text in Translation and Perspective", *Resonance*, 1966, 3, pp. 33-34.
② 从 11 世纪中期以来,一直存在着关于不守独身的教士之圣事有效性的争议。但是鉴于西方教会史上的多纳图派异端,罗马教廷从未正式宣称这些姘居教士的圣事无效。直到英诺森三世时期,教会还特别注重切断教士自身的软弱和圣事的有效性之间的联系,他强调:"神父的软弱并不导致圣事的无效,如同医生的软弱并不摧毁其药品的效力一样。"转引自 Helen Parish, *Clerical Celibacy in the West: C. 1100-1200*, p. 93, n. 23.

其为真正的婚姻。从此，教士婚姻不再是"非法而有效"的状态，而是处于"既非法又无效"的境地，从而在教会法层面彻底解决了原先大公会议法令中婚姻圣事与圣秩圣事之间的悖论。①

  教士独身制在11至12世纪突然的急速发展源于圣事神学的发展，并同当时的教会改革中的"基督王国"秩序划分紧密相关。教会反复强调基督在圣体圣事中的真实存在（亦即变体说），对于圣事的推崇进一步强化了教士作为特殊恩选者的身份。进一步说，不仅举行圣事的权力是教士所享有的恩典，抵抗肉欲的诱惑而践行独身也成了教士的"特别恩典"。从更实际的角度来说，只有彻底禁绝神职人员的婚姻，才可能使教会完全摆脱世俗世界封建体系加于教会之上的社会和经济限制，以实现教会"完全而彻底"的自由。如英国中世纪史学家理查德·威廉·萨瑟恩所说，在11世纪的许多教会人士眼中，神圣和世俗之物几乎完全融合在了一起，教会甚至面临着被世界吞没的危险，强制的教士独身制就成了一种最极端也最有效的区隔方式。② 在一个正常的世俗社会中，权力、财物和性是构建整个社会关系的基本模式，而教士的"隐修士化"通过对这三样事物的弃绝体现了对于世俗社会整体的弃绝，也为当时的西欧社会赋予了一种新的秩序。

  在实践层面，教士们仍然生活在尘世之中，但是由教士阶层所组成的教会却在理念上凌驾于整个社会之上。③ 中世纪早期教会与尘世交融并存的局面被一种新的理解所取代：教会不仅超越世界，

---

① "Second Lateran Council", in S. J. Tanner, ed., *Decrees of the Ecumenical Councils*, Vol. 1, p. 198; James A. Brundage, *Law, Sex, and Christian Society in Medieval Europe*, Chicago and London: The University of Chicago Press, 1987, pp. 220-223. 当然，并非所有人都支持教士独身制，关于11至12世纪反对意见之总结与分析，参见 Erwin Frauenknecht, *Die Verteidigung der Priesterehe in der Reformzeit*, Hannover: Hahnsche Buchhandlung, 1997.

② R. W. Southern, *The Making of the Middle Ages*, London: Hutchinson University Library, 1967, pp. 126-127.

③ Edward Schillebeeckx, *The Church with a Human Face: A New and Expanded Theology of Ministry*, New York: Crossroad, 1985, p. 166.

并且与世界分离。对基督徒整体的贞洁—节制的要求虽仍存在于教会道德、伦理训导中，但教士群体作为独身制整肃的主体被纳入到了教会的神圣奥体之中。凡是宣誓进入神职人员队伍而脱离平信徒的地位者，都必须选择守贞和独身。正如彭小瑜所指出的，中世纪的教会以独身制作为神职人员和平信徒之间的重要分界，通过将他们的身份属性与教会礼仪、圣事联系起来，将这些主教和神父神圣化。① 由此，原先为了灵性益处的节制和守贞，变成了强制性的终身独身制，并演变为对教会所有修行人和神职人员的规训方式。更为重要的是，这种教俗分野直接影响了整个中世纪拉丁西方社会阶层的划分，从而塑造了中古西欧社会的独特社会结构。

三、教俗分野与社会秩序

吉尔斯·康斯坦博认为，整个中世纪时期对社会秩序的划分始终存在着两个系统之间的张力，一个基于性行为，另一个基于人同天主和世界的关系。② 这里所谓的秩序，其核心标志是一种生活方式（rationes vitae/usus vivendi），带有内在的规训、使命甚至召叫，也包括外在的标志和责任。③ 但无论是哪一种划分方式，都力图在神职人员和平信徒之间划出一条泾渭分明的界限。作为禁欲形式的独身制在一定程度上可以被称为一种"表演"，通过提倡或者展现一种另类的生活方式，建立一种不同的社会关系。④ 正如派·白思科（Per Beskow）在分析罗马帝国晚期禁欲主义运动时所说，

---

① 彭小瑜：《教会法研究——历史与理论》，商务印书馆2011年版，第159页。
② Giles Constable, *Three Studies in Medieval Religious and Social Thought: The Interpretation of Mary and Martha, the Ideal of the Imitation of Christ, the Orders of Society*, Cambridge: Cambridge University Press, 1995, p. 272.
③ Giles Constable, *Three Studies in Medieval Religious and Social Thought*, p. 255.
④ Richard Valantasis, "A Theory of the Social Function of Asceticism", in Vincent L. Wimbush and Richard Valantasis, eds., *Asceticism*, New York: Oxford University Press, 1995, p. 548.

这样一种模式不仅挑战了婚姻、财产和社会行为的法则，且不满足于从社会中退出，反而是要将他们的理念传播到社会当中，建立一种新的秩序。①

中世纪早期的社会阶层划分主要是从教会组织视角向外延伸的。第一组是教士阶层，他们统治着整个教会，担任主教、神父以负责信众的日常宗教生活，也在社会建设、政治运作乃至经济事务中发挥重要作用。第二组则是由隐修士、修女和隐修者所组成，他们完全地弃绝了世界，全身心地投入到对天主的侍奉当中。第三个阶层则是在俗世中生活和工作的男男女女。在这种划分模式中，教会阶层占据了两组，而且在宗教修行和婚姻（性）关系方面有着非常紧密的联系。② 被称为中世纪时代第一位教宗的大格里高利就曾说："圣教会由三个部分组成，亦即已婚者、克制者和宣讲者。"但他认为，婚姻中人也能够"呼吸天乡家园之爱"。另一些人（主要指隐修士）弃绝并轻蔑所有尘世的行为、欲乐，在永恒福乐的希望中折磨着自己的肉体。还有一些人，也就是教士，则在弃绝尘世之物的同时，又宣讲他们所知的天乡的喜乐。③ 值得注意的是，教士们在这个时期仍有繁重的教化任务，相较于圣事的施行，福音传播、教育和道德训导是他们的主要工作。10世纪后期的费勒里的阿博（Abbo of Fleury，约945年—1004年）进一步明确了这三者之间的优劣。他指出这三种秩序也是神圣大公教会中的三个等级，虽然这三者都有罪，但是已婚者是好的，克制者是更好的，而贞洁者是最好的。于是，守贞的隐修士和修女就成为最受尊重的人，一般教士则

---

① Per Beskow, "The Theodosian Laws against Manichaeism", in P. Bryder, ed., *Manichaean Studies: Proceedings of the First International Conference on Manichaeism*, Lund: Plus Ultra, 1988, p. 11.

② Giles Constable, *Three Studies in Medieval Religious and Social Thought*, pp. 252-253, 263.

③ Gregory the Great, *Morals on the Book of Job*, Vol. 1, Oxford: John Henry Parker, 1844, p. 41.

被期待能很好地控制自己的欲望,但并非公开守贞。① 这里实际上已经显现出倒逼改革,对教士进行隐修士化改造的倾向了。

11世纪中后期的教会改革时代,这种宗教性的社会秩序越发凌驾于原初的社会秩序之上,呈现出一种神圣和世俗之间更为明确的分界,彰显了教会灵性权威高于世俗权威的内在理路。教会改革时期形成的新教会论希望借此进一步厘清教会与世俗社会的关系。戈尔德·特伦巴赫指出,11世纪的教会改革是在三个层面上展开的:首先是教士和平信徒之间的关系,其次是教会内部的运作,最后则是教会与世界的关系。② 在11世纪,教会改革的核心动因就是要否定过去数个世纪以来教会和世界过度纠缠的关系,重新明晰已经模糊的界限。也正因为如此,诺曼·坎托宣称格里高利改革是一次"世界革命",是对数个世纪以来教会与社会过分合作的拒斥,教会需要为世界重新赋予一个正确的秩序。③ 格里高利式的改革理念具有高度理想化的色彩,希望作为人的教士在行为上仿效天使,通过纯洁禁欲的生活来服侍天主及其子民,与一种更高的道德和灵性地位相结合。因此,唯有通过强制独身制的形式,教士才能够彻底地同平信徒分离开来。

也正是在这个意义上,罗伯特·摩尔在《第一次欧洲革命》中提出,教会改革最深远的影响是对西欧社会结构的改变,改革运动重新厘定了教会与世俗社会的关系,界定了各自在社会秩序中的位置。④ 在这一场革命当中,最根本地影响到教俗分野的并非对于皇

---

① *Liber Apologeticus*,PL 139,463A - 462B. 关于阿博的思想及其背景,参见 Elizabeth Dachowski, "Terius est optimus: Marriage, Continence, and Virginity in the Politics of Late Tenth- and Early Eleventh- Century Francia", in Michael Frassetto, ed., *Medieval Purity and Piety*, pp. 117-130.
② Gerd Tellenbach, *Church, State and Christian Society at the Time of the Investiture Contest*, Oxford: Oxford University Press, 1959, p. 162.
③ Norman F. Cantor, "Crisis of Western Monasticism, 1050-1130", *American Historical Review*, 1960, 66, pp. 55-56.
④ R. I. Moore, *The First European Revolution*, Oxford: Blackwell, 2010, pp. 88-89.

帝、国王的加冕权,甚至也并非主教的授任权,而恰恰是过去被忽视的独身制度。

在中世纪的信仰世界当中,神职人员充当着世俗人和天主的中介。在祝圣的时候,要特别为他们的双手敷油以示其尊贵。那双能够在圣事中将面饼和葡萄酒变为耶稣基督身体和血的手,也能够为国王进行加冕和敷油,以作为天主认可其世俗统治权的标志。从这个角度而言,教士的独身就并不仅仅是一个教会纪律问题,而且涉及政治权威的合法性及其社会功能的展现。① 也正是对灵性权威的追求,使得教会改革越发强调教士阶层要与平信徒在生活、使命和召叫等方面有明确的分野,而实现这一目的最为直接、鲜明的方式,就是禁绝身体上最为强烈的本能欲望,使教士独身成为教会与世界隔离的重要标志。

于是,平信徒被视为神职人员牧养的羊群,在灵性维度上类似于父女之间的关系,因此神职人员与他们的妻子或其他姘妇发生性关系等同于乱伦。彼得·达米安在《论神父独身》中明确写道:

> 如果父亲和女儿有乱伦的行为,他将会被逐出教会,剥夺领受圣体的权利,会被投入监狱或流放异域。然而你,结婚了的神父,所犯下的不单是肉体的罪恶,而是更严重且应受到更为严厉惩罚的灵性上的乱伦罪过。你们要知道,你们是教会的配偶,正如你们的戒指和权杖所表明的,那些因洗礼圣事而重生于教会中的人,就是你的孩子。如果你和你精神上的女儿有了乱伦的关系,你的良心怎能让你敢于去接触上主身体的奥迹呢?②

---

① J. L. Nelson, "Kingship, Law and Liturgy in the Political Thought of Hincmar of Rhiems", *English Historical Review*, 1977, 92, pp. 241-279.
② Peter Damian, *De Celibatu Sacerdotum*, III; PL 145, 385A. 关于达米安对教士婚姻的看法,可参见 Kathleen G. Cushing, *Reform and the Papacy in the Eleventh Century: Spirituality and Social Change*, Manchester: Manchester University Press, 2005, pp. 121-125.

圣事的纯洁和有效性标志着教士阶层对平信徒阶层的超越，使之在整个社会秩序中占据着至高地位。12世纪上半叶的洪诺留（Honorius Augustodunensis）曾经以身体为比喻，将高级教士比喻为人的头和眼睛，隐修士是面颊和喉咙，已婚的人（主要是贵族）是肠胃和关节，农民则是大腿和脚。① 与此类似，索尔兹伯里的约翰将那些主持宗教典礼者视为人的灵魂，王侯为头，重要廷臣为心脏，法官与行省总督为眼睛、耳朵和舌头，一般的官员和士兵为手，最后农民为脚。② 虽然按照传统的解释，约翰关于身体和职业关系的比喻并非直接讨论社会秩序的划分，而是社会分工的多样性，但在此处可以明显地看到作为圣职人员的教士和隐修士已经合而为一了，无论有多少种职业，最核心的划分就是圣职人员（修道人）和世俗平信徒。

这种由圣俗分野所带来的社会秩序，在12世纪教会法学家图尔奈的斯蒂芬（Stephen of Tournai，1128年—1203年）的论述中得到了最为淋漓尽致的展现。他说：

> 在同一位君王统治的城市中，有两类人，这两类人有两种生活，这两种生活有两种管理（principatus），并因这两种管理有一个双重的法律制度。这座城市就是教会，这座城市的君王就是基督。两类人，教会中的两种秩序，就是教士和平信徒；两种生活是灵性的和肉体的；两种管理则是祭司职（sacerdotium）和王国（regnum）；两种司法则是神圣的法律和人间的法律。尊重和恪守上述划分所订立的界限，则所有的

---

① Honorius Augustodunensis, *Speculum ecclesiae: Sermo generalis*, in PL 172, 861C-870C.
② 转引自 Giles Constable, *Three Studies in Medieval Religious and Social Thought*, pp. 325-326.

一切都将各得其所。①

也正是在这一基础上，出家修行的教士们同结婚生子的平信徒之间的隔阂更加清晰，而献身于宗教生活的人，无论隐修士、教士，还是神父、主教，都被纳入到了一个整体（esprit de corps）中。作为一个以独身为标志的教士，其在灵性维度上的地位要高于国王，甚至享有免于世俗审判的特权。"教会"这个词汇也更多地指向教士阶层，而广大的平信徒则被归入"尘世"的行列。借由独身制而强化的圣俗分野也促成了最为著名的西欧三层社会等级——祈祷者（oratores）、战斗者（bellatores）和劳作者（laboratores）——的最终成型。② 后两者的区分主要在于地位和财产，而前者和后两者的区别则更有一种超性的指向：教士们不仅能够在礼仪中祝圣圣体、听取告解并施行各种圣事，并且还弃绝了尘世的欲乐，尤其是禁绝了性和婚姻，将自己完全与教会的牧灵工作以及天主的神圣奥迹相结合。

四、小结

综上所述，随着天主教会的建制化发展，教会认为神职人员的独身是追求灵性的完善和向天主献上纯洁祭献的必要条件。对圣事观念的强调使得教士阶层越发从社会结构中独立出来，从而强化了

---

① Stephanus Tornacensis, *Prooemium summae de decretis*, PL 211, 576C: "In eadem civitate sub eodem rege duo populi sunt, secundum duos populos duae vitae, secundum duas vitas duo principatus: duplex iurisdictionis ordo procedit. Civitas Ecclesiae, civitatis rex Christus; duo populi, duo in Ecclesia ordines, clericorum et laicorum; duae vitae, spiritualis et carnalis; duo principatus, sacerdotium et regnum; duplex iurisdictio, divinum ius et humanum. Redde singula singulis, et convenient universa."

② 关于这一划分的经典分析，参见 Georges Duby, *Les trois ordres ou l'imaginaire du féodalisme*, Paris: Gallimard, 1978, pp. 157-205.

教俗分野。如果作为修道人的教士也能够结婚的话，那么他们与平信徒之间的界限就会变得模糊，教士也就完全成为世俗社会的一部分。初看之下，制度化的独身甚至可以被视为一种"反社会"行为，因为其要求永久性地控制人作为动物的繁衍本能，并且根本性地否定了"人的再生产"。但是，对于要求教士保持独身的教会而言，这些修行者们事实上是进入了嫁接在现实社会之上的另一个社会秩序当中，亦即他们与教会的"灵性婚姻"。

在强化圣俗分野的同时，教会也通过对教士的身体控制，强调教士对教会权威的服从。这种服从并非完全自愿，强制手段的合法性来自教宗在教会管理上的无上权威，这也是教会自身重构的一个过程。通过教士独身制的建立，教会改革派不仅要整肃教会内部的纪律，而且也要重新明确"基督王国"内的层级划分和灵性等级秩序。教士高于俗人，且绝对服从于主教，而主教则推行教宗和宗教会议的规定，借此突显教宗作为属灵权威的至高地位。

在这种社会秩序的划分中，世俗的已婚者虽然是社会成员的主体，但仍被视为低于神职人员，因为神职人员通过独身而将自己完全奉献给了天主。虽然教士独身制在中世纪的落实经历了漫长的历史发展过程，并且各种违规现象屡见不鲜，但就独身制本身而言，它体现了中世纪天主教会的自我构建和自我身份的确立。因此，11至12世纪的教会改革派所追求的教会独立不仅仅是从世俗统治者的授任或者对教会任命的干涉中摆脱出来，同时也是要寻求在地上建立天国的乌托邦式理想，亦即"在尘世中而不属于尘世"（in the World but not of the World）的教会认同。

13世纪英国教会的大地产经济*

许明杰

（复旦大学历史学系）

【摘　要】 农业资本主义的产生与发展是英国过渡时期历史研究的一个核心问题。学界一般认为英国农业资本主义最早起源于中世纪末期，但最近一些学者提出，英国在更早的时期就存在具有资本主义特征的农业经营。本文回应此争论，集中探究13世纪英国最具集中经营特征的教会大地产经济。研究发现，教会大地产上的农业经营虽然带有一定程度的资本主义特征，但其本身存在明显不足，而且又因为当时的各种经济社会条件限制，最终未能催生出农业资本主义。对于这一时期教会大地产农业经济的水平、甚至英国农业经济的整体水平不应做过高评价。

【关键词】 农业资本主义；英国教会；大地产经济；集中经营

农业资本主义的产生与发展是英国过渡时期历史研究的一个核心问题，因此一直受到中西方学界关注。马克思提出，15世纪末16世纪初农业资本主义在英国产生，这对英国乃至西方摆脱封建主义、确立资本主义生产方式起到了关键作用。具体来说，这种农业资本主义的产生和发展表现为两个方面：第一，封建主通过圈地把农民从土地上赶走，迫使后者成为无产者，只能依靠为他人劳动

---

* 本文是国家社科基金重大项目"英国经济社会史文献学专题研究"（项目号17ZDA225）的阶段性成果。

谋生；第二，资产阶级租地农场主兴起，他们借助圈地运动和农业革命的有利条件，运用资本主义方式经营大规模农场。① 后来的西方学者大多遵循马克思的这种经典解释。特别是在 20 世纪下半叶，西方学术界发起了关于"从封建主义向资本主义过渡"问题的两次大争论，马克思主义学者表现活跃，他们的研究进一步深化了我们对这一问题的认识。② 其中以布雷纳为突出代表，强调西欧资本主义的农业根源同中世纪晚期封建式生产关系的衰落有密切关系。③ 在理论研究之外，大量的具体研究也延续这一范式，比如托尼、戴尔与惠特尔等。④ 我国学界对农业资本主义问题也十分关注，学者基本也是受到马克思主义学说的影响。其中侯建新的研究成果最为丰富，他认为富裕农民通过不断积累，成为资本主义农场主，他们是近代早期英国农业资本主义发展的领头羊。⑤

英国农业资本主义最早起源于中世纪末期，这种说法似乎已成定论。但很多学者却提出在更早的时期，即中世纪经济鼎盛时期的 13 世纪，具有资本主义特征的农业经营已经存在。当然他们的具体观点呈现出差异。一派以苏联学者科斯敏斯基为代表，侧重小庄

---

① 马克思：《资本论》第一卷，人民出版社 1975 年版，第 781—843 页。
② 参见向荣：《欧洲"从封建主义向资本主义过渡"问题的回顾与反思》，载北京大学历史学系世界古代史教研室主编：《多元视角下的封建主义》，社会科学文献出版社 2013 年版，第 111—141 页。
③ Robert Brenner, "Agrarian Class Structure and Economic Development in Pre-Industrial Europe", *Past and Present*, 1976, 70, pp. 30-75; "The Agrarian Roots of European Capitalism", *Past and Present*, 1982, 97, pp. 16-113.
④ R. H. Tawney, *The Agrarian Problem in the Sixteenth Century*, London: Longmans, Green and Co., 1912, pp. 177-312; Christopher Dyer, "Were There Any Capitalists in Fifteenth-Century England?", in idem, *Everyday Life in Medieval England*, London: The Hambledon and London Press, 2000, pp. 305-327; Jane Whittle, *The Development of Agrarian Capitalism*, Oxford: Oxford University Press, 2000; 黄春高对该问题有详细的介绍，参见黄春高：《分化与突破：14—16 世纪英国农民经济》，北京大学出版社 2011 年版，第 1—10 页。
⑤ 侯建新：《现代化第一基石：农民个人力量与中世纪晚期社会变迁》，天津社会科学院出版社 1991 年版；侯建新：《资本主义起源新论》，生活·读书·新知三联书店 2014 年版，第 3—126 页。

园领主，认为他们相比大领主更倾向于商业化的农业经营，因此"更接近资本主义的经济生活方式"。① 另一派以波斯坦、克拉潘为典型，强调大领主的作用，论述 13 世纪后期大领主的地产经营已经是"资本主义取向的"，甚至认为大领主本身就是土地资本家或农业资本家。② 还有一派以坎贝尔和布瑞内尔为代表，认为领主阶层整体的农业经营达到了相当的商业化程度，虽然这很难说是资本主义农业，但体现了明显的资本主义色彩。布瑞内尔更是认为中世纪（1000 年—1500 年）英国经济呈现显著的商业化趋势，这是英国从封建主义向资本主义过渡的重要阶段，而且以 1300 年为界，中世纪前期的重要性比后期更高。③ 社会学家麦克法兰甚至提出了一个极有争议性的观点，认为英国现代资本主义的文化——"个人主义"实际上起源于中世纪甚至更早，早在 1250 年便已经深入乡村社会，其发展程度不逊于近代。④

中世纪盛期的英国到底是否存在农业资本主义？为回答这一问题，本文聚焦于 13 世纪教会大地产，探究其农业经营是否具有资本主义特征。很多研究说明这一时期英国的领主农业经营出现了独特的发展趋势，很多庄园由此前的出租经营向直接经营转变，精耕农业得到发展，地产经营也有明显进步，尤其以教会大地产最为突出。但尚未有学者从农业资本主义的角度对教会地产的农业经营进

---

① E. A. Kosminsky, *Studies in the Agrarian History of England in the Thirteenth Century*, R. Kisch, trans., Oxford: Basil Blackwell, 1956, p. x.

② M. M. Postan, "Revisions in Economic History: IX: The Fifteenth Century", *The Economic History Review*, 1939, 9, p. 162; 约翰·克拉潘：《简明不列颠经济史：从最早时期到一七五〇年》，上海译文出版社 1980 年版，第 150—151 页。

③ R. H. Britnell, "Minor Landlords in England and Medieval Agrarian Capitalism", *Past & Present*, 1980, pp. 3-22; R. H. Britnell, *The Commercialisation of English Society 1000-1500*, Cambridge: Cambridge University Press, 1993, pp. 228-237; B. M. S. Campbell, "Measuring the Commercialisation of Seigniorial Agriculture", in R. H. Britnell and B. M. S. Campbell, eds., *A Commercialising Economy: England 1086 to c. 1300*, Manchester: Manchester University Press, 1995, pp. 132-193.

④ 艾伦·麦克法兰：《英国个人主义的起源》，管可秾译，商务印书馆 2008 年版。

行系统评估。① 此乃初步探讨，以求教于方家。

一、教会地产概况

在中世纪西欧，天主教是唯一的主流宗教。作为宗教组织，天主教享有巨大的政治权力和极高的社会地位，在经济上体现为拥有大量财富。就英格兰而言，在盎格鲁-撒克逊时期，随着基督教的广泛传播，世俗贵族将大量土地捐给教会，因此教会领主成为英格兰最重要的地主群体之一。1066年，征服者威廉攻占英格兰，成为国王。他剥夺了盎格鲁-撒克逊旧贵族的土地，将土地重新进行分配，教会成为主要的受益者之一。据1086年《末日审判书》统计，教会领主，包括修道院、主教及其附属人士的地产收入高达19,200英镑，占所有领主土地总收入的26%。②

此后教会的土地财富进一步扩张。一方面，相比世俗地产可能出现继承断绝的问题，教会地产的传承延续十分稳定。另一方面，不少世俗领主热衷资助教会，选择将地产捐赠出去，而且教会也会并购世俗人士的土地，因此土地日益集中于教会领主之手。然而教会领主往往享受特权，被豁免了军役等世俗义务，这无疑会对传统的封建秩序甚至君主统治产生威胁，因此引起了统治者的警觉。1279年，国王爱德华三世颁布《宗教人士法令》（*Statute for Religious Men*），限制土地从世俗人士向教会转让，试图遏制这一趋势。③ 但这并未彻底改变原有格局，教会仍然占有大量地产。到14世纪初，教会领主，包括修会、主教和小教士的地产占到土地

---

① 国内外的研究很多，近来最重要的当属坎贝尔（B. M. S. Campbell）的著作 *English Seigniorial Agriculture*, Cambridge: Cambridge University Press, 2000. 我国学界的研究也不少，以李云飞最为突出，见其《中古英国庄园制度与乡村社会研究》，暨南大学出版社2014年版。这两部著作都涉及整个领主阶层的农业经营。
② Edward Miller and John Hatcher, *Medieval England: Rural Society and Economic Change, 1086-1348*, London: Routledge, 1978, p. 16.
③ John Raithby et al., eds., *The Statutes of the Realm*, Vol. 1, London, 1811, p. 51.

总面积的一半,土地收入占总数的59%,具体见表1。其中高级教士又拥有教会地产中的绝大部分,他们总共仅有843家,却收入丰厚,堪比贵族。比如温彻斯特主教在英格兰南部有60个庄园,阡陌相连,总面积达十万英亩,年收入达2,000英镑~3,000英镑,是全国主教地产中最大的一个,堪比富裕的大贵族。而修会中则以古老的本笃修会的土地最为丰厚,他们来英格兰最早,一直得到世俗贵族支持,积累了大量财富。该修会以格拉斯顿伯里修道院最为富庶,据统计在13世纪30年代拥有40个庄园,是英格兰西南部最大的领主之一。① 教会领主的土地往往较为集中,上面所举的两个例子便是如此。领主拥有的很多庄园彼此相邻,这在教会大领主中有相当的普遍性。② 相对而言,世俗贵族的地产则分散得多,这与诺曼征服以来君主的统治策略有关。以征服者威廉为例,他对世俗大贵族十分忌惮,因此在分封时做手脚,往往授予某贵族多处地

表1 14世纪初期英格兰教会领主土地收入统计③

领主群体		数量	地产平均年收入	地产总收入	土地总收入所占百分比	土地总面积所占百分比
高级教士	大主教、主教	17	£1,590	£27,000	4.9	6
	修会	826	£194	£160,000	29.3	37
低级教士	获得采邑的小教士	8,500	£16	£136,000	24.9	6
教会领主总计		9,343	£35	£323,000	59	49
所有领主总计		20,593	£27	£546,650	100	100

① Rosemary Horrox and W. Mark Ormrod, eds., *A Social History of England*, 1200-1500, Cambridge: Cambridge University Press, 2006, p. 200.
② David Knowles, *The Religious Orders in England*, Vol. 1. 1214-1340, Cambridge: Cambridge University Press, 1979, pp. 32-33.
③ Rosemary Horrox and W. Mark Ormrod, eds., *A Social History of England*, 1200-1500, Cambridge: Cambridge University Press, 2006, p. 202. 此处对原图做了相应调整。

产,但相隔甚远,这导致以贵族为代表的世俗领主的地产较为分散,远不及教会地产集中。①

二、新的管理经营方式

教会大领主如何管理地产呢?这里主要探讨农业经营,这是大领主最重要的收入来源之一。② 值得注意的是,13世纪教会大领主的农业经营相比以前发生了巨大变化。这突出体现为:很多教会地产的经营方式从出租转向直接经营,从而形成集中经营式农业。在中世纪的英格兰,庄园是领主地产的主要组织形式,庄园的耕地分为领主的自营地(demesne)和农民份地(tenant holdings)。在13世纪以前,教会大领主和世俗领主一样,地产经营的主要方法是将庄园土地承包出租(farming out manors),承包者支付租金即可。但到13世纪,许多领主,特别是教会大领主选择将出租的庄园收回,转为自己直接经营。这对农业经营有着重要意义,意味着教会大领主从单纯的出租者(rentiers)转变为经营者(entrepreneurs)。

这种转变何以能发生?学者们一般认为11至13世纪经济发展的新形势是重要原因。这一时期人口快速增长,1300年的人口相比1086年前后增长了近3倍。③ 人口快速增长使得农业经营变得愈加有利可图:一方面对农产品的需求快速增加,另一方面劳动力更为丰富,工资降低,使得农业经营的劳力成本降低。另外,伴随着

---

① Reginald Lennard, *Rural England 1086-1135: A Study of Social and Agrarian Conditions*, Oxford: Oxford University Press, 1959, pp. 22-39. 当然作者指出世俗贵族地产分散的格局在诺曼征服之前已然存在,但威廉一世强化了这一格局。
② 总体来说,教会大领主收入的来源大致分为三类:农业经营收入、附属市镇的租金收入以及捐赠收入。总体来说,在当时农业经济占绝对优势地位的环境下,农业收入是教会领主收入的最主要来源。
③ Andrew Hinde, *England's Population: A History since the Domesday Survey*, London: Hodder Arnold, 2003, pp. 23-26.

人口和经济增长，原有经营方式面临困境，因为领主出租庄园的租期长，租金也相对固定，跟不上物价上涨的速度，而且政治法律的变化也对领主转变经营方式产生了直接影响。一方面，君主的财政支出迅速增加，故而加强对领主征税，导致后者负担加重。另一方面，12 世纪中叶以来君主不断进行司法改革，普通法兴起，庄园承包人的利益得到相当程度的保护和救济，而领主的土地财产权利则受到限制。因此长期出租土地可能导致领主失去对庄园的有效监管，承包人借此将土地分割转租出去，久而久之庄园自营地面临被分割的危险，领主甚至还会丧失庄园的所有权。这些因素都对领主改变地产经营方式起到了作用。①

在转变经营方式的过程中，教会大领主的表现最为突出。总体来说，他们采取了如下策略。

其一，收回出租的庄园，改为自己经营，并且通过购置等方式扩大自营地范围。例如在 12、13 世纪，温彻斯特主教所属庄园的自营地不断扩大，直到 13 世纪下半叶。在同一时期，伊利大主教将多处地产上的佃户份地购回，转为自营地，而且还将新开垦的沼泽地和林地也并入自营地。② 类似现象在同时期的教会大领主的地产上十分普遍。1301 年，彼得伯勒修道院的 21 个庄园的自营地面积平均为 234 英亩，其中最大的有 560 英亩。1299 年沃斯特主教地产的自营地共有 6,969 英亩耕地，每年有约 4,500 英亩得到耕种。1274 年坎特伯雷大主教地产上有 7,000 英亩是自营地，而 1322 年坎特伯雷基督教堂修道院有 8,373 英亩的自营地，分别在肯特、萨里和埃塞克斯等郡。③ 不少研究也表明 13 世纪各地教会领主自营地的收入都有显著增加。

其二，实践多元的农业经营。中世纪英格兰的农业经济大致包

---

① 李云飞对此有系统概括，见《中古英国庄园制度与乡村社会研究》，第 90—99 页。
② Edward Miller and John Hatcher, *Medieval England*, p. 213.
③ R. H. Britnell, *The Commercialisation of English Society*, p. 116.

括两个方面，一是耕作，出产粮食；二是畜牧，畜养牲畜。前者居于首要地位，但畜牧也占据重要地位，两者结合是中世纪英国农业的显著特点。这种"混合农业（mixed farming）"在盎格鲁-撒克逊时期的晚期已经形成。① 但研究表明，在13世纪不少教会大领主着力发展畜牧业，使得其扩展速度快于农耕，因为前者的发展对于土壤的要求相对较低。畜牧业，特别是养羊业，在很多地区快速发展，形成规模可观的产业。教会的地产相对集中，具有圈养牲畜的独特优势，因此表现得尤其突出。例如1259年温彻斯特主教拥有29,000只羊，1300年温彻斯特主教座堂修道院有20,000只羊，1302年彼得伯勒和克罗兰修道院各自拥有16,300只羊，1322年处于繁荣顶峰时期的坎特伯雷大主教座堂修道院有13,730只羊。西多修会更是以善于畜养羊群闻名当时。早在12世纪末，该修会在英格兰的分支修道院便开始大规模地从事养羊业，产出高质量的羊毛以供出售，到13世纪，一度出口到意大利和低地国家等纺织业中心，到1300年前后，该修会产出的羊毛占全英格兰羊毛出口量的约1/10。②

其三，进行农业投资，集中体现在农业器具上。坎特伯雷大主教座堂修道院是这一时期的典型代表。13世纪中叶该机构在修道院院长伊斯特莱的亨利（Prior Henry of Eastry）的带领下，建造了谷仓等新房舍，购买新谷种，投入更多肥料，改善排水设施，为牲畜购置药品等。据统计，在亨利担任院长的37年时间（1285年—1322年）里，用于修建和维修庄园地产房舍的开销高达3,739英镑。③

---

① 吴于廑：《世界历史上的农本与重商》，载氏著：《吴于廑文选》，武汉大学出版社2007年版，第91—95页。向荣称之为"农牧混合经济"，并对其起源和发展过程有深入论述，见其《敞田制与英国的传统农业》，《中国社会科学》2014年第1期，第190—197页。
② David Knowles, *The Religious Orders in England*, Vol. 1, pp. 70-71.
③ David Knowles, *The Religious Orders in England*, Vol. 1, p. 324.

教会大领主在庄园自营地上进行农业的集中经营，需要大量的劳动力。对领主来说，劳动力主要有三种来源：维兰的劳役（labour services）、全职雇工或长工（full-time workers）以及临时工（labourers）。传统的观点认为，13世纪领主直接经营的趋势明显，之前放松的维兰制或农奴制加强了。这集中体现为：此前普遍折算成货币地租的劳役此时恢复原状，领主更着力于对农奴制及其义务进行界定，维兰的负担愈加沉重。特别是教会大地产，因为领主更为保守，而且地产上往往有更多的维兰，故而这一趋势更为明显。这一趋势甚至被称作"庄园制的反动"（manorial reaction）。① 但近来的研究指出不应该夸大这一趋势，实际上这一时期以劳役为代表的维兰制增强的程度不大，维兰的权益在很大程度上受到传统保护。② 例如亨廷顿郡一直被视作农奴制传统最为深厚的地区，但该地最大的领主拉姆塞修道院在其地产上并未对维兰随意增加劳役地租。③ 而且在不少教会地产上，例如温彻斯特主教和拉姆塞修道院的地产上，较大比例的劳役直接折算成了货币地租，而在圣奥尔本斯修道院的地产上，劳役到13世纪上半叶则基本消失了。④ 折算现象（commutation）可能是由双重原因造成的：一是劳役带有强迫色彩，效率较低，不太受到欢迎；二是这一时期人口过剩，劳动力供应充足，雇佣劳动的成本更低，折算可能反倒更为经济。折算现象的普遍存在也说明雇佣劳动的大量存在，这是领主自营地经营的重要劳动力来源之一。

就教会大领主而言，13世纪农业经营最大的变化之一便是市场化趋势愈加明显，这与他们自身独特的优势有关。相比于小领主

---

① Edward Miller and John Hatcher, *Medieval England*, pp. 211-213.
② John Hatcher, "English Serfdom and Villeinage: Towards a Reassessment", *Past & Present*, 1981, 90, pp. 3-39.
③ Mingjie Xu, "Villeinage in Huntingdonshire in the Thirteenth and Early Fourteenth Centuries", Subject Essay for MPhil in Medieval History, the Faculty of History of the University of Cambridge, pp. 11-15.
④ Edward Miller and John Hatcher, *Medieval England*, p. 222.

或农民，教会大领主的自营地农业规模更大，能够产出更多的剩余农产品，进而在市场出售。具有市场化特征的领主自营地农业以谷物产品为主。比如在温彻斯特主教的地产上，出售的农产品占到了领主自营地产出的三分之一到二分之一。这些产品主要是小麦、大麦、燕麦、黑麦等谷物，有的在地方出售，其他则运往距离较远的地区，例如伦敦，甚至出口海外。① 除此之外，农业经营的其他产品，比如牲畜和林木，也可能进入市场，其中最突出的是养羊业，常常给教会大领主带来相当可观的收入。上文提到温彻斯特主教地产和西多教会地产从事养羊业，规模很大，有相当比例的羊毛原料销往海外。在13世纪，有组织的、以商业为导向的农业生产达到相当规模，这在教会大地产上体现得最为突出，这与当时英格兰甚至西欧商业经济的发展密切相关。最近很多学者，比如布瑞内尔、坎贝尔特别关注商业化对农业的影响，强调当时的经济和社会已经相当商业化，农业也在很大程度上成为商业化经济的一部分。②

大规模的农业经营还需要较高水平的农业技术与管理方法。在中世纪盛期，英格兰的农业技术有明显的进步，集中体现于13世纪的农书《亨莱的沃尔特之农书》（*Walter of Henley's Husbandry*），该著作对于农业技术和规划的各个方面都有详细论述。③ 虽然这部著作出自世俗人士之手，但其中大多数农业技术在教会庄园上也或多或少得到了实践。相比而言，在教会大领主的地产上，农业经营管理的提升显得更为突出，体现在两个方面：第一，派遣专门人员

---

① Edward Miller and John Hatcher, *Medieval England*, p. 225.
② R. H. Britnell, *The Commercialisation of English Society*, pp. 115-127; B. M. S. Campbell, "Measuring the Commercialisation of Seigniorial Agriculture", in *A Commercialising Economy: England 1086 to c. 1300*, pp. 132-193.
③ 伊·拉蒙德、W. 坎宁安编：《亨莱的田庄管理》，商务印书馆1995年版。中文译本将"husbandry"翻译为"田庄管理"不太准确，因为该词的原意是"耕作、畜牧养殖"，引申出"农业资源管理，甚至农业"的意思。因此翻译为"田庄管理"过于狭窄，而且该著作包括农业技术和规划等多方面内容，跟中国古代的农书有相似之处，不妨翻译为农书。

从事庄园地产的经营管理,包括管家(stewards)、庄头与执行员(reeves and bailiffs)、财务员(cellarer),注重对庄园收支的管理与监督(treasury and auditing);第二,编制账簿(accounts and custumals),包括庄园法庭档案,这是当时地方庄园档案的核心内容。从事自营地直接经营,加强农业管理,这在当时的领主阶层中是普遍现象,但教会大领主则表现得更为突出,不仅实践最早,而且效果更佳。就庄园档案的状况来看,可谓一目了然。一方面,这一时期最早的庄园档案出自教会大领主,例如温彻斯特主教;另一方面,这一时期编撰最完整、最细致的庄园档案大多数也出自教会大领主。这出于两点原因:其一,教会大领主地产更多,在管理上有更高要求,因此对记录也有更高要求;其二,教会大领主有进行档案编撰的人力条件,因为教士文化水平较高。在这一时期,以教会大领主为代表的领主群体开展了加强庄园管理的运动,该运动影响很大,有学者称之为"管理革命"(managerial revolution)。①

综上可见这一时期教会大地产在农业经营方面的进步。在 13 世纪,英国的农业朝精耕方向发展,其中教会大地产表现最为突出。这种直接经营甚至体现了诸多近似资本主义的特征:不仅实行较大规模的农业生产,采用雇佣的方法满足劳动力需求,而且有农业投资,并与商业化的经济融合,还有较高水平的农业技术与管理方法。其中还可以看到教会领主作为经营者对农业生产的参与,体现了相当程度的革新与进取精神。

三、教会大地产经济的局限与衰落

教会大地产的农业经营带有一定程度的资本主义特征,与近代的农业资本主义有颇多近似之处。这对我们审视 13 世纪英国的经

---

① Edward Miller and John Hatcher, *Medieval England*, pp. 188-197, 212-213.

济发展是有意义的。其一，这说明当时的农业经济达到了相当水平；其二，说明封建经济发生了很大变化。传统的研究往往强调教会是保守的，其经营的地产是封建领主经济的典型代表。但通过研究可以发现，这一时期的教会大领主的地产经营具有二元特征，一方面确实呈现出保守特征，包括农奴制等传统制度很大程度上得到保留甚至强化，但另一方面又体现了积极进取的精神，其农业经营很大程度上融入到了当时商业化的经济之中。被视为保守的教会大领主都是如此，可见当时领主制经济整体发生的变化。

教会大地产经济在13世纪盛行一时，但随后很快衰落，未能成为英国资本主义农业的先行者。这是为什么？其根源在于教会的大地产经济有诸多局限，特别是同近代的资本主义农业相比。按照马克思的解释，农业资本主义发展有四个关键因素：农业资本家出现（富农和农场主）、自由的农业雇工阶级形成、资本以及社会环境的变化。按照这些标准，中世纪教会大地产农业存在诸多不足。

其一，教会大领主虽说从事农业的直接经营，但这种角色是有限的。一方面，很多领主同时也是租地者，他们从未放弃通过出租土地来获得租金。而且即便在13世纪自营地直接经营极度流行之时，出租土地的现象也十分普遍。这在教会大领主的收入结构上有突出体现。例如1288年温彻斯特主教的地产收入共计3,600英镑，租户租金占53%，超过自营地农业经营收入。1298年—1299年伊利主教的总收入为3,500英镑，其中1,700镑来自租户地租，也多于自营地农业经营收入。① 而且整体而言，从13世纪下半叶开始，教会大领主地产的自营地收入比重下降，而地租收入比重上升，可见他们的租地者身份日渐凸显。另一方面，受到宗教身份的限制，世俗经营毕竟不是教会人士的最高理想，因此他们从事农业直接经营的动机并不充分，因而表现得更为克制，不像后世的资本主义农场主那样专注且贪婪。

---

① Edward Miller and John Hatcher, *Medieval England*, p. 201.

其二，就劳动者来说，虽说这一时期的教会大领主已经较多地采用雇佣劳动，很多农民为领主做工，但整体而言农民的自由仍然受限，要承受农奴制和领主制的各种限制。

其三，这一时期的教会领主虽然在农业经营中投入资本，但仍然很少，而且大多用于基础设施和农业管理，对于农业技术的投入非常有限。不少研究说明，很多教会大领主热衷进行农业投资，投资总额颇大，但实际的投资回报率却不高，一般不超过6%。① 如此低的资本回报率也影响了劳动生产率的提升。学界普遍认为，中世纪的农业劳动生产率不高，土地的亩产量较低，而且到13世纪下半叶则出现了停滞甚至下降的趋势，这在教会大地产上有显著体现。② 领主自营地的农业生产率可能还低于农民份地，因为在份地上农民的劳动积极性更高，而且实行精耕细作，而领主地产面积广，农业生产更为粗放。③ 劳动生产率较低可能是自营地直接经营的潮流从13世纪下半叶开始逐渐退却的关键原因。

最后，当时的经济社会环境也使得教会大地产农业经营难以突破各种瓶颈。概括来说有两点：第一，生产方面存在制度限制。教会大领主属于权威阶层，他们垄断了很多土地，因而不愿意实践新的生产方法。即便他们参与农业直接经营，改进管理方式，其最终目的也是巩固领主权，而不是获取资本主义式的盈利。④ 当时乡村社会的状况也很特殊。一方面，农奴制依然存在，很多农民并不自由；但另一方面，农民又有相当高的组织性，比如乡村共同体

---

① R. H. Hilton, "Rent and Capital Formation in Feudal Society", in R. H. Hilton, *The English Peasantry in the Later Middle Ages: The Ford Lectures for 1973 and Related Studies*, Oxford: Oxford University Press, 1975, p. 186; M. M. Postan, "Investment in Medieval Agriculture", *The Journal of Economic History*, 1967, 27, p. 579.

② M. M. Postan, "Medieval Agrarian Society in Its Prime: England", in M. M. Postan et al., eds., *The Cambridge Economic History of Europe*, Vol. 1, Cambridge: Cambrige University Press, 1966, 2nd ed., pp. 556-559.

③ 李云飞：《中古英国庄园制度与乡村社会研究》，第108—114页。

④ B. M. S. Campbell, *English Seigniorial Agriculture*, pp. 414-424.

(village community) 的力量很强,他们可以诉诸传统来抵制甚至对抗领主侵犯其利益的行为。到近代,这一局面则逆转过来,虽然农奴制衰落,农民获得了自由,但乡村共同体等农民的组织力量衰落了,因而无法对抗领主阶层的圈地运动。① 第二,需求方面也存在重重限制。当时经济整体并不发达,特别是商业和城镇还比较弱小,再加上 13 世纪下半叶英格兰出现了人口过剩的趋向,很多居民陷入贫困的境地,导致需求不足。因为商业化程度不足,土地租金难以提升,投资回报率也就不高,故而领主投资农业的积极性也十分有限。② 迪莫克也说,1100 年—1300 年英国的经济确实在很多方面都有发展,比如商业化等,但这更多的是封建经济量级层面的进步,并没有质变到资本主义。③

正是因为这些限制,集中经营的农业实践困难重重,因此到 13 世纪下半叶,此前教会大领主纷纷踊跃从事直接经营的景象衰退了,许多教会领主放弃了部分自营地的经营,转而出租出去。而到 14 世纪中叶,随着人口危机的出现,劳动力成本快速上升,但需求却下降,使得农业经营不再有利可图,教会领主陆续放弃自营地的直接经营,由此他们不再是农业经营者,而成为纯粹的出租地主。到 15 世纪末,资本主义农场在英国出现,不过这时的经营者却换成了富有进取精神的富裕农民,这便是英国近代农业资本主义的源头。

综上所述,本文认为 13 世纪英国教会大地产的农业经济虽然带有一定程度的资本主义特征,但其本身存在明显不足,而且又受到当时的各种经济社会条件限制,并未能催生出农业资本主义。对于这一时期教会大地产农业经济的水平,甚至英国农业经济的整体水平不应做过高评价。

---

① John Hatcher, "English Serfdom and Villeinage", *Past & Present*, 1981, 90, pp. 3-39.
② B. M. S. Campbell, *English Seigniorial Agriculture*, pp. 424-430.
③ Spencer Dimmock, *The Origin of Capitalism, 1400-1600*, Leiden: Brill, 2014, pp. 128-132.

延续与更新:略谈加尔文的政治思想

夏洞奇

(复旦大学历史学系)

【摘　要】加尔文在政治思想史上的重要性超越了首倡宗教改革的马丁·路德。在加尔文的政治思想中,包含着诸多延续拉丁基督教传统的因素,与奥古斯丁的思想是一脉相承的,其中最能体现与中世纪天主教传统之断裂性的,仅限于教会学的领域中。宗教改革时期的政治思想同时显示出了"延续"与"更新"的双重面相。

【关键词】加尔文;政治思想;教会学;宗教改革

奥古斯丁的社会政治思想在中世纪影响巨大,代表了天主教政治文化传统的主流。西方基督教传统的实质性变化发生于16世纪的宗教改革。由马丁·路德率先发起的宗教改革造成了基督教历史上的一次范式转变,也在西方的政治思想史上留下了长久的烙印。

尽管宗教改革构成了基督教历史上最重要的分水岭,但宗教改革并不意味着整个基督教文化传统的彻底断裂。正如著名政治思想史专家萨拜因所论,无论是天主教还是新教,所因袭的都是同一种基督教传统、同一种欧洲政治经验,各个教派的学者都分享了同一个思想渊源。① 尤其值得指出的是,在相当大的程度上,16世纪的宗教改革是一场深受奥古斯丁主义影响的思想运动。正如著名的宗

---

① 乔治·萨拜因:《政治学说史》(第四版)下卷,邓正来译,上海人民出版社2010年版,第28页。

教改革研究权威麦格拉斯所论，产生宗教改革运动的思想背景，正是对奥古斯丁的重新重视。①

16世纪宗教改革运动的两大领袖和理论家，分别是德国的路德和日内瓦的加尔文。下文将先对路德的经历与思想进行简要的介绍，然后重点分析加尔文的社会政治思想。正如奥古斯丁并非专门的政治理论家，路德和加尔文同样并不认为自己是政治家，而是始终以神学家自居。他们并未提出一整套的政治哲学或政治学理论。不过，他们都在宗教改革的实际情境中提出了相当具体的政治建议，甚至还参与了政治活动。② 可以说，正如中世纪不曾产生过"天主教政治理论"，宗教改革运动也没有产生"新教政治理论"，而只有一种适应某个宗教群体之处境的较为一贯的政治主张。③

一、马丁·路德开创宗教改革

路德于1483年生于德国图林根地区的小镇艾斯勒本。他的父亲是一个勤劳致富的铜矿业主。1501年，按照父亲的培养计划（成为律师），路德进入爱尔福特大学读书。1505年，路德在一次外出时猝遇大雷雨，在惊恐中发愿当一名修士。随后，他违背父亲的意愿，加入了爱尔福特的奥古斯丁会修道院。1507年，他被任命为神父。1512年，他获得选帝侯智者腓特烈新建的维滕堡大学的神学博士学位，并接替了奥古斯丁会的上司施道比茨的圣经研究教席。在深入研读圣经经文的过程中，路德的神学观点发生了一次彻底的改变。对于这次思想突破的性质和具体时间，学界至今尚有

---

① 阿利斯特·麦格拉斯：《宗教改革运动思潮》，蔡锦图、陈佐人译，中国社会科学出版社2009年版，第190页。
② Duncan B. Forrester, "Martin Luther and Johan Calvin", in Leo Strauss and Joseph Cropsey, eds., *History of Political Philosophy*, Chicago: University of Chicago Press, 1987, 3rd ed., pp. 318-319.
③ 乔治·萨拜因：《政治学说史》（第四版）下卷，第28—29页。

争议。①

1517年10月,针对台彻尔在维滕堡一带推销"赎罪券"的行为,路德致信美因茨大主教阿尔伯特表示抗议,并且为辩论之需而撰写了《九十五条论纲》。大主教将此事向罗马教廷报告。1518年,教廷代表卡耶坦前来审问,但路德坚持批判赎罪券的立场。在1519年的"莱比锡辩论"上,知名神学家艾克迫使路德承认教皇与教会的大公会议均有可能犯错误,迫使他倒向了波西米亚的胡斯的被裁定为异端的立场。接着,路德一度向人文主义者的立场靠拢。1520年,他以德文发表了《致德国基督教贵族公开书》《论教会的巴比伦之囚》以及《论基督徒的自由》,批判了天主教会的体制,强调了信徒的自由和责任。1520年6月,路德公开焚烧了教廷的诏书,拒绝收回自己的观点。1521年1月,路德受到教会的绝罚,并被传召前往沃尔姆斯帝国议会。此时他仍然坚持自己的立场,处境越来越严峻。关键时刻,选帝侯智者腓特烈为他提供了保护,让他在瓦特堡藏身了八个月。1522年,路德重返维滕堡领导改革运动。此时,他的思想已经广为流传,宗教改革运动已经发动起来。②

接下来的几年中,路德致力于一系列的改革计划,修订了教会的礼仪,将圣经翻译为德文,还撰写了两部教理问答。1525年,路德与伊拉斯谟发生了争论,导致其与人文主义者的决裂。面对1525年德国农民战争的威胁,路德不得不站在地主的立场上批判起义的农民。更重要的是,为了圣餐仪式中的"真实临在"问题,路德与瑞士的宗教改革家茨温利发生激烈争论,最后导致了路德宗与归正宗的决裂。1527年,路德身患重病,随后与曾为修女的伯拉的凯瑟琳结婚。1546年,路德病逝。③

在1520年的《致德国基督教贵族公开书》中,路德否定了中

---

① 阿利斯特·麦格拉斯:《宗教改革运动思潮》,第84—85页。
② 阿利斯特·麦格拉斯:《宗教改革运动思潮》,第85—87页。
③ 阿利斯特·麦格拉斯:《宗教改革运动思潮》,第87—88页。

世纪以来区分"属灵阶级"与"属世阶级"的观念,提出了"信徒皆祭司"的观点。他主张,无论是教士还是平信徒,所有的基督徒都是平等的,唯一的差别是在承担不同的职能上。① 作于1523年的《论世俗权威》一文,是路德关于政治问题的最重要论述。在他的社会政治思想中,中心性的概念是"两个国度":"属神的国度"是上帝之道与圣灵所引导的,真正的基督徒完全按照信仰与道德而行事,完全不需要任何的法律来规范;"属世的国度"则是由君王、贵族和官吏们来统治的,是靠着刀剑与法律来治理的。他认为,一般的受洗群众并非真正意义上的基督徒,因此不能期望仅仅以耶稣的"登山宝训"来管理整个社会。根据这样的认识,在基督教社会之中,圣灵和刀剑是并行不悖的:个人层面的基督教伦理应当体现"登山宝训"的爱的诫命;而社会层面的政治伦理则是通过世俗统治者的刀剑和法律来实施的。②

正如著名思想史家昆廷·斯金纳所论,路德的神学具有两项重要的政治含义:其一,它否定了作为一个特殊阶级的教会对于整个基督教社会的管辖权,尤其是对于世俗事务的管辖权;其二,为了填补相应的权力真空,路德极力扩大了世俗政府的权力范围,将包括宗教管理权在内的一切强制权力都交给了世俗政府,强调基督徒在任何情况下均不得反抗政府。③

值得指出的是,路德的社会政治思想缺乏充分的清晰性,只是一场"有限与不足的实验"。后来,他又因为过度地牺牲了宗教相对于国家的自由而深受诟病,甚至受到"失败主义""无为主义"

---

① 全文载李勇译:《路德三檄文与宗教改革》,上海人民出版社2010年版,此处见第32—37页;本文在该译本中被称为《论德国基督徒的尊严》。
② Martin Luther, *On Secular Authority: How Far Does the Obedience Owed to It Extend?* 3-4, in *Luther and Calvin on Secular Authority*, Harro Höpfl, ed. and trans., Cambridge: Cambridge University Press, 1991, pp. 8-13.
③ Quentin Skinner, *The Foundations of Modern Political Thought*, Vol. 2, Cambridge: Cambridge Univeristy Press, 1978, pp. 12-19.

的批判。① 应当说，路德的政治观念初步反映了宗教改革时期的新方向，但远未达到丰富、完善的程度。

二、加尔文对宗教改革的贡献

约翰·加尔文是第二代宗教改革家中的翘楚，是至今仍然在新教中具有举足轻重影响力的加尔文宗（归正宗）教会传统的主要奠基人。正如麦格拉斯所说，加尔文已是欧洲历史长河中影响深远的人物：在现代的曙光初露之际，也正是西方文明开始形成自己特有的形式之时，加尔文改造了西方的个体与制度。② 另一位研究宗教改革的权威学者奥兹门特则指出，是加尔文的《基督教要义》给予了宗教改革最典雅的神学表达，是加尔文所领导的日内瓦教会给予了宗教改革最规范的制度形式。③

同样身为新教改革运动中的主要理论家，路德和加尔文的神学思想既有可见的区别，又有根本上的共性。可以说，路德和加尔文具有广泛的共同性和大体的一致性。④ 不过，无论是就对后世新教发展史的影响而言，还是就其思想观念的体系性、深刻性而言，约翰·加尔文都明显地超越了首倡宗教改革的马丁·路德。尽管加尔文本人从未以政治家自居，他认为自己的任务在于宗教领域，针对的是宗教方面的而非政治上的改革⑤，但难以否认的是，在社会政治思想的领域中，加尔文的思考在广度和深度上都超出了路德。学

---

① 阿利斯特·麦格拉斯：《宗教改革运动思潮》，第219页。
② 阿利斯特·麦格拉思：《加尔文传：现代西方文化的塑造者》，甘霖译，中国社会科学出版社2009年版，序言第1页。
③ Steven Ozment, *The Age of Reform 1250 - 1550: An Intellectual and Religious History of Late Medieval and Reformation Europe*, New Haven: Yale University Press, 1981, p. 372.
④ Duncan B. Forrester, "Martin Luther and Johan Calvin", in Leo Strauss and Joseph Cropsey, eds., *History of Political Philosophy*, p. 319.
⑤ 刘林海：《加尔文思想研究》，中国人民大学出版社2006年版，第173页。

界普遍认为，加尔文所领导的改革运动在社会上、政治上比路德的宗教改革更有进步性。① 可以说，路德只是从个人层面上构想基督教信仰，而加尔文等第二代的宗教改革家则更多地从团体层面上思考了基督教信仰的存在。② 或者说，与路德相比，加尔文更是一位法律主义者和威权主义者。③

继承了国家与教会在基督教社会中保持平行的中世纪立场，路德与加尔文都坚持国家具有双重职能，既对世俗社会负有义务，又对教会负有职责。他们都坚持了教会和国家的独立性。他们的分歧主要集中于教会的外在组织形式。路德允许世俗政权组织教会的外在形式，而加尔文强调教会的组织形式必须以圣经为原则。④ 刘林海过于从实用主义的角度来理解宗教改革时期的社会政治思想，认为政治上的实用主义是多数宗教改革者，尤其是加尔文的特征。⑤ 但值得深入思考的是，路德与加尔文在社会观点上的差别并非偶然。政治观念上的这种差异，其实可以追溯至两者不同的神学立场。正如萨拜因所论，路德同罗马决裂的实际结果是世俗政府本身成了改革的代理人和裁断改革应当为何的仲裁者；由于加尔文不具有路德那种注重内在宗教体验的倾向，所以他对各种世俗制度给予了较高的评价，认为它们是"外在拯救手段"中的一部分。⑥

1509 年，加尔文出生于法国的小城努瓦永。他的父亲为当地的主教管理财务，经济状况较好，有条件供养加尔文接受良好的高等教育。约在 1523 年，加尔文进入当时欧洲最著名的学府巴黎大学读书。在接受严格的文科教育后，他又在 1528 年前后前往民法学的重镇奥尔良大学学习民法。1529 年，加尔文又转学布尔日大

---

① Steven Ozment, *The Age of Reform 1250-1550*, p. 372.
② 阿利斯特·麦格拉思：《加尔文传：现代西方文化的塑造者》，第 166 页。
③ 乔治·萨拜因：《政治学说史》（第四版）下卷，第 36 页。
④ Duncan B. Forrester, "Martin Luther and Johan Calvin", in Leo Strauss and Joseph Cropsey, eds., *History of Political Philosophy*, pp. 327-330.
⑤ 刘林海：《加尔文思想研究》，第 181 页。
⑥ 乔治·萨拜因：《政治学说史》（第四版）下卷，第 34、38 页。

学，深受"法律人文主义"的影响。1531年，由于父亲病逝，他重新返回巴黎，在思想上日益接近宗教改革派。1533年，巴黎大学校长科普发表演讲，公开支持路德的"因信称义"教义。加尔文很可能参与了这篇演说稿的编写，不久之后就被迫逃离巴黎，前往瑞士的新教城市巴塞尔。1536年，《基督教要义》的第一版在巴塞尔问世，系统而清晰地阐明了基督教信仰的要点。该书对以后的宗教改革运动产生了极大的影响，被广泛视为宗教改革运动中出现的最伟大著作之一。① 在随后的二十多年里，加尔文又多次系统地修订和扩写《基督教要义》，其中最有影响的是1559年在日内瓦出版的拉丁文版。②

1536年初，加尔文计划前往已经投身于宗教改革的城市斯特拉斯堡定居。由于战争的阻隔，加尔文被迫绕道，在途经刚刚获得独立的日内瓦时，受到法雷尔等人的邀请，遂在日内瓦停留下来，为宗教改革的事业出力。加尔文试图改革日内瓦的教义和教规，结果受到强烈的抗拒。1538年，加尔文遭到驱逐，逃亡至斯特拉斯堡。在斯特拉斯堡期间，他写作了一系列神学著作，并且通过与当地的宗教改革家布塞的友谊，深入思考了城市与教会的关系。1541年，由于日内瓦宗教和政治局面的恶化，日内瓦方面再次邀请加尔文前往领导改革。重返日内瓦的加尔文已经拥有了更多的智慧和经验，有能力承担面前的重任。虽然在很长一段时间里，日内瓦仍然有一股反对改革的力量，但加尔文的控制力逐步增强，最后掌握了对当地宗教事务的决定权。加尔文在日内瓦设立了宗教法庭以强化教会的教规，还创立了日内瓦学院，培训归正宗教会的神职人员。1553年，塞尔维特被加尔文指控为异端，最后被判处火刑。此事成为加尔文一生中的一个污点。1564年，加尔文在日内瓦与世长辞。③

---

① 阿利斯特·麦格拉斯：《宗教改革运动思潮》，第92—93页。
② 阿利斯特·麦格拉斯：《加尔文传：现代西方文化的塑造者》，第138—145页。
③ 阿利斯特·麦格拉斯：《宗教改革运动思潮》，第93—95页。

在历史上,加尔文的名字与日内瓦紧紧地联系在一起。可以说,加尔文在日内瓦奋斗了三十载,努力将这座城市打造为符合他的理想的基督教共和国。是加尔文与日内瓦的互动,塑造了加尔文主义的基本特征。或者说,加尔文是织工,而日内瓦就是他的织机。①

三、延续基督教传统:加尔文论政治权威

正如刘林海所指出的,加尔文与近代西方政治的关系一直是学界研究的热点。得到普遍认可的是,加尔文对近代西方民主政治有很大影响;至今未曾取得共识的是,如何定位加尔文对于近代民主政治的影响。有的学者相信,加尔文的教会体制对后来的自由和民主思潮影响巨大;但也有人批判加尔文,认为他是独裁者,是民主政体的敌人。②

路德对属灵、属世两个国度的区分,在实践上扩大了世俗统治者的权威,在理论上却贬低了政治与社会生活对于基督教信仰的内在意义。与路德相比,加尔文站在神学的高度上激励了社会与政治意义上的能动主义与积极态度。③

与路德的观念在形式上相似的是,加尔文的社会政治思想同样是从对两类权威的区分开始的。加尔文将基督教社会中的公共权威划分为两类:其一是属世的政府,其二是属灵的政府;两者在本质上不同,不可混为一谈。④ 与中世纪以来的"双剑"理论一脉相承,他清楚地意识到了两种公共权威的差异与分工。所谓"属灵的政府",指的是教会的权威,而所谓"属世的政府",也就是关于属

---

① Willam G. Naphy, "Calvin and Geneva", in Andrew Pettegree, ed., *The Reformation World*, London: Routledge, 2001, p. 309.
② 刘林海:《加尔文思想研究》,第172—173页。
③ Steven Ozment, *The Age of Reform 1250-1550*, pp. 374, 379-380.
④ 加尔文:《基督教要义》,4.20.1。

世的公正与外在道德的政府。

对于属世政府的地位，他采取了"既要反对左，又要反对右"的辩证态度。一方面，基督徒的正确政治立场应当"反对右"，即不能过分地称赞君王的权威，甚至毫不犹豫地以其对抗基督教上帝的统治。另一方面，加尔文极力强调，"更主要的是防止左"。他指出，切不可将"基督徒的自由"理解为一切属世的权柄都会损害基督徒的自由。某些基督徒认为，不应该有法庭、法律和官员，否则他们的自由就没有保障。然而，根据圣经明确的教导，基督赐给信徒的恩典是属灵的，神应许给信徒的自由，仅限于神所限定的范围。虽然保罗要求基督徒不可再被"奴役的轭"辖制，但是，保罗也指出上帝之国里并不区分自由人和奴隶，因此属灵的自由和属世的奴役是可以共存的。因此，保罗的观点应当被理解为：在社会中的地位并不是最重要的，在哪一个国家的法律之下也不是最重要的，因为基督之国并不在乎这些事。① 有的基督徒以为属世的统治方式是与基督的福音互不相容的，这不仅显示出无知，还显示出了傲慢。② 总之，加尔文认为，对基督徒而言，属灵的自由与属世的政府属于两个不同的范畴，并不是相互矛盾的。

加尔文驳斥了利用基督教信仰来为无政府主义张目的那种论调。有一些狂热分子声称，那些污秽、属世的事情与基督徒毫无关系，是与基督之国不相称的。加尔文指出，属世的政府是与属灵的政府毫无冲突的。尽管属灵的政府已经开始在信徒的心中发挥作用，但是当信徒们仍然在尘世中为客旅时，属世的政府也符合神预定的目的，它能够保护信徒对神外在的敬拜，维护正统的基督教教义和教会的地位，促进信徒与世俗之人的和谐，促进普遍的和平。在尘世中为客旅的基督徒需要世俗政府的帮助，不应当幻想人所无法达到的完美状态，不能指望人能够完美到仅凭教会的治理就足以

---

① 加尔文：《基督教要义》，4.20.1。
② 加尔文：《基督教要义》，4.20.5。

限制恶人的悖逆。①

对于属世政府的作用,加尔文给予了相当正面的肯定。他指出,假如没有属世的政府,就会导致一个野蛮的世界。事实上,政治权力与食物、水、太阳和空气同样重要,甚至比它们地位更高。政府不仅叫人能够呼吸、吃、喝、保暖,维护社会的治安,保护财产的权利,保障人与人之间的贸易,还禁止偶像崇拜,禁止亵渎神的圣名,防止公开冒犯信仰的行为。总之,政府确保基督徒能公开表达信仰。② 概括而言,属世的政府能够在维护外在的社会秩序、保障内在的基督教信仰这两个方面发挥十分重要的作用。

加尔文分别就官员、法律和国民这三大方面,论述了他对于属世政府的态度。他强调了基督徒对于政府官员的服从。官员是神的代表,在某种意义上代替神统治人。在地上管理万有的权威在君王和统治者的手中,这是符合神的命令的。正如保罗所说,"凡掌权的都是神所命的""没有权柄不是出于神的"。③ 所以,任何人都不要怀疑,属世的权威乃是神的呼召,是合乎基督教信仰的要求的。④ 因此,基督徒不该反对做官的人,不该反抗神所设立的政府。⑤

与此同时,对于官员而言,宗教信仰也应当构成一种自我的约束。官员的职责应当以信仰为起点。那些只在乎人的一时需要,却对神的权威置之不理的法律是荒谬的。基督徒的君王和官员理当努力维护神的荣耀,这是神特别交付给他们的责任。加尔文相信,自古以来所有的哲学家都把信仰放在第一位,历史上所有的国家都坚持这共同的立场。⑥

---

① 加尔文:《基督教要义》,4.20.2。
② 加尔文:《基督教要义》,4.20.3。
③ 《罗马书》13:1。
④ 加尔文:《基督教要义》,4.20.4。
⑤ 加尔文:《基督教要义》,4.20.7。
⑥ 加尔文:《基督教要义》,4.20.9。

对于身为基督徒的官员们来说，信仰意味着沉甸甸的责任。根据神的命令，官员要保护他的百姓，为他们伸冤，维护社会的节制、端正和治安。可以说，官员的唯一目的就是要保护人民的和平与安全。① 加尔文告诫说，官员们应当牢记自己的权位来自神，身为神的代表，应当对仁慈和公义念念不忘，不可做出不公正的判决，发出邪恶的命令。②

政府在司法当中所采取的强制手段，并不违背基督教的仁爱伦理。加尔文认为，官员在做出判决时，乃是在施行神的审判，并不属于伤害他人的不当行为。只要官员在神的权威下行事，就永远不会违背真道。正如保罗所说："他不是空空地佩剑。他是神的佣人，是伸冤的，刑罚那作恶的。"③ 因此，统治者应当努力地履行他们的职责，只有这样才能得到神的喜悦。根据圣经的教导，真正的公义等于用刀剑追赶罪人和不敬虔的人。不应该刀剑入鞘，拒绝流人的血，任凭恶人大肆杀戮。如果那样做，不但不是善良的表现，反而会被神视为极大的邪恶。同时，应当拒绝鲁莽、残忍的惩罚。仁慈是君王最好的谋士，是王位最可靠的护卫。所以，官员应当同时留意两个方面：既要避免过分的严厉，造成伤害的人比医治的人更多，又要反对假冒为善的仁慈，残忍地放任许多人遭到毁灭。④

加尔文肯定了政府在征税和财政方面的正当权力。政府要求人民纳税是合法的。无论是公共行政的费用，还是修建殿堂的开支，都是正当的。不过，政府的财政权力同样要以基督教伦理为准则。加尔文告诫君王们，政府所征收的税，并非私人的财产，而是全体人民的财产。对税的滥用，是非常不仁义的。统治者也应当记住，各式各样的税都是为了人民的需要而征收的，所以无故的横征暴

---

① 加尔文：《基督教要义》，4.20.9。
② 加尔文：《基督教要义》，4.20.6。
③ 《罗马书》13：4。
④ 加尔文：《基督教要义》，4.20.10。

敛，无异于残暴的敲诈。①

自奥古斯丁以来，主流的基督教政治观念传统向来不太关切在古典政治思想中居于中心位置的政体问题。在某种意义上，只有基督教社会不可接受的政体，却没有真正基督教的政体、真正意义上的基督教国家。秉承这一传统，对于何为基督教社会中的理想政体这个重要问题，加尔文也没有明确表态。他认为，哪种政府最适合一个国家，这是一个不好解答的问题。判断哪种政体最好是非常困难的，因为每种形态各自都有优点和缺点。沿袭自从亚里士多德以来的传统政体学说，他认为君主制容易变质为独裁，贵族制容易变成派系斗争，而民主制容易造成暴乱。综合起来考虑，贵族政治或者某种贵族政治和民主制的混合是最优越的，最好的统治方式是多人共同统治，让他们相互帮助、相互约束。对人民来说，最好的政府心态就是某种以节制约束自由的组织。政府官员应当尽力维护人民的自由，防止它被减少、被剥夺。总之，哪种政体最适合，这完全取决于各个国家具体的状况。或者说，神为不同的国家安排了不同的统治形态。②

按照萨拜因的观点，加尔文的政治信念在总体上是贵族制而非君主制的。③ 他认为，其实加尔文派并不具有自由主义、立宪主义或代议制原则的倾向。在可以自由活动的地方，它就发展成了一种别具一格的神权政治，亦即一种由牧师和贵族结成的联盟所实施的寡头统治。④ 应当指出，萨拜因的观点强调了加尔文对于"较好"的政体的倾向性，却没有充分注意到加尔文并未预设"理想"的基督教的政体。

对于是否存在正义的战争这个思想史上的老问题，加尔文的回答也是相当符合基督教政治思想的主流传统的。与《旧约》相比，

---

① 加尔文：《基督教要义》，4.20.13。
② 加尔文：《基督教要义》，4.20.8。
③ 乔治·萨拜因：《政治学说史》（第四版）下卷，第42页。
④ 乔治·萨拜因：《政治学说史》（第四版）下卷，第37页。

《新约》中的一些经文具有相当明显的和平主义倾向。但是加尔文并未因此否定正义战争的可能性。按照他的解释，虽然《新约》没有提到任何战争的例子，但基督的降临并未改变《旧约》在这方面的教导，在古代进行战争的理由并未被取消。只不过，统治者应当特别谨慎，以免放纵自己的怒气。任何国家都不可轻率地发动战争。① 他比较深入地为所谓的正义战争设置了条件。君王和人民有时必须为了公开地伸冤而作战。神所给予的权柄是维护自己国家的和平，包括镇压不安分者的暴动，帮助被压迫的人，惩罚恶行。因此，当整个国家的和平受到威胁时，就必须坚决地采取行动。如其所言，少数强盗的行径应当受到惩罚，难道应当容忍强盗攻击整个国家而不受惩罚吗？不论君王还是百姓，都没有权利去侵略另一个国家。基督徒必须把他们视为强盗，惩罚他们。因此，正义和职责都要求君王在本国遭到外国攻击时，以战争保护本国。总之，根据圣经的要求，这样的战争是合乎基督教信仰的。②

与官员的权威和职责相对应的，是臣民的义务与服从。加尔文强调，臣民对统治者最主要的本分，就是真诚地敬畏他们，将他们当作神的使者和代表。臣民既然尊敬统治者，就应当证明自己的服从，包括纳税、担任公职、服兵役以及执行各种命令。③ 正如保罗所强调的，"抗拒掌权的就是抗拒神的命"④。

与奥古斯丁的立场类似，加尔文同样认为，臣民对政府的服从甚至应当包括对邪恶统治者的服从在内。他承认邪恶统治者经常存在的事实。统治者可以被描述为一国之父、百姓的牧人、平安的保佑者、公义的保护者。然而，在每个时代都有放纵、自私、贪婪甚至像强盗一样的统治者。⑤ 尽管如此，基督徒仍然应当服从一切在

---

① 加尔文：《基督教要义》，4.20.12。
② 加尔文：《基督教要义》，4.20.11。
③ 加尔文：《基督教要义》，4.20.22—23。
④ 《罗马书》13：2。
⑤ 加尔文：《基督教要义》，4.20.24。

信徒之上、统治信徒之人的权威。那些不公正地、无能地统治基督徒的人，是神对百姓的惩罚。即使一个人非常邪恶，但只要他有在社会中的权威，他便拥有神授的高贵权柄。臣民应当敬畏他，如同敬畏最善良的君王一样。①

加尔文主张，基督徒应当敬畏一切统治者，不管他们的人格如何，因为神在他们身上刻有某种不可玷污的威严。虽然统治者应当对臣民负责，但是不可推论说，我们只服从公正的统治者。② 可以说，就连《旧约》中尼布甲尼撒那样的暴君，其权威都是神授的。③ 他甚至展开论述了基督徒应当服从暴君的理由。其一，基督徒应当牢记谦卑的教导。如果暴力的君王残忍地折磨信徒，或者贪心的君王抢夺信徒的财产，或者懒惰的君王完全忽略信徒的需要，甚至亵渎神的统治者因为信徒的信仰而逼迫他们，基督徒们首先要想到自己的罪行，以谦卑压制自己的不耐烦。④ 其二，神意难测，并非凡人所能完全预料。神有时通过神的仆人，有时利用毫无知觉的坏人，处罚邪恶的政府，使受到不公正压迫的百姓脱离患难。⑤ 其三，要将希望寄托于神的终极权力。纠正君王之专制的权力在神手中，神给信徒的唯一吩咐是要服从和忍受。⑥ 萨拜因认为，路德关于消极服从之义务的主张，已经强烈到了无以复加的地步；而加尔文赞同路德的观点，也一以贯之地强调了消极服从的义务。⑦

尽管如此，加尔文并不认为对统治者的服从是无条件的、绝对的。首先且最重要的是，虽然对统治者的服从是完全合乎基督教信仰的，但有一条唯一的例外——这种服从不能使信徒离弃对神本身

---

① 加尔文：《基督教要义》，4.20.25。
② 加尔文：《基督教要义》，4.20.29。
③ 加尔文：《基督教要义》，4.20.26—28。
④ 加尔文：《基督教要义》，4.20.29。
⑤ 加尔文：《基督教要义》，4.20.30。
⑥ 加尔文：《基督教要义》，4.20.31。
⑦ 乔治·萨拜因：《政治学说史》（第四版）下卷，第35、40页。

的服从。君王的命令都在神的权威之下，为了服从他们而激怒神是非常荒谬的，因为基督徒是为了神而服从君王的。如果君王吩咐任何违背神的事，信徒就要轻视这种吩咐。因为君王越过了范围，等于废除了他自己的权力。基督徒宁愿忍受任何的困难，也不应离开虔诚的道路。① 其次，那些具有立法权力，负责约束君王之专制的人（指议员），应当照自己的职责反抗暴虐的君王。如果他们对残忍压迫百姓的君王睁一只眼、闭一只眼，这种懦弱的行为就是邪恶的背叛了。② 后一种观点有可能为近代的人民有权抵抗暴君的理论提供了思想基础，因此受到了政治思想史学者的重视。③

在官员和臣民之外，加尔文还分析了法律在基督教社会中的重要作用。他首先表明了重视法治的基本立场：法律是沉默的统治者，统治者是活生生的法律。④ 基督教社会中的法律虽然必须以基督教的仁爱伦理为原则，但是也应当因地制宜，从实际出发，而不是盲目地模仿圣经中的法律。他指出，基督徒没有必要照搬摩西的政治制度。每一个国家都可以按自己的意图颁布它所认为最合适的法律，只要它与永恒的爱的法则不发生冲突。⑤ 在加尔文看来，将正义作为法律的原则，正是法律要从实际出发的原因，是与因地制宜的法律制度毫不矛盾的。他坚持，唯有正义是律法的目标、准则和限制。任何以正义为准则、目标和限制的律法，都是基督徒必须接受的。国家与国家在惩罚上一致，既不必要，也不妥当。不同时代也需要严厉程度不同的惩罚方式。⑥

作为一位接受过系统的法学训练的法律专家，加尔文继续沿着罗马以来的西方法治传统前行，并不认为基督教社会应当追求"无

---

① 加尔文：《基督教要义》，4.20.32。
② 加尔文：《基督教要义》，4.20.31。
③ Steven Ozment, *The Age of Reform 1250-1550*, p. 372.
④ 加尔文：《基督教要义》，4.20.14。
⑤ 加尔文：《基督教要义》，4.20.15。
⑥ 加尔文：《基督教要义》，4.20.16。

讼"的理想。他指出，保罗反复强调，官员是神为我们设立的，这就证明基督徒能诉诸政府，而不至于陷入不虔诚。只要方式正当，打官司就是神所允许的。只要能够依据法律办事，就可以寻求法官的保护，要求公正的判决。① 加尔文指出，基督徒的原则所要求的并不是彻底地远离一切司法活动，而是远离一切害人的私欲，弃绝一切的恶毒和仇恨。在打官司时，只要远离报复的心，就不会违背圣经不可报复的吩咐。② 诚然，基督徒应该学会忍耐，但是利用法官自我保护，是符合社会的利益的，并不会违背基督"有人打你的右脸，连左脸也转过来由他打"③ 的教训。应当认识到，保罗所批评的是疯狂打官司的私欲，而不是打官司本身。④

总之，在加尔文的社会政治思想中，包含着诸多延续拉丁基督教政治传统的因素：其一，基督教的社会观念在根本上是反对无政府主义和极端个人主义的，基督徒的精神自由并不否定对政治权威的服从；其二，政治权力的运作必将涉及所谓的"脏手"，但刑罚、战争等强制性手段都应当得到基督教社会的真心认可，并不必然违背基督教仁爱伦理的要求；其三，政府的基本职责在于维护外在的社会秩序，但这种认识并不否定基督教社会对于政治权威的根本要求，并不排斥运用政治权力来保障内在的基督教信仰的可能性；其四，在信仰自由不被剥夺的前提下，基督徒应当以谦卑的态度来真诚地服从一切公共权威，将君王的权力视为神授权威；其五，在基督教社会之中，政府和统治者应当敬畏上帝、胸怀信仰，怀着仁爱、公正的心态为整个基督教社会的福祉尽心尽责，甚至在有条件的情况下主动服务于教会的使命；其六，基督教十分关切现世中的社会，但并不设定具体的"最基督教"的政体和社会制度，承认因地制宜、实事求是地设计政治与法律制度的必要性。在上述各个方

---

① 加尔文：《基督教要义》，4.20.17—18。
② 加尔文：《基督教要义》，4.20.18—19。
③ 《马太福音》5：39—40。
④ 加尔文：《基督教要义》，4.20.20—21。

面,加尔文的政治思想都是与自奥古斯丁以来的基督教政治传统相当契合的。

四、更新基督教传统:加尔文的教会学

在加尔文的社会政治思想中,最为"反传统"的,最能体现宗教改革与中世纪天主教传统的断裂性的,仅在于教会学(关于教会之理念、组织与职能的神学)的领域中。

但必须强调的是,加尔文并不否定教会本身对于基督徒的重要性,绝不会以虚无主义的、极端个人主义的态度来看待教会。他坚信,虽然在根本上信仰是一种内在的行为,但是信徒需要外在的帮助,是神将这外在的帮助交托给教会的。① 与奥古斯丁十分相似,他对于教会的感情也是真诚而深沉的。有形的教会是信徒的母亲。基督徒都是教会羊群中的羊。教会被称为"大公",是因为全体基督徒共同构成了基督的肢体。②

对加尔文而言,有形的教会组织必须得到全力的维护。教会必须有秩序,所以十分需要纪律。教义是教会的灵魂,而纪律是教会的肌肉,使得肢体各就各位,整个身体合而为一。③ 他强调,教会的权威就是神的权柄。与教会分离,就等于否定神和基督。④ 与天主教教会学的基本立场颇为相似的是,他同样旗帜鲜明地反对"裂教",也就是出于组织问题而分裂教会的行为。他相信,神为信徒在教会的教导下成长而喜悦。那些拒绝教会教导的狂热分子,就会落入致命的陷阱。那些分裂教会的人,是在将神的羊群赶到狼的口中。⑤ 传扬真道、施行圣礼,是教会不可或缺的两个特征。只要

---

① 加尔文:《基督教要义》,4.1.1。
② 加尔文:《基督教要义》,4.1.2—4。
③ 加尔文:《基督教要义》,4.12.1。
④ 加尔文:《基督教要义》,4.1.10。
⑤ 加尔文:《基督教要义》,4.1.5。

具备纯真的真道和纯洁的圣礼,这个组织就是真教会。即使这个组织有无数的问题,但只要同时具备这两个特征,信徒就不能离开它。①

无论是在理论上,还是在道德上,基督徒都应当以宽容的态度处理教会内部的分歧。他指出,有些教义是关键性的,关系到正统信仰的原则;但也有一些教义是次要性的,对那些不同意见应当宽容。在道德的方面,也应当加倍地宽容教会中人在道德上的不完美。从古代的纯洁派和多纳特派,到近代的再洗礼派,都以为自己是完全圣洁的,而拒绝与其他人的团契。这是一种疯狂的骄傲。神要求信徒仁慈待人,不可过于严厉地对待别人,分裂教会。教会里同时有善人和恶人,基督因此将教会比喻为海里的渔网、田里的谷子和稗子。② 他同样强调,任何出于对恶人的憎恨而破坏有形教会合一的人,都是在走向离弃教会团契的道路。客观地说,在现世之中,教会仍然是有皱纹和污点的。教会所谓的"圣洁",只是指教会天天在圣洁上有所进步。总之,主动离开教会,对基督徒来说是无可推诿的过错。无论是少数还是多数人的罪,都不构成一个人离弃教会圣礼的理由。③ 上述的教会学立场,仍然是与奥古斯丁以来的天主教观点颇为相似的。

那么,既然加尔文极力反对一切分裂教会的行为,他又将如何为在事实上构成"裂教"的宗教改革辩护呢?如上所述,加尔文认为,纯真的真道和纯洁的圣礼是构成真教会的两个必要条件。一旦基要的教义受到侵袭,圣礼遭到毁坏,教会就有可能面临死亡的威胁。④

在加尔文看来,中世纪天主教会的历史表现,充分地说明这两大条件已经受到了实质性的破坏。他严厉地谴责称,罗马天主教会

---

① 加尔文:《基督教要义》,4.1.10,4.1.12。
② 加尔文:《基督教要义》,4.1.12—13。
③ 加尔文:《基督教要义》,4.1.16—19。
④ 加尔文:《基督教要义》,4.2.1。

以邪恶的行政代替神的真道，熄灭了神真正的亮光。他们以亵渎代替基督的圣餐，以各式各样的迷信败坏对神的敬拜。天主教会已经沦为偶像崇拜的场所。他们的教会以圣殿、仪式和祭司为傲，冒充真教会，其实与偶像崇拜的犹太人无异。可以说，基督教根本的教义已经被遮盖和根除了。他们自称具有使徒的统绪、教父的传承，实际上他们的教导与古代教会的教导截然不同。①

从教皇、主教到普通的神职人员，整个天主教会的组织结构都受到了加尔文的严厉批判。在教皇的专制统治下，只有少数的真教会残存了下来。教皇的专制逼迫了教会，他邪恶的教义如同毒药一般败坏了教会。在天主教会中，基督被隐藏，福音被推翻，真正的信仰几乎消失了。② 在中世纪的历史上，教皇们千方百计地维护和扩大自己的权力，搅乱了基督教世界的秩序。③ 当代的教会中充满不虔诚的教义，各式各样的迷信和谬论，甚至可怕的偶像崇拜。所有重大的罪恶都受到了罗马教会的支持。一言以蔽之，罗马教皇自称拥有基督授予的权柄，实际上却是"敌基督"。④

加尔文批评说，天主教会的神职人员管理制度弊病严重。他们在选拔主教时，并不看重属灵的、道德上的资质，所谓的考试只是用于选拔律师的。群众在主教选举方面的权利已经完全被剥夺，一切权力都集中到了主教的手中。这种体制导致道德素质低下者也当上了主教。⑤ 出于"上梁不正下梁歪"的缘故，主教们经常滥用任命神父和执事的权力，重财不重德。天主教会中普遍存在买卖圣职的现象，还有人靠关系、走门路来谋得圣职。神父们领取圣俸的目的不是服务于教会，反而是为了得到教会的服务。有的神职人员同时兼任好几个职务，同时领取多份圣俸，对教会却没有任何服务。

---

① 加尔文：《基督教要义》，4.2.2—4。
② 加尔文：《基督教要义》，4.2.12。
③ 加尔文：《基督教要义》，4.11.14。
④ 加尔文：《基督教要义》，4.7.24—25。
⑤ 加尔文：《基督教要义》，4.5.1—2。

有的神父为了获取收入而举行弥撒，实际上是借着基督的名义勒索钱财。① 总而言之，天主教会的神父发明了各式各样的职务，却不愿意尽布道、举行圣礼的本分。时至当代，已经很少有主教上台布道了，其他神职人员也常常从不布道。②

对于天主教会的授职圣礼，加尔文也提出了严厉的批判。天主教会巧立名目，分别设立了七种圣职的圣礼，包括祭司、执事、副执事、辅祭、驱魔师、读经员、守门人。他们号称基督亲自担任过这几种职务。但是，各种神职人员根本不履行名义上的职务。神职人员的削发是人为捏造出来的，毫无意义。③ 天主教会的祭司（长老）职务反而败坏了基督教信仰，并没有圣经依据。天主教会设立的执事、副执事也已经背离了早期教会的做法，已经变质了。④

加尔文相信，天主教会的弊病在根本上归因于一种对教会权威之本质的模糊认识。他指出，教会并不具有无限的权威，其权威仅仅局限于神的真道的范围之内。基督徒只能相信神纯真的话语，应当弃绝一切出于人的思想的捏造。教会要以单纯的心听从基督传递的教义，不可捏造任何新的教义，不应该教导任何基督本人所没有教导的话。⑤ 也就是说，教会的权威应当在神所决定的范围内行使，以免遭到滥用，沦为某种专制。⑥

正因为中世纪以来的天主教会未能清晰地理解教会权威的本质，它才会以"传统"之名行专制之实。加尔文同样相信，教会必须具有良好的制度，没有一定的法规，教会就会瓦解。教会的规矩能够激励信徒的虔诚，使人更加谦卑、严谨。⑦ 但他认为，天主教会所谓的"传统"实际上是一种专制制度，压制着基督徒的良心与

---

① 加尔文：《基督教要义》，4.5.4—9。
② 加尔文：《基督教要义》，4.5.10—12。
③ 加尔文：《基督教要义》，4.19.22—27。
④ 加尔文：《基督教要义》，4.19.28—33。
⑤ 加尔文：《基督教要义》，4.8.4—9。
⑥ 加尔文：《基督教要义》，4.8.1。
⑦ 加尔文：《基督教要义》，4.10.27。

自由。他所批判的是天主教会颁布了不计其数的教会法，专制地要求信徒遵守的事实。①

加尔文认为，从中世纪早期开始，天主教会就已经开始变质了。早在格里高利一世的时代，教会就已经开始腐败。现时的天主教会的制度已经与基督设立时相去甚远，已经从古代教会的法规和习惯中堕落了。② 当代的天主教会不但不是真正的公益性组织，而且已变质为一种剥削的工具。按照古代教会的传统，教会至少应当将四分之一的收入分给穷人，但当代的天主教会却在抢夺本该属于穷人的财产。天主教会为了教堂、器物和服饰挥霍钱财，却不愿意施舍给穷人。主教们不仅不是节制、谦卑的榜样，反而在建筑、服饰和宴会上与君王竞争。③

在加尔文眼中，天主教会充满繁文缛节的仪式显示出了犹太教的律法主义思想。那些仪式并非来自使徒的传统，而是犹太人和外邦人的仪式逐步侵入教会的结果。④ 他认为，对于信徒而言，唯有基督才是真正的权威。天主教会捏造出来的法规都是不虔诚的。告解、斋戒、神父独身、朝圣等规定，都是充满罪恶的。⑤ 不仅如此，天主教会还曲解了圣经的原意，强行将婚礼当作圣礼，从而将婚姻纳入了神职人员的管理之下，排斥了世俗法官对婚姻的管辖权，设立了各种陋规。⑥

什么才是正当的教会制度？加尔文对此的回答是，既要有原则，又要具有从实际出发的灵活性。他认为，合理的教会制度是建立在神的权威之上的，有圣经根据的，完全属于神的制度。同时，在不影响信仰的前提下，教会的法规应当符合各个时代、各个国家

---

① 加尔文：《基督教要义》，4.10.1—2。
② 加尔文：《基督教要义》，4.5.12—13。
③ 加尔文：《基督教要义》，4.5.16—19。
④ 加尔文：《基督教要义》，4.10.13，4.10.18。
⑤ 加尔文：《基督教要义》，4.10.8，4.10.10。
⑥ 加尔文：《基督教要义》，4.19.34—37。

的风俗习惯。传统的法规可以调整，甚至是废除。① 教会的仪式应当具有明显的用途，次数应当尽量减少，同时避免一切的迷信。根据情况的变化，可以取消传统的仪式。②

由于属灵的政府与属世的政府在基督教社会中同时并立，合理的教会制度必须妥善处理好与世俗政府之间的关系。加尔文指出，教会的权威以清除教会中的罪孽为目的，是属灵的权威，必须与政府的刀剑截然分开，更不能由个人来行使。③ 虽然根据基督赐予的钥匙，教会需要一定的执法权，但是教会的治理毕竟不同于国家的政府，不能妨碍或威胁政府，而是要帮助和促进政府的治理。④ 他强调，教会与政府的权力本质是不同的。教会没有刀剑和监狱，不能惩罚罪人，只能希望罪人悔改，自愿地自我管教。教会没有官员的权柄，神也没有把教会的权柄给予官员。牧师和官员应当互补，而不是相互敌对。⑤ 正如刘林海所说，在政教关系问题上，加尔文的观点既不是政教分离，也不是政教合一，而是政教合作。⑥ 值得指出的是，国家与教会既有形式上的分工、又有根本上的合作的辩证关系，依然在相当大的程度上延续了中世纪的政治传统。

总之，与中世纪以来的天主教政治传统相比，加尔文社会政治思想展现出了相当明显的连续性。两者之间的差异主要集中于教会学的领域中。尽管如此，必须强调的是，加尔文所集中批判的是天主教会的组织体制与圣礼仪式，而不是教会本身的地位。在他看来，教会对于信徒的权威、教会的普世性（反对裂教）、教会与国家两种权威之间相辅相成的关系（双剑说），这些传统的命题同样是不言而喻的。萨拜因甚至认为，加尔文的教会理论在本质上依然

---

① 加尔文：《基督教要义》，4.10.30。
② 加尔文：《基督教要义》，4.10.32。
③ 加尔文：《基督教要义》，4.11.5。
④ 加尔文：《基督教要义》，4.11.1。
⑤ 加尔文：《基督教要义》，4.11.3。
⑥ 刘林海：《加尔文思想研究》，第187页。

具有中世纪极端教会主义的精神。和耶稣会一样,加尔文也主张属灵当局的首位性,并主张用世俗的权力来裁决宗教正统和道德戒律。①

尽管如此,总体而言,宗教改革加速了业已存在的加强和巩固君主权威的趋势,这一事实仍未改变。② 尽管路德和加尔文都相当明显地保留了中世纪教会的诸多政治话语,但是他们的政治思想都散发出了一种新时代的气息。在对奥古斯丁以来的教会政治传统的继承当中,宗教改革家们的思想充分体现了基督教传统对于现代政治理念的强大影响力;在对中世纪教会传统的调整当中,宗教改革家们的社会政治观念又生动地体现了西方"现代性"在孕育过程中的紧张和阵痛。

---

① 乔治·萨拜因:《政治学说史》(第四版)下卷,第37页。
② 乔治·萨拜因:《政治学说史》(第四版)下卷,第30页。

修正史学塑造的玛丽一世神话*

刘 城

(首都师范大学历史学院)

【摘 要】 与传统史学强调玛丽一世统治时期天主教与新教之间的剧烈冲突不同,修正史学注重研究由玛丽一世策动、枢机主教雷金纳德·波尔实施的一系列天主教重建计划。然而修正史学的研究存在严重的缺陷:首先是未能将玛丽一世置于君主统治的环境中加以全面考察,仅仅将其视为教会的领导者甚至天主教的护教者;其次是未能设立评价君主统治成功与否的客观标准,仅仅从重建天主教计划的具体得失对玛丽女王的统治做出评价。本篇论文借助古典学者与中世纪思想家关于共同体利益与君主美德的论述,试图对玛丽一世在英格兰重建天主教的措施展开讨论并且做出评价,进而向修正史学的结论提出质疑。

【关键词】 天主教信仰;教皇权至尊;君主的美德;共同体利益

史学研究中对于玛丽一世的评价始终未能摆脱宗教立场导致的偏见,各种结论在很大程度上折射出基督新教与天主教之间旷日持久的纷争。研究者以玛丽一世的统治作为载体,抒发各自的宗教立场与宗教情感,不仅选取论题的侧重点各有不同,评论的角度也表

---

* 本文节选自《君主的责任:英格兰女王玛丽一世的统治》,《历史研究》2016年第6期,第160—172页。

现出很大差异。

在新教享有唯一话语权的年代，对于玛丽一世的评论深受约翰·福克斯的影响。约翰·福克斯是玛丽时代的新教逃亡者，在欧洲大陆留居期间开始撰写殉教者传记。1563 年，殉教者传记冠以《行迹与丰碑》（Actes and Munuments）的书名在伦敦第一次印行英文版。① 约翰·福克斯将关注的目光指向玛丽时代以火刑实施的宗教迫害，描述了"玛丽女王时代的血腥时日"。② 《行迹与丰碑》一书承载着新教史学的价值观念，在新教作为英格兰国教并且居统治地位的社会环境中，《行迹与丰碑》一书具有巨大而持久的历史影响力，"血腥者玛丽"的形象即出自约翰·福克斯的塑造。

20 世纪中叶兴起的修正史学③注重研究英国宗教改革的历史，最初的关注点是宗教改革的起因，此后又将关注点移向玛丽时代的教会史，试图将玛丽一世改造成为教会改革家的正面形象。与传统史学强调天主教与新教之间的剧烈冲突不同，修正史学注重研究由玛丽一世策动、枢机主教雷金纳德·波尔实施的一系列天主教重建计划，重要的措施包括：恢复天主教信仰与天主教权力体系，重建修道院，振兴教会的经济与财政力量。对比都铎时期三个朝代的宗教变迁，修正史学对玛丽一世的宗教政策做出了正面评价：爱德华六世时代经历了宗教信仰的巨大变化，伊丽莎白一世即位初期经历了宗教政策的自相矛盾与变幻莫测，相比之下，玛丽时代的教会并非完全没有效率。④ 修正史学将玛丽女王重建天主教的计划未能产生持久效力的原因归于统治时间的短暂，认为玛丽一世犯下的唯一

---

① 《行迹与丰碑》一书通俗的名称是《殉教者行传》（Book of Martyrs）。
② Stephen Reed Cattley, ed., *The Acts and Monuments of John Foxe: A New and Complete Edition*, Vol. 8, London: R. B. Seeley & W. Burnside, 1839, p. 503.
③ 关于修正史学的兴起和发展，参见刘城：《修正史学对英格兰宗教改革历史的"修正"》，《世界史研究动态》1991 年第 9 期，第 18—23 页。
④ Eamon Duffy and David Loades, eds., *The Church of Mary Tudor*, Hants: Ashgate, 2006, p. xiii.

严重并且毁灭性的错误是在1558年11月17日去世了①，可谓"壮志未酬身先死"。这样的结论无异于对重建计划的发展前景做出了乐观预测：如果假以时日，玛丽女王的计划必然取得成功并且深入地植根于社会。

修正史学在对玛丽女王展开讨论的时候，狭隘地将玛丽一世视为教会的领导者甚至天主教的护教者，未能将其置于君主统治的环境中加以全面考察。更为严重的是，修正史学的研究存在一个明显的缺陷——未能设立评价君主统治成功与否的客观标准。

一、君主的美德：凭借理性维护共同体的利益

公元7世纪前后，塞维利亚大主教伊西多在阐述"国王"的定义时，引用了一句古老的谚语："行事正当者才是国王；行事不正当就不是真正的国王。"② 在伊西多看来，"国王"名号之获得，不仅在于实施了统治，而且在于统治的正确与良好。

国王统治的正当性，是一个古老的话题。古典学者亚里士多德从人的自然属性出发，将国王统治的正当性置于城邦共同体中加以考量：人是社会性动物，必须生活在群体之中；人有多方面的生存需求，只有生活在群体之中才可以使多方面的需求得到满足；群体必须达到城邦的规模，诸如家庭或村庄之类规模过于狭小的群体不能在长时段内满足其成员的全部需求。既然城邦形成的内在动力在

---

① C. Haigh, *English Reformations: Religion, Politics, and Society under the Tudors*, Oxford: Clarendon Press, 1993, p. 236; R. H. Pogson, "Revival and Reform in Mary Tudor's Church: A Question of Money", in Christopher Haigh, ed., *The English Reformation Revised*, Cambridge: Cambridge University Press, 1988, p. 139.

② A. J. Carlyle, *Political Theory from the Tenth Century to the Thirteenth*, New York: G. P. Putnam's Sons, 1916, p. 73; A. J. Carlyle, *A History of Medieval Political Theory in the West*, Vol. I, Edinburgh: William Blackwood & Sons, 1903, p. 221.

于满足人的生存需求，人类聚群而居是为了享受在独居时不可能得到的美满生活，城邦的统治者与管理者就必须最大限度地谋求共同体的利益。与被统治者和谐相处并且融为一体，是城邦统治者理应履行的责任与奉行的美德。① 如果城邦统治者反其道而行之，以谋求"一己私利"为统治目标，统治者就蜕变成了"暴君"。② 这样的论述为国王的统治确定了道德目标与功能目标，并且在国王与暴君之间划出了一条明确的界限。

亚里士多德的政治理论与中世纪基督教的伦理道德传统相契合，加之当时的思想家需要为日益壮大的王权定义，并且为公共权力的建构提供理论支持，因而亚里士多德的理论逐渐被中世纪西欧的学术界所接受。索尔兹伯里的约翰在 12 世纪撰写的《论政制原理》(Policraticus) 一书，是产生于中世纪英格兰的第一部政治学著作。研究者评论说：12 世纪学术复兴的一个重要内容是政治理论的复兴，"索尔兹伯里的约翰对于这一时期政治理论的复兴做出了无与伦比的贡献"。③《论政制原理》讨论了国王享有的权力以及国王承担的责任：法律之所以"赋予国王显赫的地位，使之位列臣民之先"，是因为国王执掌着公共权力；"当人们都在打理个人事务的时候，国王必须承担起关照整个共同体的责任"。如何确保国王以维护共同体的利益为己任？索尔兹伯里的约翰将上帝赐予的美德视为约束的力量，"国王执掌着公共权力，是神权在尘世的化身"，因而国王必须充分展示上帝赐予的众多美德；"在神的启示之下，每一个臣民都惧怕国王，而国王必须惧怕自己"。④

---

① Aristotle, *Politics*, Benjamin Jowett, trans., Kitchener: Batoche Books, 1999, pp. 4-6, 80, 72.
② Aristotle, *Politics*, Benjamin Jowett, trans., p. 61.
③ Cary J. Nederman and Kate Langdon Forhan, eds., *Medieval Political Theory: A Reader*, London: Routledge, 1993, p. 26.
④ John of Salisbury, *Policraticus: Of the Frivolities of Courtiers and the Footsteps of Philosophers*, Cary J. Nederman, ed. and trans., Cambridge: Cambridge University Press, 1990, p. 28.

基督教学者在接受亚里士多德思想主张的同时，也将古典学说融入了基督教的思想轨迹。13世纪的经院哲学家托马斯·阿奎那将国王视为具有某种教职色彩的统治者："国王应当像牧羊人那样，追求多数人的共同利益而非一己私利。"国王的统治不仅是为了维护共同体的利益，也是为了彰显上帝的公义。托马斯·阿奎那借助理性原则讨论国王的责任，从而将国王统治的合理性纳入上帝规定的自然秩序之中：理性之光赋予人类一种与自然秩序保持和谐的力量，进而有能力以某种方式接受神意的安排；动物的行为出自本能，国王应当凭借理性实行统治；倘若国王不能凭借理性的力量实施统治，就与禽兽没有区别。①

中世纪晚期的英格兰政论家曾深度思考如何在共同体中建设完善的公共权力体系，为此而引入了"法律"的概念。约翰·福蒂斯丘在写于15世纪的《英格兰法律赞》中，将法律比作自然身体中的"神经与肌肉"，以此彰显法律对于社会生活发挥的维护作用。福蒂斯丘论证说：神经与肌肉的作用在于"将自然身体有机地联结成为完好的整体"，法律则是"将政治身体……凝聚成为一个整体的纽带"，唯此方能确保政治身体的各个部分有效地发挥应有的功能。福蒂斯丘推崇英格兰的法律，认为英格兰的法律"为生命与财产提供保护，使社会成员免于受到侮辱与暴力，从而使社会成员获得安全与幸福的生活"。②

中世纪思想家将国王的位格分解为"自然身体"与"政治身体"两部分，分别代表国王的自然属性与政治属性。英格兰法学家埃德蒙·普洛登在1550年向国王法庭提交的法律报告中，解读了两者之间的关系：国王的自然身体属于国王本人，政治身体属于共同体，属于"一切服从国王权位之人"；政治身体的重要性高于自

---

① St. Thomas Aquinas, *On Kingship: To the King of Cyprus*, Gerald B. Phelan, trans., Connecticut: Hyperion, 1979, pp. 9, 12, 18, 54.
② Sir John Fortescue, *Commendation of the Laws of England*, Francis Grigor, trans., London: Sweet and Maxwell, 1917, pp. 22, 45.

然身体,因而"不可以将政治身体纳入自然身体"。① 这样的理念将王朝社稷纳入公共权力的范畴,王朝社稷不再是家族财产,国王权位成为国家主权的象征。

中世纪的西欧在吸纳古典思想成果的基础之上,发展出相当丰富的政治理论,对于君主在共同体中承担的责任,以及君主在执掌公共权力时应当遵守的法则,都有相当清晰的论述。诸如此类的政治理论在当时常常被用于对王位继承人实施启蒙教育,使之在成为国王之后以正确的法则实行自我规范。这些理论也可以作为评判君王统治的价值尺度,将玛丽一世作为英格兰女王的所作所为置于当时人的价值观念中加以考察,有助于得出更加公允的结论。

二、玛丽一世重建英格兰天主教的措施

带领英格兰臣民回归以教皇为首的天主教世界,是玛丽女王统治英格兰的一项重要目标。教皇使节雷金纳德·波尔阐述过这一点:女王陛下"挥之不去且至今萦绕于脑际的信念,是奉为真正宗教的天主教信仰……她迫切希望带领英格兰王国在宗教问题上回归到以前的状态"。② 玛丽一世在1553年发布的文告中,也阐述了新王朝的天主教政策:将一如既往地遵行"自幼年以来一直奉行的……宗教信仰",希望"一切臣民平静并且宽容地接受"。③

玛丽女王重建天主教秩序的目标有三项:恢复"教皇权至尊"的权力格局;归还宗教改革期间剥夺的教会地产;恢复中世纪教会法规定的天主教信仰,尤其是天主教弥撒礼。面对如此众多而且重大的

---

① C. H. Williams, *English Historical Documents 1485-1558*, London: Routledge, 1996, pp. 578-579.
② W. B. Turnbull, ed., *Calendar of State Papers Foreign, Mary 1553-1558*, London: Longman & Co. 1861, p. 72.
③ C. H. Williams, *English Historical Documents 1485-1558*, London: Routledge, 1996, p. 859.

目标,帝国皇帝查理五世曾经告诫玛丽"切勿操之过急",必须顾及"英格兰社会的平静",确保"王位的稳固"。① 受查理五世谨慎风格的影响,玛丽一世在重建天主教秩序时采取了循序渐进的步骤。

1. 恢复天主教信仰与礼拜仪式

1553 年的第一届议会第二次会期制订的《废止国王爱德华六世在位期间宗教立法的法令》(An Acte for the Repeal of Certain Statutes Made in the Time of the Reign of King Edward the Sixth),开启了重建天主教信仰的法律行动。法令第 1 款废除了爱德华六世时代涉及宗教改革的一系列议会法令②,英国教会恢复了亨利八世在位末年(即 1547 年)奉行的宗教信仰与礼拜仪式。然而法令在实施步骤上有所保留:玛丽本人的信仰核心是弥撒礼所体现的"化体"教义,或许是考虑到恢复弥撒礼需要置办相应的礼拜用品,某些设施已毁的教堂可能限于财力而无力置办,因而法令并未针对拒绝举办或出席弥撒礼的行为规定相应的惩治措施。法令规定司祭神品的教职人士信守独身,不仅教士婚姻再次成为非法,爱德华六世时代为教士婚姻与子女做出的法律安排也被废除了。1215 年第四次拉特兰宗教会议曾经规定:信守独身是正级神品教士身份的重要标志,只有"心灵纯洁、身体无垢"的教士才有资格在弥撒礼上演绎"化体"教义(条款 14)。③ 议会法令强调中世纪教会法的权威,重申司祭神品教士的特殊身份。已经缔结婚约的教士被视为放弃了信

---

① W. B. Turnbull, ed., *Calendar of State Papers Foreign*, *Mary 1553-1558*, p. 20.
② 1 Mary, St. 2. c. 2, *The Statutes of the Realm*, Vol. IV, Part I, p. 202. 废除的法令包括:1547 年的《主教选任程序法令》(1 Edward VI, c. 2);1549 年的《信仰统一法令》(2 & 3 Edward VI. c. 1);1549 年的《教士婚姻合法化法令》(2 & 3 Edward VI, c. 21);1550 年的《废除天主教礼拜仪式用书与圣像法令》(3 & 4 Edward VI, c. 10);1550 年的《教职人士神品等级法令》(3 & 4 Edward VI, c. 12);1552 年的《信仰统一法令》(5 & 6 Edward VI, c. 1);1552 年的《信守宗教纪念日与斋戒法令》(5 & 6 Edward VI, c. 3);1552 年的《教士婚姻及其子女享有合法地位法令》(5 & 6 Edward VI, c. 12)。
③ Norman P. Tanner, ed., *Decrees of the Ecumenical Councils*, London: Sheed & Ward, 1990, Vol. I, Nicaea I to Lateran V, p. 242.

守独身的誓言，或者被剥夺圣俸和教职，或者被责令脱离婚姻和家庭。

1555 年 1 月结束的第三届议会制订的《恢复三项惩治异端法令之法令》（An Acte for the Renewing of Three Statutes Made for the Punishment of Heresies），恢复了宗教改革前的三项惩治异端法令：理查二世于 1382 年制订的《惩治异端法令》（5 Richard II，st. 2. c. 5）；亨利四世于 1401 年制订的《惩治异端法令》（2 Henry IV，c. 15）；亨利五世于 1414 年制订的《惩治异端法令》（2 Henry V，st. 1. c. 7）。① 得以恢复的三项法令最初被用于惩治威克里夫的追随者与劳拉德教徒，现在则用来惩治新教徒，为成就"血腥者玛丽"提供了法律依据。与这三项法令一同恢复的，还有中世纪对宗教异端实行审判与惩治的司法程序：先由教会法庭对异端进行鉴别和认定，为当事人提供放弃异端思想的机会，再由世俗政府的官员对拒不放弃"异端信仰"的当事人执行火刑。

惩治宗教异端的法令在 1555 年 1 月 20 日生效后，女王政府就立即采取了行动。西班牙使节在 2 月 5 日向国王报告："议会新近制订的（惩治）异端法令已经开始实施，一位罗杰斯②昨日被施以火刑，公开展示的残忍令伦敦城居民私下里怨恨不已。"③

约翰·福克斯记载的殉教者名录散见于《行迹与丰碑》全书各处，研究者据此统计玛丽一朝受到火刑惩治者为 275 人。④ 考虑到福克斯的记载存有疏漏，史学研究中通行的统计数字是 280 人。⑤ 玛丽时代实施了最为密集的宗教迫害，导致每年大约有 90 人成为殉

---

① 1 & 2 Phillip & Mary c. 6, *The Statutes of the Realm*, Vol. IV, Part I, p. 244.
② 约翰·罗杰斯是伦敦圣保罗大教堂的布道师，在 2 月 4 日作为"路德分子"在伦敦被处以火刑，成为玛丽实施宗教惩治的第一位殉教者。
③ C. H. Williams, *English Historical Documents*, 1485-1558, London: Routledge, 1996, p. 839.
④ A. G. Dickens, *The English Reformation*, London: Batsford, 1964, p. 266.
⑤ Eamon Duffy and David Loades, eds., *The Church of Mary Tudor*, Hants: Ashgate, 2006, p. 207.

教者。如此强大的宗教迫害力度，在英格兰历史上前所未有。据宾多夫统计：在宗教改革前的 125 年间，大约 100 名劳拉德教徒殉教；在宗教改革开始（1529 年）以后的最初 20 年内，大约有 60 人因为宗教信仰被处决（包括天主教徒和新教徒，不包括以"叛逆"罪名而受到惩治的人）。即使将伊丽莎白女王时期被处决的 200 名天主教徒视为殉教者而不是叛逆者，平均每年的处死率也仅为 8 人①，远低于玛丽女王时代平均每年近 90 人的处死率。

如此大规模、高密度的宗教惩治行动出自玛丽女王与菲利国王的策动。1555 年，一封由两人联合署名的书信敦促伦敦主教邦纳等人加紧对"顽固并且坚定的异端分子实施惩治"。② 有迹象表明，玛丽女王来自西班牙的忏悔神父巴托龙·卡伦扎③也对惩治行动施加了重要影响。他的一段自述表明，他参与英格兰的惩治行动得到了菲利国王的钦准，为的是"彰显宗教裁判的力量"。④

在宗教迫害最为严厉的地区，天主教徒与新教徒之间形成了清晰的界限，甚至引发了邻里之间、师徒之间、家庭成员之间的对立和敌视。一位居住在埃克塞特主教区的"悲惨女人"，因为厌倦丈夫与儿子沉迷于天主教信仰而引发的家庭纷争，离家出走并打工谋生；邻居指控她有奉行新教之嫌，因此她在返乡之后被带到埃克塞特主教法庭受审。⑤ 一位印刷学徒托玛斯·格林因为持有"反基督"书籍而被师父举报到伦敦主教法庭，最终导致师徒反

---

① S. T. Bindoff, *Tudor England*, Middlesex: Penguin Books, 1950, p. 177.
② Stephen Reed Cattley, ed., *The Acts and Monuments of John Foxe: A New and Complete Edition*, Vol. 7, London: R. B. Seeley & W. Burnside, 1839, p. 286.
③ 卡伦扎为主持菲利与玛丽的婚礼于 1554 年来到英格兰，此后成为玛丽女王的忏悔神父。卡伦扎是著名的多明我修会神学家，曾经主持西班牙的宗教裁判所。从 1557 年起，卡伦扎担任西班牙托莱多大主教。
④ Stephen Reed Cattley, ed., *The Acts and Monuments of John Foxe: A New and Complete Edition*, Vol. 8, London: R. B. Seeley & W. Burnside, 1839, p. 283, n. 1.
⑤ Stephen Reed Cattley, ed., *The Acts and Monuments of John Foxe: A New and Complete Edition*, Vol. 8, p. 497.

目决裂。① 诸如此类的行动造成了基督教社区乃至英格兰共同体的分裂，甚至削弱了新教臣民对于女王政府的忠诚度。玛丽女王统治期间，大约800名新教徒弃国逃亡，在欧洲大陆的新教地区寻求归属。②

2. 恢复"教皇权至尊"与天主教权力体系

第一届议会第二次会期过后，"王权至尊"作为英国教会的一项重要原则得以保留，玛丽女王依然是国教会的"最高首脑"。玛丽一世并不赞成"王权至尊"并且希望奉行"教皇权至尊"，然而此次议会会期却借助于"王权至尊"的权力废除了爱德华六世时代的宗教改革立法。自从"王权至尊"在亨利八世宗教改革期间确立之后，已经演变成为一种政体形式。一旦"王权至尊"因由制度而得以固化，就难以轻易改变了。历史学家埃尔顿将国教会"最高首脑"的头衔比喻成希腊神话中染有毒血的衣衫，一旦加诸在身就难以摆脱。③ 解铃还需系铃人，经由议会立法确定的"王权至尊"，也必须经由议会加以废除。

为了敦促各个主教区实施1553年议会制订的《废止法令》，玛丽女王在1554年3月4日发布了《训令》（Injunctions）。然而《训令》的某些条款却超出了《废止法令》的内容范围，要求在教会文件及司法裁决中不再使用"经由王权批准"之类的字句（条款1，条款2）。④ 这一迹象表明，玛丽女王准备放弃与"王权至尊"相关的法律，开始为恢复"教皇权至尊"做准备了。

1554年11月24日，枢机主教雷金纳德·波尔作为"教皇使节"抵达伦敦。波尔是枢机主教团中唯一的英格兰人，随身携带着

---

① Stephen Reed Cattley, ed., *The Acts and Monuments of John Foxe: A New and Complete Edition*, Vol. 8, pp. 521-524.
② C. Haigh, *English Reformations: Religion, Politics, and Society under the Tudors*, Oxford: Clarendon Press, 1993, p. 228.
③ G. R. Elton, *England under the Tudors*, London: Methuen, 1978, p. 267.
④ Gerald Bray, ed., *Documents of the English Reformation*, Cambridge: James Clarke, 1994, pp. 315-317.

教皇关于"赦免英格兰教会、与罗马教廷和解"的教令,肩负着在英格兰恢复"教皇权至尊"的使命。① 波尔是坚定的罗马天主教徒,抱有使英格兰教会回归教皇权之下的理想,他曾经明确表示:亨利八世使英格兰教会脱离罗马教廷,无异于摧毁了对于教皇的服从,是一种反叛行为。②

1555 年 1 月结束的第三届议会制订了《废止国王亨利八世在位第 20 年以后制订的反教皇权立法之法令》(*An Acte Repealing All Statutes Articles and Provisions Made against the See Apostolic of Rome Since the XXth Year of King Henry the Eight*)。③ 该项法令对于既定目标有明确的表达:恢复"教皇权至尊";废除一切与"教皇权至尊"相违背的法令。④ 法令第 II 至第 IV 款逐一列举了自亨利八世在位第 20 年(1529 年)以来制订的一切与"教皇权至尊"相违背的法令条款,以及"至尊的王权"对教会实行管理的法令条款,并且将这些法令废除。⑤ 法令第 XVIII 款宣布:将"英格兰教

---

① 雷金纳德·波尔此行的另一个目的是取代克兰默担任坎特伯雷大主教。克兰默在亨利八世与爱德华六世两朝参与新教改革,这决定了他在玛丽王朝的命运。1553 年 11 月 13 日,克兰默被免去坎特伯雷大主教职位,以"叛逆"罪名囚禁在伦敦塔,最终在 1556 年 3 月 21 日以"异端"罪名在火刑柱上殉难。在 1556 年 3 月 26 日举行的圣职授职礼上,雷金纳德·波尔正式就任坎特伯雷大主教。
② W. B. Turnbull, ed., *Calendar of State Papers Foreign*, *Mary 1553-1558*, p. 21.
③ 由于议会在 1553 年制订过一部《废止法令》(1 Mary, St. 2. c. 2),此项法令也被称为《第二部废止法令》。
④ 1 & 2 Phillip & Mary c. 8, *The Statutes of the Realm*, Vol. IV, Part I, p. 246.
⑤ 1 & 2 Phillip & Mary c. 8, *The Statutes of the Realm*, Vol. IV, Part I, pp. 246-247. 被逐一列举并且加以废除的法令包括:1529 年《限制教职人士兼领圣俸与不居教区法令》(21 Henry VIII, c. 13) 中关于不得接受教皇发放兼领圣俸与不居教区特许的条款;1533 年《停止向罗马教廷上诉法令》(24 Henry VIII, c. 12);1532 年《停止向罗马教廷交纳岁贡法令》(23 Henry VIII, c. 20);1534 年《教职界服从法令》(25 Henry VIII, c. 19);1534 年《停止向罗马教廷交纳岁贡法令》(25 Henry VIII, c. 20);1534 年《废除彼得便士与教皇赦免权法令》(25 Henry VIII, c. 21);1534 年《王权至尊法令》(26 Henry VIII, c. 1);1536 年《修订教会法法令》(27 Henry VIII, c. 15);1536 年《废除教皇权法令》(28 Henry VIII, c. 10);1539 年《国王行使主教任命权法令》(31 Henry VIII, c. 9)。

会最高首脑"的头衔加诸英格兰君主"既非正义亦非合法",因而英格兰君主不再是"英格兰教会的最高首脑"。①

发生在都铎王朝的宗教改革不仅是宗教信仰的变革,还涉及权力结构的调整。亨利八世创建"王权至尊",完成了将王权的统治由世俗事务向教会事务延伸的进程,开启了近代主权国家以及权力体系的建设进程。② 玛丽在恢复天主教信仰的同时也恢复了"教皇权至尊",意味着承认了教皇向英国教会行使的众多权力,其结果是逆转了亨利八世开启的近代主权国家的建设进程,使英格兰回归以教皇为首的"基督教世界"。

3. 修道院地产：维持现状

玛丽在继承王位之后的 18 个月时间内,废除了亨利八世与爱德华六世时代的大部分宗教改革立法。历史学家罗兹认为,玛丽女王的举措似乎使宗教改革返回到了起点,在英格兰恢复了"中世纪教会的面貌"。③ 然而罗兹的评论并不准确,经历过亨利八世与爱德华六世两个朝代历时 20 余年的宗教改革以后,某些物质层面、制度层面、精神层面的内容已经不可逆转。首先,解散修道院之后新设立的主教区得以保留④,只是废除了"代理主教"的职位。其次,修道院与追思弥撒礼拜堂拥有的稀世珍宝与古代文物一旦还俗,便难以再次收归教会所有。供奉圣徒遗物的圣殿被拆除以后,对于圣徒和圣徒遗物的崇拜也难以为继。再次,宗教改革期间关于没收修道院、追思弥撒礼拜堂、学院教堂财产的法令得以保留,作为"既成事实"被上下两院接受。《第二部废止法令》虽然要求归还属于教堂的动产（第 XI 款）,但却针对修道院地产问题做出了

---

① 1 & 2 Phillip & Mary c. 8, *The Statutes of the Realm*, Vol. IV, Part I, p. 252.
② 刘城：《十六世纪英国"王权至尊"的确立与教皇权的衰落》,《历史研究》2006 年第 2 期,第 138—150 页。
③ Robert E. Rodes, *Lay Authority and Reformation in the English Church: Edward I to the Civil War*, Notre Dame: The University of Notre Dame Press, 1982, p. 99.
④ 亨利八世时代增设了牛津、切斯特、格洛斯特、布里斯托尔、彼得伯罗、威斯敏思特六个主教区,其中威斯敏思特主教区在 1550 年撤除。

"维持现状"的规定（第 XV 款），并且宣布主教的司法审判权不再向已经解散的修道院行使（第 XXI 款）。法令对于获得修道院地产的既得利益者给予了特殊保护，任何人如果骚扰教会地产的持有者，将以"王权侵害罪"受到惩治（条款 XVI）。① 归还修道院地产之所以不可行，是因为最初划归亨利八世持有的修道院地产，大约十分之七已被通过赠予或市场交易转入他人之手，而"议会是土地所有者的议会"。② 只有玛丽女王出于强化教会经济的需要，将王室持有的教会地产归还给了教会。

4. 新秩序与旧秩序：宗教改革与反宗教改革

玛丽女王反宗教改革之道而行之，宾多夫将其恢复天主教的行动定义为"激烈的反革命"，并且将"反革命"的发生归因于朝代的更替而非民众的要求。③ 埃尔顿与狄肯斯在评价玛丽的统治时，也都习惯使用"反动"一词。④ 这种观点把亨利八世、爱德华六世以及玛丽之后的伊丽莎白一世的统治看作一个连续的宗教改革进程，认为玛丽一世废除此前两朝的宗教改革措施并力图恢复天主教，从而使宗教改革的进程中断。修正史学的代表人物克里斯托弗·黑格对英国宗教改革的进程做出了全然不同的解说：早在亨利八世统治的 1538 年，英国就开始采取恢复天主教的步骤，爱德华六世的统治中断了这一进程，玛丽一世时代不过是继续 1538 年开始的恢复天主教的进程。循着这样的思路，黑格经常使用的词汇是"恢复"而不是"反动"。⑤ 这是两种观察问题的角度，争论的焦点

---

① 1 & 2 Phillip & Mary c. 8, *The Statutes of the Realm*, Vol. IV, Part I, pp. 252-253.
② S. T. Bindoff, *Tudor England*, Middlesex: Penguin Books, 1950, p. 176.
③ S. T. Bindoff, *Tudor England*, p. 167.
④ G. R. Elton, *England under the Tudors*, London: Methuen & Co. Ltd, 1978, p. 214; A. G. Dickens, *The English Reformation*, London: Batsford, 1964, pp. 259, 279.
⑤ C. Haigh, *English Reformations: Religion, Politics, and Society under the Tudors*, Oxford: Clarendon Press, 1993, p. 235.

在于：在"宗教改革"与"恢复天主教"两个进程中，是玛丽一世的天主教政策中断了"宗教改革"的进程，还是爱德华六世的新教政策中断了"恢复天主教"的进程？

上述两种结论都存在值得商榷之处。首先，亨利八世与爱德华六世时代的宗教改革并非一个连续的进程，爱德华六世时代对宗教信仰的改革是对亨利八世宗教改革的冒进，各项改革措施过于激进。其次，同样不能把玛丽时代的天主教政策看作亨利八世宗教政策趋向保守的继续。玛丽一世恢复的不仅是天主教信仰，还有"教皇权至尊"，不是恢复到亨利八世末年（1547 年），而是恢复到 1529 年的局面，这是对亨利八世宗教改革的否定。

三、结论

玛丽一世身为英格兰女王，并未承担起维护和管理公共利益的责任。英格兰共同体的利益甚至不是玛丽女王追求的目标，诸如社会的和平与统一，英格兰人的生命与财富，英格兰人在海外的利益，基本上没有进入她的政治视野。在玛丽女王的观念中，信仰的意义超过了王国的意义，世俗的利益应当服从宗教信仰。她曾经向枢密大臣做出过这样的表白："我看重我的灵魂得救，胜过十个王国。"① 将个人对天主教的虔诚置于英格兰共同体的利益之上，以恢复天主教信仰、重振天主教权力体系作为王朝政治的核心内容，这是导致玛丽一世灾难性统治后果的重要原因。

玛丽一世生活在从中世纪走向近代、英格兰日益崛起成为欧洲强国的重要时期，新的时代环境要求统治者承担起治理主权国家的责任。然而玛丽女王缺少政治家的素质，缺少君临英格兰的治国谋略，甚至缺少治理主权国家的观念意识。

---

① Stephen Reed Cattley, ed., *The Acts and Monuments of John Foxe: A New and Complete Edition*, Vol. 7, p. 34.

在中世纪"基督教世界"的观念之下，世俗君主在管理世俗事务的同时，也承担着捍卫上帝事业的责任。早在 11 世纪，教皇格里高利七世在论及历史上的几位君王时，赞许他们是"基督信仰的促进者""基督教会的护卫者"。① 英格兰国王亨利四世在 1399 年举行的加冕礼也传达了这样的理念：国王经由加冕礼上接受的圣膏，成为"基督教会的护卫者与朋友"。② 这样的角色定位源自举国一致的信仰社会，却不适用于宗教改革后信仰多元化发展的新局面。时代的发展要求世俗君主承担起新的责任，对共同体内由于宗教信仰分歧而形成的社会分裂做出修复。亨利八世在创建"王权至尊"的同时，也重新定义了世俗权力对于教会的责任："至尊的王权"有责任促进信仰的"和谐与统一"，警惕因为信仰分歧而形成"多方面的危险、损害，以及困扰"。③ 这样的责任定位要求世俗君主平息因宗教信仰纷争而造成的社会分裂，建立起超越教派的统治，而不仅仅是"捍卫上帝的事业"。亨利八世在 1545 年 12 月告诫议会：尽管已经允许阅读英文本圣经，但是不要将圣经用作划分阵营与进行责难攻击的武器。④ 上述关于如何履行君主责任的言论，表现出亨利八世作为政治家的素质以及自然理性的光辉。

修正史学脱离玛丽一世统治的整体环境与时代特点，孤立地研究玛丽时代的教会史，并且充分肯定玛丽一世重振天主教的成绩，由此而得出的结论具有相当严重的片面性。

首先，修正史学忽略了玛丽一世的统治理念。玛丽一世恢复天主教信仰、重振教会力量，并非出于英格兰共同体的利益，而是出于一己的宗教虔诚。为了实现再度令天主教信仰一统天下的目标，

---

① James Harvey Robinson, ed., *Readings in European History*, Vol. I, Boston: Ginn & Company, 1904, p. 288.
② A. R. Mayers, *English Historical Documents 1327 - 1485*, London: Routledge, 2006, p. 408.
③ 31 Henry VIII, c. 14. *The Statutes of the Realm*, Vol. III, p. 739.
④ A. G. Dickens and Dorothy Carr, eds., *The Reformation in England: To the Accession of Elizabeth I*, London: Edward Arnold, 1975, pp. 118-119.

玛丽女王在采用经济手段、政治手段的同时，也采用了残忍的暴力手段，其结果是以天主教的派系统治取代了对于王国的治理。玛丽时代实施的宗教迫害规模之大、程度之严厉被视为标志性事件，至今难以改变历史形成的评价。

其次，修正史学未能将玛丽一世置于君主统治的环境中加以全面考察，仅仅将其视为教会的领导者甚至天主教的护教者；仅仅从重建天主教计划的具体得失对玛丽女王的统治做出评价，忽略了其统治为英格兰社会带来的整体性灾难后果。修正史学预测，倘若玛丽女王统治时间长久，天主教信仰与权力体系可以更加深入地植根于社会。如果修正史学的预测成立，那么稍微对之加以延伸也可以得出这样的结论：如果玛丽一世统治长久，英格兰臣民将为玛丽一世的统治付出更加惨重的代价——宗教迫害的烈火将殃及更多的新教徒，由此而形成的共同体分裂也将愈演愈烈。

古代西亚节庆活动中的社会等级秩序*

刘 健

(中国社会科学院世界历史研究所)

【摘 要】在古代西亚历史上,由官方组织的节庆活动种类繁多,大多是综合性的,参与人数多,仪式和庆祝活动丰富多样,在一年中特定的时间发挥着重申王权威严、明确社会规范、凝聚国家和民族感情、缓解紧张情绪等功能。本文聚焦节庆活动的明确社会规范的功能,梳理节庆活动中出现的人物、活动、场所等基本要素,指出古代西亚官方节庆活动兼具政治功能和社会功能:一方面,它起到规范生产秩序、生活秩序的作用;另一方面,它通过仪式性的活动重申统治秩序,特别是社会等级秩序。通过对节庆活动参与者的角色、职责、活动空间的严格划分,社会等级秩序不断得到重申和强调,最终让所有人接受等级身份,达到稳固统治的目的。

【关键词】古代西亚;节庆;等级秩序

在古代西亚地区,节庆活动主要与宗教信仰有关,以丰产、丰收等为主要目的,以祭祀神祇的仪式以及举办各类庆祝活动的方式,表达天地人和谐相处的愿望。这类节庆活动大多由王室成员主持,由宗教组织(在古代西亚地区表现为神庙组织)负责统筹活动

---

* 本文为中国社会科学院世界历史研究所创新项目"多元视野下的古代制度研究"阶段性成果。

的各项仪式和流程。宗教节庆活动在一年中特定的时间发挥着重申王权威严①、明确社会规范、凝聚国家和民族感情、缓解紧张情绪等功能。

由于节庆活动大多是综合性的，且由全民共同参与，因此，其社会功能更加明显，特别是在维护社会等级秩序方面。在古代社会，等级制的合法性通过国家权力和法律强制性力量得到确认，其合理性则通过宗教活动和等级思想意识维护。这些活动一方面威慑各等级成员，特别是低等级成员；一方面灌输等级意识，使之接受等级差别，安于现状，从而保证统治稳固。② 一些古代社会的等级差别通过仪式性活动体现出来，典型的如中国古代的礼制，印度的种姓差别也通过对仪式的描述流传后世。古代西亚的神话和仪式活动表现了神与人、统治者与被统治者、征服者与被征服者的等级差别等。从节庆活动的视角观察古代社会的等级制度，有助于更深刻地认识古代社会，特别是古代国家的治理方式和特点。

古代西亚节日的种类、名目繁多，各个国家、城市、族群都有各自的节日，节日中的活动也有不同。大体来说，古代西亚的节日庆祝活动主要围绕神祇展开，包含主持者（一般是统治者或高级祭司）祭祀神祇、供献祭品，观礼者参与祭祀、观看游神和表演活动，参与者观看游神和表演活动、分享祭品。目前文献记录相对比较丰富的节日记载，主要是官方组织的庆祝活动，具有全民参与、活动规模大、类型多样等特点。本文将通过文献记载和考古发现，从中梳理节日庆祝过程中出现的人物、活动、场所等基本要素，进而分析其中体现的等级差别和等级秩序，明确古代西亚节庆活动的政治功能和社会功能。

---

① 关于古代西亚节庆活动的政治功能，参见刘健：《赫梯基拉姆节日活动的仪式特征及其功能》，《世界历史》2015 年第 5 期；刘健：《古代两河流域新年礼俗、观念及其政治功能的演进》，《贵州社会科学》2017 年第 10 期。
② 施治生、徐建新主编：《古代国家的等级制度》（第二版），中国社会科学出版社 2015 年版，第 2 页。

一

　　古代西亚有文献记录的节庆活动大多由官方组织，是得到全面广泛参与的，不同职业、阶层、区域和民族的人士聚集在一起，共同庆祝新年到来、开镰收获，纪念战争胜利等。

　　这类节庆活动往往参与者众多，其中出现的人物包括王室成员、王宫侍卫、文武大臣，甚至还有外国使节或客人，他们主要是观礼者。众多男女祭司、宫廷仆役和侍卫参与或主持各类仪式活动，协助国王或王室成员献祭。表演者的队伍十分庞大，有歌舞表演者、乐器演奏者、杂技表演者和竞技表演者等。人数最多的是普通民众，他们不仅是观众，有时也是仪式的参与者，是节庆活动中的重要组成要素。

　　以古代两河流域早期的新年活动为例，活动大多以各个城市为中心，围绕城市保护神展开。文献中记录了城市民众参与的新年庆祝活动，他们祭祀乌鲁克的丰收女神伊南娜、乌尔的月神南纳、拉伽什城邦中的南塞女神。拉伽什城邦由拉伽什、吉尔苏、尼纳等多个城市中心组成，在新年期间，各个城市的居民全部聚集到尼纳参加庆祝活动。卢加尔班达（Lugalanda）3 年的一篇文献（RTC 47）记录了早期新年的"春运大潮"。拉伽什城邦的"春运"从吉尔苏开始，吉尔苏民众最先出发前往拉伽什，与拉伽什民众汇合后一起前往尼纳，三地民众聚集在尼纳举行最盛大的庆祝活动；最后在第七天，吉尔苏人回到吉尔苏，新年庆祝活动结束。[①] 在古代两河流域晚期的新年庆祝活动中，最为重要的一项是游神仪式。来自全国各地的神像在新年前聚集到首都，并在新年期间自中心神庙被请出，在首都宽阔的大街上游行。塞琉古时期的文献记载，巴比伦的游神队伍从

---

① Mark E. Cohen, *The Cultic Calendars of the Ancient Near East*, Bethesda: CDL Press, 1993, pp. 44-45.

巴比伦主神庙埃萨吉拉（Esagila）出发，沿游行大道向北出伊斯塔女神门至城外的阿基图神庙，待数日后，再举行盛大的返城游行，回到埃萨吉拉神庙。这样的众神像的聚集活动是动员全国力量的，来自全国各地的神像在各地官员和祭司的护送下到达首都。"春运大潮"能否形成，各地神像是否能够在首都聚集，也成为衡量一个国家政治统治疆域、政治局势的晴雨表。①

在赫梯的官方节日期间，国王与王后或王子在几个主要宗教中心主持祭祀活动，也是一次人员流动的大潮。在安塔赫舒（AN.TAH.ŠUM^{SAR}）、普如里（Puruili）和努恩塔瑞亚什哈（Nuntariyašha）节日期间，国王、王后在哈图沙（Hattusa）、阿瑞纳（Arinna）、沙穆哈（Šamuha）等几个城市间旅行，主持各个城市的神祇祭祀和供奉仪式。② 对于距离较远的中心城市，某个王子将受命前往主持相关祭祀活动。③ 在基拉姆节日期间，各地官员和祭司则集中到哈图沙，参与在王宫中举行的祭祀仪式和庆祝活动。④ 除基拉姆节日外，赫梯官方节庆活动应当也是全民参与的。国王夫妇巡行各个宗教中心，庞大的随行队伍以及沿途迎送的官员、围观的普通民众也是一道必不可少的风景线。

节庆活动是各阶层共同参与的。上至以国王和神庙祭司为代表

---

① 《阿基图年代记》（BM 86379）是新亚述时期的一份文献，其主要内容就是记录公元前689年亚述王攻陷巴比伦至公元前626年新巴比伦王纳布珀拉沙尔复兴巴比伦国家期间，阿基图节日庆祝活动没有举行的年份及原因。其中，政治局势动荡，外地神像不能准时运抵首都是一个重要原因。参见 A. K. Grayson, *Assyrian and Babylonian Chronicles: Texts from Cuneiform Sources*, Locust Valley: J. J. Augustin, 1975, pp. 35-36, 131-132.

② H. G. Güterbock, "Some Aspects of Hittite Festivals", in André Finet, ed., *Actes de la XVIIe Rencontre Assyriologique Internationale (1969)*, Brussel, 1970, pp. 175-180.

③ Ada Taggar-Cohen, "The Prince, the KAR. KID Women and the *arzana*-House: A Hittite Royal Festival to the Goddess Katahha (CTH 633)", *Altorientalische Forschungen*, 2010, 37, pp. 113-131.

④ 关于基拉姆节日期间各地官员聚集的目的，参见刘健：《赫梯基拉姆节日活动的仪式特征及其功能》，《世界历史》2015年第5期，第116页。

的社会上层，下至普通百姓，都能在节日庆祝活动中找到自己的位置。例如，古代两河流域的新年庆祝活动中，宗教祭祀、占卜、各种仪式、巡游表演、歌舞、礼乐、竞技、杂技魔术、神话故事表演和宴飨等活动名目繁多，甚至可能包括宣誓效忠和献俘仪式。国王和神庙祭司是新年庆祝活动的主持者和组织者，参与几乎全部庆祝活动。国王和祭司通过各种神秘的祭祀仪式向普通民众展现沟通天地神灵的能力，证明王权的合法性和神圣性；通过游神仪式展现辽阔的统治疆域、稳定的国家统治；通过宴飨活动与民同庆、与民同乐，凝聚感情，增强民众的认同感。游神活动在开放的城市大道上举行，开放的街区空间，壮观的游神队伍，人头攒动的观众，彰显着普天同庆的节日气氛。①

节日也是不同区域、不同民族聚集的时刻。这里所说的不同区域并非指来自古代西亚国家统治区域内的官员、祭司和普通民众，而是指来自新征服地区或其他国家的其他民族的人士。有研究证明，在新年庆祝活动中，两河流域国家的国王会邀请外国统治者或者外国派驻该国的使者参与观礼。② 在新年活动期间举行的效忠仪式和献俘仪式中，也会出现被征服地区的统治者和战俘。③ 他们是新年活动中比较特殊的一群人，他们的出现既具有震慑敌人、彰显权威的政治含义，也有通过庆祝活动缓和与周边国家和区域关系的目的。

这种节庆活动是一个全民参与、人员聚集的场合，不同阶层、不同地域和不同民族欢聚一堂，分享节日欢乐的喜庆气氛，但同时

---

① 关于古代两河流域新年活动的主要内容，参见刘健：《古代两河流域新年礼俗、观念及其政治功能的演进》，《贵州社会科学》2017年第10期以及其中的相关注释。
② T. M. Sharlach, "Diplomacy and the Rituals of Politics at the Ur III Court", *Journal of Cuneiform Studies*, 2005, 57, pp. 17-29. 该文围绕乌尔第三王朝节庆活动中的外国使者，讨论了他们在节日期间的活动及其政治意义。
③ Theo P. J. van den Hout, "A Tale of Tiššaruli (Ya): A Dramatic Interlude in the Hittite KI.LAM Festival?", *Journal of Near Eastern Studies*, 1991, 50, pp. 193-202. 该文作者认为这篇赫梯故事讲述基拉姆节日的表演，故事应当源自真实的历史事件，后来成为基拉姆节庆活动中的一个内容，用来宣扬国王统治的强盛和权威。

也是一个强化社会秩序、规范等级界限的场合。所有参与者在活动空间、角色分工等方面均存在明显的差异。

二

古代西亚节日庆祝活动的空间差别极大，其中包括全封闭的、仅有国王和高级祭司可以进入的神殿密室，也有王宫和神庙内庭这种可以有少数人在场参与活动的半封闭空间，还有举行大规模庆祝活动的街道、广场等开放的空间。

神殿密室一般位于神庙最核心的区域，是一个极为隐蔽的空间。在两河流域的阿基图新年活动中，在10余天的新年期间，埃萨吉拉神庙主祭司塞什伽鲁（Šešgallu）每天凌晨在神庙祈祷室中诵念祷文，仅其一人在场。阿基图节日活动的第8天和第11天是"决定命运（šimti）"①的日子。尼布甲尼撒二世时期的一篇文献中说明了第8天"决定命运"仪式举行的地点、时间和参与者：

> 圣山，命运之地，名为乌布舒金纳（Ubšukkinna），parak šimāte，在岁首（zagmukku），于第8、11日，众神之主卢伽尔迪姆埃兰基亚（Lugaldimmerankia）（马杜克神的50个名字之一）端坐，天上与阴间诸神趋前跪拜，得万世之运，吾生之命。②

乌布舒金纳（Ubšukkinna）是神庙中一个极为隐蔽的区域。举行第8日的仪式的乌布舒金纳位于马杜克的埃萨吉拉神庙中纳布神殿埃兹达（Ezida）内。第11日的"决定命运"仪式则在埃萨吉拉

---

① Šimti 所代表的命运在古代两河流域文献中经常出现，参见 Jack Lawson, *The Contept of Fate in Acnient Mesopotamia: Toward an Understanding of šimti*, Wiesbaden: Otto Harrassowitz Verlag, 1994.

② VAB 4 126 54-65. 转引自 J. Bidemead, *The Akiti Festival: Religious Continuity and Royal Legitimation in Mesopotamia*, Piskataway: Gorgias Press, 2014, p. 89.

神庙马杜克神殿优穆沙（Eumuša）的乌布舒金纳室举行。文献记载，两次仪式的参与者是诸神神像、国王和充当服务人员传递"命运泥板"的祭司。这表明在这两个封闭空间内，在场的仅有国王和祭司两个人。这一方面证明在新年节日中"决定命运"代表着辞旧迎新，万象更新，人类社会重新进入一个新的循环；另一方面，这个转换极为神秘、神圣，只有神祇派驻人间的代理人，即国王有资格获得更新的钥匙——命运泥板。①

更新不仅体现在"决定命运"仪式中，也体现在"羞辱国王"仪式里。这个仪式同样在一个全封闭的空间举行。在阿基图新年节庆活动的第5天，塞什伽鲁祭司在马杜克密室诵祷后离开，护送国王进入纳布神殿。祭司剥除国王的权力标志，卸下权杖、圣环和权标头，回到马杜克密室将这些标志物供奉在神像前的座位上。接着他返回国王面前，打国王的面颊，揪国王的耳朵，拉扯国王至巴尔神殿②，强迫他跪伏在神像前，朗诵忏悔词。祭司训诫国王，宣誓神的仁慈，归还国王的仪仗，令国王得到一年的保障。随后祭司再次打国王的脸颊，并以此占卜。若国王流下眼泪，则巴尔神得到满足；反之，则巴尔神震怒，国王的敌人将起来反抗并致王垮台。祭司护送获得更新的王进入纳布的埃兹达神殿。在纳布神的密室，祭司除去王的仪仗，归还马杜克神。祭司打国王的面颊，扯他的耳朵，拖着国王来到马杜克神殿优穆沙，强迫他跪在马杜克神像前，朗诵忏悔词，祭司再次打国王的面颊，卜问马杜克神如何处置国王。这是一个私密性的仪式，仅祭司、国王和神在场，也是国王唯一一次被允许进入神庙内殿的机会。对于这个羞辱仪式的含义，学界争论颇多，有学者认为这是一个过渡仪式，代表王权的更新；有学者认为这是国王的加冕礼的仪式性展示，或是一个外来国王的矫

---

① J. Bidemead, *The Akiti Festival*, pp. 89-93.
② 巴尔神，即马杜克神，是古代两河流域晚期文献中对马杜克神的称呼。参见 Jeremy Black and Anthony Green, *Gods, Demons and Symbols of Ancient Mesopotamia*, Austin: University of Texas Press, 1992, pp. 40, 128-129.

正仪式。以弗雷泽等为代表的神话仪式学派则认为这是一种赎罪仪式,代表人与神达成和解。无论哪一种观点,这种极为秘密的、在一个全封闭空间举行的、仅有国王与主祭司在场的仪式,代表节日庆祝活动等级秩序中的最高级。①

古代西亚节庆活动的主要内容是祭祀神祇,祈求风调雨顺、国泰民安、丰产丰收。这类祭祀活动主要在神庙、王宫等相对封闭的空间举行。一方面,神庙和王宫是守卫森严的场所,一般情况下处于封闭状态;另一方面,在节庆活动期间,这里会向部分人员开放。在两河流域新年庆祝活动期间,神庙的日常供奉仪式不能停止,神庙人员的日常活动照常举行。但是,由于来自各地的神像聚集到首都的中心神庙,因此,神庙中更多的神殿被开放,供奉远道而来的神像,供随侍的祭司活动。在赫梯的基拉姆节日期间,来自全国各地的官员或祭司(AGRIG)②聚集到首都,参加在王宫中举行的游神和宴会活动。节日期间,神庙和王宫成为一个半开放的空间,有选择地接待节庆活动的参与者。毋庸置疑,这些能够进入神庙和王宫的参与者拥有特权,是古代社会的贵族阶层。

第三类是开放的空间。在这个开放空间举行的节庆活动,大多是综合性的游神、表演、竞技活动,体现与民同乐的精神。古代两河流域的新年游神仪式就是在首都的主要街道举行的。巴比伦的游行大道位于尼布甲尼撒二世所建的南宫东侧,一直通往城市北部富丽堂皇的伊斯塔门,与城外的阿基图庙相连。大道两侧树立石板,上面雕刻着公牛、怒蛇等形象,用釉彩砖镶嵌,富丽堂皇;伊斯塔门用蓝色和白色的彩砖镶嵌,庄严肃穆。③

---

① J. Bidemead, *The Akītu Festival*, pp. 77-82.
② 关于这些官员和祭司的组成、活动,参见 Itamar Singer,"The AGRIG in the Hittite Texts", *Anatolian Studies*, 1984, 34, pp. 97-127;关于这些官员在基拉姆节日的作用,参见刘健:《赫梯基拉姆节日活动的仪式特征及其功能》,《世界历史》2015 年第 5 期,第 116 页。
③ Joan Oates, *Babylon*, London: Thames and Hudson, 1986, pp. 152-156.

节庆活动的空间分布差异对应着古代西亚社会基本的等级秩序：国王处于等级金字塔的最顶层，其次是贵族阶层，再次是普通民众。他们各自在节庆活动中扮演的角色、承担的责任，显示古代西亚社会的等级差异。

三

等级差异首先体现在神祇等级中。在各种节庆活动中，受祭的主神占据着最高的位置，其次是其他众神。拉伽什文献记载，各位神祇接受的供品的内容、肉类品种、双粒小麦和黑啤酒、油料、椰枣、食品、鱼类有一定之规，大神接受羊羔和绵羊供奉，小神接受山羊供奉。① 在巴比伦的阿基图新年活动中，马杜克神占据着至高地位，其下是其子纳布，再之后是其他众神，这种排列顺序体现在游行队伍的神像排列、"决定命运"仪式上众神的位置、埃萨吉拉神庙中众神神殿的方位等方面。在赫梯节庆活动中，雷神占据至高位置，阿瑞纳太阳女神等位列其后，众神所得到的祭品种类、数量决定了他们的等级地位。

国王是官方节庆活动的主导者。尽管古代西亚节庆活动的时间比较固定，大多具有岁时节日的特点②，但是，节庆活动的基本流程仍然由国王主导。赫梯的安塔舒姆节日文献记载，庆祝活动开始的时间因国王和王后的行程发生变化。若国王征战未归，则国王和王后分别从不同地点出发，启动庆祝活动。两河流域的阿基图新年

---

① Mark E. Cohen, *The Cultic Calendars of the Ancient Near East*, p. 45.
② 岁时是中国传统社会特有的时间表述，它起源于民众的谋生活动与生活感受，来源于长期生产生活中发现的岁年周期与木星运动之间的对应关系。它具有两重含义：一、年度循环周期；二、指一年中的季节以及与季节相关的时令节日。岁时观念中包含着自然的时间过程与人们对应自然时间所进行的种种时序性的人文活动。参见萧放：《岁时——传统中国民众的时间生活》，中华书局 2016 年版，第3—7页。根据岁时观念的自然属性和人文属性，笔者认为古代西亚的众多节日具有岁时特征，特采用此概念。古代西亚节日的岁时特征将另文专述。

庆祝活动也需要由国王主持。亚述王提格拉特皮莱赛尔三世（公元前729年、前728年）和萨尔贡二世（在位第13年）曾经主持巴比伦的阿基图新年庆典，标志着他们被承认为巴比伦王，这在《巴比伦年代记》中得到了证实。① 新巴比伦王纳布尼德（Nabonidus）在驻扎阿拉伯沙漠边镇泰玛（Teima）期间，由于不能亲自出席，阿基图新年庆祝活动长达10年没有举行。这也被认为是纳布尼德与马杜克祭司集团存在矛盾的证据，为居鲁士兵不血刃、闲庭信步似的进入巴比伦城埋下了伏笔。② 总而言之，节庆活动举行与否、何时何地举行，取决于国王的意愿。

节庆活动的核心目标由国王掌握，比如阿基图新年活动中"决定命运"和"羞辱国王"仪式的宗旨是重申宇宙秩序、重申神授王权。这两个仪式的主角是国王，主祭司则只是服务人员和演员。在"决定命运"仪式中，祭司负责扮演神界的仆从，象征性地从神祇手中接过"命运泥板"传递给国王，表明马杜克神将王权授予国王，国王也在此时赋予国土及其臣民"命运之力"。在"羞辱国王"仪式中，祭司扮演神界的判官，甄别国王在过去一年的功过得失，更新国王的神授权力。国王借此与神祇、臣民重新确立了联系，新的社会秩序形成，"契约"被重新订立。

国王是节庆活动的绝对主角，国王或国王夫妇是各类祭神仪式的主祭人，是宴会的主人，也是各类表演和竞技活动的主观礼人。在庆祝活动的各个环节，国王夫妇的行动都具有标志性，例如：国王夫妇抵达代表仪式开始，离开代表仪式结束。

国王的至高地位通过严格的礼仪规范得到强调。以赫梯的基拉姆节日为例，国王的礼仪服饰十分明确："穿白衫、裹麻布、穿塞

---

① Barbara Nevlin Porter, *Images, Power, and Politics: Figurative Aspects of Esarhaddon's Babylonian Policy*, Philadelphia: American Philosophical Society, 1993, pp. 29, 78.
② 当然，这只是其中的一种看法，关于纳布尼德与新年庆祝活动的关系以及后世的记载与评价，参见 J. Bidmead, *The Akiti Festival*, pp. 130-146.

帕希衫、戴金耳环、脚蹬黑履。"① 这是基拉姆节日期间国王的标准服饰。在其他节庆活动中，国王的服饰应当有所变化，比如服装颜色除白色外，还有蓝色。国王手中所持礼器由专人保管，"侍卫献上金属长矛礼器"。国王主持的献祭仪式的祭品的数量、种类和来源会被清楚地记录在案，若国王献祭"来自王宫的两头牛，来自各个城市的绵羊 40 只以及其他祭品"，则王后献祭"来自王宫的一头牛，来自各个城市的绵羊 20 只以及其他祭品"。② 显然，礼仪规制规定：王后贡献的是国王的一半。

除国王外，王室成员、各级贵族、各级官员、各类祭司、宫廷和神庙的仆役和侍卫、外国使节、被征服地区的首领和战俘、各类表演者、来自首都和外地的普通观众等都是节庆活动的参与者。其中，贵族、官员、祭司等拥有双重身份。一方面，他们是受邀观礼人，参与一些祭祀活动和宴会活动；另一方面，他们也在一些节庆活动中扮演着主要角色，体现节庆活动的目标和理念。

在赫梯的基拉姆节日中，王室成员和贵族、王宫总管和卫士长、各个神庙的祭司、来自各地的官员是各类仪式的参与者和辅助者，他们也是宴飨活动中的宾客。上述各类人员代表了赫梯国家的统治阶级，是社会的上层。在安塔舒姆节日流程文献中，每天活动结束时或者每个仪式活动之后都会出现"大议事会"的字样，应该是国家的上层贵族集体参与的一个活动。③

在两河流域的阿基图新年活动中有一个重要环节，就是"甄别"。大约完成于乌尔第三王朝的《南塞赞美诗》被认为是对苏美

---

① Itamar Singer, *The Hittite KI.LAM Festival: Part One*, Wiesbaden: Otto Harrassowitz Verlag, 1983, p. 58.
② Itamar Singer, *The Hittite KI.LAM Festival: Part One*, pp. 134-135.
③ H. G. Güterbock, "An Outline of the Hittite AN.TAḪ.ŠUM Festival", *Journal of Near Eastern Studies*, 1960, 19, pp. 80-89.

尔人新年活动的描述。① 文献中记载，南塞女神率领甄别小组对神庙成员进行甄别，并给予考核评价。考核小组的组长是南塞女神，她是拉伽什城邦所辖城市希拉拉（Sirara）的保护神，在当地人心目中也是宇宙秩序的建立者和维护者，她庇护妇女儿童、保护弱者、掩护逃亡者，还充当月老红娘，为新人牵线。考核小组的组员是司判官之职的女神亨杜尔萨伽（Hendursaga）、书吏之神尼萨巴（Nisaba）和记录者哈亚。考核小组的任务是评判神庙祭司和官员一年的工作业绩及行为规范，惩罚各类犯罪和违规行为，表彰行为符合规范者。文献写道：

> 在年关，仪式的一天，女神在神圣的旷野洒水。这一天，检查分配食物的碗具，南塞女神审查待甄别的仆人。她的书吏长尼萨巴已将珍贵的泥板放在膝上了吗？她手执金笔，她将仆人们的文件整齐摆放。皮衣者依序上前，麻衣者依序上前，一名皮衣者未依序上前，一名麻衣者未依序上前，一人依所见所闻记录用/不用，决定他"第一批敲鼓者"（ŠITA-AB-BA）的位置……掌泥板者哈亚在泥土上记录女神点名的好仆，删除女神未点名的少女……（《南塞赞美诗》第94行—112行）②

---

① 多位学者对这篇文献进行过翻译和注释，参见 B. Alster, "Sumerian Canonical Compositions: C. Individual Focus: 1. Proverbs", in William W. Hallo, ed., *The Context of Scripture I: Canonical Compositions from the Biblical World*, Leiden, New York and Köln: Brill, 1997, pp. 563-568; W. Heimpel, "The Nanshe Hymn", *Journal of Cuneiform Studies*, 1981, 33, pp. 65-139; W. Heimpel, "Sumerian Canonical Compositions: A. Divine Focus: 2. Hymns: To Nanshe（1. 162）", in William W. Hallo, ed., *The Context of Scripture I: Canonical Compositions from the Biblical World*, pp. 526-531; Th. Jacobsen, *The Harps that Once ... Sumerian Poetry in Translation*, New Haven and London: Yale University Press, 1987, pp. 125-142; A Hymn to Nance (Nance A), http://etcsl.orinst.ox.ac.uk/, c. 4. 14. 1.

② 本文中对于《南塞赞美诗》部分段落的汉译主要依据 W. Heimpel 的英文译本，并参照其他译本。参见"The Nanshe Hymn", *Journal of Cuneiform Studies*, 1981, 33, pp. 69, 88-91, 110-114.

接受考核者包括神庙中负责日常供奉的人员，比如负责供奉神祇的服装、净水、圣火、诵经等事务的人员，一旦出现未登记入册、未按时供奉、器物不洁等问题，均给予停职处分（《南塞赞美诗》第113行—128行）。对于部分不服判决的人员，将通过神判甄别，文献记载"南塞宫的水判澄清了一人"（《南塞赞美诗》第130行—131行）。

上面讲到的"羞辱国王"仪式也是一种"甄别"仪式，甄别的对象是国王。《南塞赞美诗》中考核的对象似乎仅限于神庙官员和神庙人员，但是，从《南塞赞美诗》中规范职业行为、关注侵害弱势群体的行为看，它颇具规范全体的遗风。阿基图新年活动中，国王接受"命运泥板"后赐予全体臣民"命运"似乎也能够证明：传统上，全体人民都应在新年接受神祇甄别、考核，并在新旧交替的时刻与神祇重新签署契约。

另外，在阿基图新年活动中还有关于基第努（kidinnu）群体的特权地位的规定。基第努特权集团也是古代两河流域历史上的一个特殊现象。基第努特权一般被赐予若干个宗教中心城市的全体公民，他们享有免税、免徭役的特权。文献记载拥有这种特权的城市包括尼普尔、乌鲁克、拉尔萨、巴比伦等，可能还包含一些亚述城市。尽管没有证据表明基第努特权集团是否参加阿基图新年庆祝活动，但有理由相信，这个集团，至少是这个集团的部分人员会受邀观礼，并得到国王赐予的、在新的一年获得特权的诏令。①

王室成员、各级各类官员和特权集团人士主要参与祭祀仪式的观礼、宴会活动，同时也参与一些与切身利益有关的仪式活动，他们应该代表着古代西亚社会的贵族阶层。他们的活动大多集中在半封闭的空间，比如王宫和神庙的庭院中。他们参与的活动表明他们具有一定的特权地位，但他们之间也存在等级身份的差异。

---

① 关于基第努的含义、构成、特权身份和地位，学界研究较多，主要参考书目可参见 J. Bidmead, *The Akitu Festival*, p. 50, n. 30.

在赫梯的基拉姆节日期间会举行宴会，宴会上各地祭司、诸神祭司、各地官员及各类参与者的排列座次及离席顺序有严格规定。在座次安排上，国王和王后位居首位，次席是王子和公主，三席为赫梯主要城市阿瑞那、兹帕兰达和哈图沙的高级祭司，之后诸席为各地祭司、各地阿格里格官员，末席为娱乐或服务人员——也可能娱乐和服务人员并不入席，文献中对此并没有明确说明。宴会结束时，离席的顺序大致相反，首先是下层贵族（LÚ^{MEŠ} DUGUD ERIG）离席，其次是宴席贵族（LÚ^{MEŠ} 〈DUGUD〉¹ NAPĀNIM），再次为王子和公主，其后为桑嘎诸祭司，最后是国王夫妇。参加活动的人员入席与离席顺序基本相反，表现出严格的人员限制和等级规范。①

在观礼人群中还包括一个特殊群体——外族人或外国人。阿基图新年文献中有邀请外国使者和各地官员前往首都观看新年节庆活动的记载。他们在整个典礼过程中充当观众，见识强国实力，统治者也借此机会震慑各个邻国，警告各地官员不得轻举妄动。② 受降仪式和献俘仪式也是节庆活动中的一个环节。在巴比伦，连接游行大道和城外阿基图神庙的城门是伊斯塔门，伊斯塔女神是古代两河流域神祇中的战争女神，这个城门也是巴比伦王出征与凯旋必经之门。在新年的游神仪式队伍中还包含战俘和战利品展示队伍，这些迹象都表明，受降仪式、宣誓效忠仪式、供献战利品仪式应该是阿基图新年活动中的一个内容。一篇赫梯文献③中描述，一名来自提沙鲁利（Tiššaruli）的官员——也可能是统治者本人——受邀参加宴会，国王赐予他珍馐美馔，请他尽情享用。但是这名提沙鲁利人拒绝食用任何酒食，他只是出席宴会，对国王行跪拜之礼，之

---

① Itamar Singer, *The Hittite KI.LAM Festival* (Part One), pp. 73, 77-78.
② T. M. Sharlach, "Diplomacy and the Rituals of Politics at the Ur III Court", *Journal of Cuneiform Studies*, 2005, 57, pp. 17-29.
③ Theo P. J. van den Hout, "A Tale of Tiššaruli (Ya): A Dramatic Interlude in the Hittite KI.LAM Festival?", *Journal of Near Eastern Studies*, 1991, 50, pp. 193-202.

后径自离席。从文献的描述中可以获知，参加宴会的官员食国王赐予之食，饮国王赐予的美酒，具有表达忠诚、臣服之意。

在节庆活动中，不能忽视各类辅助人员、仆役和表演者的作用，他们主要从事辅助、服务和娱乐工作。在活动空间上，他们的活动集中在神庙、王宫等半开放空间和游行大道等开放空间；在身份地位上，他们并非社会的上层人士，也非充当观众的普通民众；在职责分工上，他们承担着防卫守护、制作供品、服务仪式和宴会活动、表演（戏剧、舞蹈、歌唱、竞技）、运送神像、洒扫庭除等各种事务。他们是节庆活动中不可缺少的组成部分，但是在文献中对于这类服务人员的身份地位、职责义务的记载极少，很难给予他们明确的身份等级定位。

最后，节庆活动中数量最多的是普通民众。在节庆期间，人们从四面八方聚集到中心城市，比如巴比伦的首都巴比伦城，聚集在宽阔的游行大道两侧，摩肩接踵，等待瞻仰来自各地的主神神像的大游行。这可能是普通人一年中唯一一次亲自瞻仰众神神像的机会，甚至可能是某些人一生中仅有的一次机会。文献中曾经详细描述早王朝拉伽什城邦的居民聚集在一起参与新年活动的情形，把出行前的祭祀活动、不同地方人们出发的时间以及活动结束后归家的路线都详细地记录下来，显然对这样的一次出行活动极为重视。亚述王阿舒尔巴尼拔宫廷壁雕中也有一幅描绘了众人聚集在游行大道两侧，急切地等待众神出街的场面。对于平民百姓来说，节庆活动是朝圣时刻，能够近距离地瞻仰神祇（神像）。节庆活动也是全民分享的时机，在早王朝拉伽什的丰收庆祝活动（burumaš）中，每个参与者都能够享受丰收的喜悦。收获物由神庙负责准备，在祭祀神祇之后，丰收的礼物被分别送给各级各类人士，包括高级神庙官员、普通祭司、世俗官员、地方官员，甚至牧羊人、渔夫、王室仆从、士兵、信使、农民、巡夜人等普通群众也获得了面包作为礼物。[①] 节庆活动

---

① Mark E. Cohen, *The Cultic Calendars of the Ancient Near East*, p. 45.

还是期待豁免的时刻，努兹文献显示，国王在节日当月会发布债务解除令①，对于饱受债务之累的百姓来说，这是一年中最大的期盼。节庆活动是放松的时刻，热闹、盛大的节庆活动愉悦身心，两河流域在新年期间还有假日，大约在尼桑月（第三个月）4日、8日、11日，是难得的可以休息的机会。

神祇、国王、贵族、普通民众、节庆活动的服务和保卫人员、其他国家代表、被征服者代表，这一切构成了古代西亚节庆活动中人的元素。神祇凌驾于人类之上，这是古代西亚神话中不断重申的主题：人由神创造出来，服务于神，国王是神祇任命的人间代理人。国王是节庆活动的主导者，是神与人之间的媒介，通过节庆活动，国王与神、国王与臣民签署契约，确立宇宙秩序。官员、神庙祭司等是节庆活动的组织者和参与者，通过参与各类大型活动和森严的仪式规范强化特权身份。对于广大普通民众来说，节庆活动是放松的机会，通过瞻仰神像，观看游神队伍中的表演、歌舞和竞技愉悦身心，能够获得分享的祭品和得以豁免债务则是节日的惊喜。当然，他们也在这个过程中再次明确自己的身份地位。

由国家主导的节日及节庆活动发挥着重要的政治功能，它是统治者强化统治，重申王权神圣性、正统性、合法性和权威性的重要手段；节日和节庆活动也发挥着重要的社会功能，它起到规范社会秩序、缓解社会矛盾、调节民众情绪等多重作用。其中，规范社会秩序兼具政治功能和社会功能：一方面，它起到规范生产秩序、生活秩序的作用；另一方面，它通过仪式性的活动重申统治秩序，特别是社会等级秩序。通过对节庆活动参与者的角色、职责、活动空间的严格划分，社会等级秩序不断得到重申和强调，最终让所有人接受等级身份，达到稳固统治的目的。

---

① Barbara Nevlin Porter, *Images, Power, and Politics: Figurative Aspects of Esarhaddon's Babylonian Policy*, p. 114.

古巴比伦时期女祭司及其经济活动探析

李海峰

(华东师范大学历史学系)

【摘　要】 古巴比伦时期在特定的社会和经济条件下，社会上兴起了一个特殊的妇女阶层，即女祭司。这些女祭司享有较高的社会地位，可以从事各种社会活动。在经济领域，女祭司可以自由参加各种不动产和动产的交易活动，在土地和房屋等不动产的买卖和租赁中发挥了主体作用，在动产的租赁中，她们也经常以债权人的身份出现。在古巴比伦时期的社会经济中，女祭司阶层发挥了重要的作用。

【关键词】 古巴比伦；女祭司；契约；经济活动

宗教在人类的早期生活中占有重要的地位，神庙祭司在社会政治、经济、文化生活中也扮演着重要的角色。在古巴比伦时期，由于特定的社会经济条件，"女观院"开始兴起，与此相适应，在社会上形成了一个特殊的女祭司阶层。她们和一般的妇女截然不同，在社会上有着很高的地位，在经济领域内也是积极的参与者。通过研究两河流域出土的大量有关不动产和动产的契约文件，可以看出女祭司在不动产的交易活动中占有重要地位。与此同时，她们也积极地进行动产的各种交易活动。

一、女祭司群体概况

古巴比伦时期女祭司在多个城市存在，但西帕尔城的女祭司数量较多，类别较多，"女观院"① 的规模最大。西帕尔的泥板文书显示，古巴比伦时期的女祭司主要分成两类：住在"女观院"里的女祭司和不住在"女观院"里的女祭司。前者主要包括沙马什的那迪图（Nadītu of Šamaš）女祭司②、塞克雷图（Šekrutu）和乌克巴不图（Ugbabtu）。后者主要包括马尔杜克的那迪图（Nadītu of Marduk）③、库尔玛什图（Kulmašītu）和卡第什图（Qadištu）。④

1. 沙马什的那迪图女祭司⑤

那迪图的苏美尔语为 lukur，在古巴比伦以前就已经存在，但那时那迪图是王室中的一员，她的地位和古巴比伦时期有根本的区别。那迪图的阿卡德语为 nadītu，其字面的意思为休耕的土地和没有被开发的土地。⑥ 那迪图不允许有性行为，她必须保持独身。到了结婚的年龄时，那迪图便进入神庙，并且在神庙里度过一生。在

---

① 女观院的阿卡德语为 gagûm，是古巴比伦时期各类女祭司生活修道的专门场所，类似于欧洲的修道院。女观院在古巴比伦时期之前就已经出现，兴盛于古巴比伦时期。古巴比伦时期的大多数城市都有自己的女观院，如西帕尔、基什、尼普尔、伊什嚓里和埃兰的苏萨等。在这些女观院中，西帕尔城的女观院规模最大、声誉最强。Gagûm 四周有围墙包围，大门处有专门的人员看守，大门处也是女祭司与外界进行各种经济活动的场所。Gagûm 内主要由房屋及小块芝麻田构成。在行政上，gagûm 隶属于神庙，受神庙最高官员 sanga 的监督与指导，但有自己相对独立的管理权。Gagûm 的所属人员主要由 gagûm 的管理人员、各类女祭司和 gagûm 的服务人员（水手、奴隶、厨师等）等构成，据美国亚述学家哈瑞斯研究，gagûm 的总人数在 200～500 之间。古巴比伦时期的 gagûm 虽然与具有特定含义的修道院、观院有所不同，但为了给读者一个直观的感受，笔者采用了意译的方法，翻译为"女观院"。参见 R. Harris, *Ancient Sippar: A Demographic Study of an Old-Babylonian City (1894-1595 BC)*, Leiden and Istanbul, 1975, pp. 303-305.
② 献身沙马什神，住在沙马什神庙内的那迪图叫作沙马什的那迪图女祭司。沙马什的那迪图女祭司在西帕尔女观院的各类女祭司中数量最多，具有较高的宗教和社会地位，也是各种经济交易活动的主要参加者。
③ 马尔杜克起初为巴比伦城的守护神，后来上升为全国性的神，神庙叫埃萨吉拉（Esagila）。马尔杜克的那迪图指献身马尔杜克神，住在马尔杜克神庙内的那迪图。
④ 参见 R. Harris, *Ancient Sippar*, p. 303.
⑤ 在第一部分中简称那迪图。
⑥ 参见 I. M. Diakonoff, "Women in Old Babylonia Not under Patriarchal Authority", *Journal of the Economic and Social History of the Orient*, 1986, 29, p. 234.

沙马什神庙中，那迪图与沙马什神及其配偶阿雅（Aja）神有着一种特殊的关系。用家庭术语来说，那迪图是沙马什神的儿媳妇。像一个女孩离开她的家庭进入她公公的家庭一样，那迪图来到了她身为神的公公家里，唯一不同的是之后没有婚姻，她没有丈夫。那迪图和沙马什神、阿雅神的这种特殊的关系通过各种宗教仪式得到了体现。在沙马什的宗教节日里，得到那迪图称号的女孩把一条"沙马什的绳索"放在手臂上，意味着和沙马什神建立了一种特殊的关系。一旦成为那迪图，就必须选择一个新的名字来表达对沙马什神和阿雅神的奉献。那迪图最常用的名字为 Amat-Šamaš，意思为"沙马什的仆人"，此外还有诸如 Erišti-Šamaš 或者 Erišti-Aja，意思为"被沙马什或阿雅请求的"。很多有关那迪图的信件也表明了那迪图和两位神祇的关系，其中她们使用带有标志性的称呼语，如"让我的男主人（沙马什）和我的女主人（阿雅）保佑你"。在信件中很多虔诚的短语证明了那迪图和她们的"公公"甚至"公婆"这种亲密的关系。

这时的"女观院"和中世纪的"女观院"有很大的不同，除了对神庙负有一定的义务之外，"女观院"里女祭司们的行为大多是个人行为。通过各种各样的商业交易，那迪图在社区的经济生活中起到了重要的作用。虽然那迪图被限制在"女观院"里，但是她也有一定程度的活动自由，并且和"女观院"外的人有一定的交流。一些书信显示，那迪图可以邀请一些人到"女观院"里来看望她，同时她也可以离开"女观院"到外面去参观。

2. 马尔杜克的那迪图女祭司

马尔杜克神一开始是巴比伦城的守护神，随着巴比伦城在全国的影响日益扩大，马尔杜克神也慢慢地变成了全国性的主神，所以马尔杜克的那迪图不仅仅在巴比伦城存在，在西帕尔城也存在。在西帕尔城，由于该城市的守护神是沙马什，所以沙马什的那迪图的地位要高于马尔杜克的那迪图。在一些家庭里，一般年龄大的女孩是沙马什的那迪图，而年龄小的则是马尔杜克的那迪图，从这一点上也可以看出沙马什的那迪图的地位高于马尔杜克的那迪图。沙马什的那迪图和马尔杜克的那迪图最根本的区别是马尔杜克的那迪图可以结婚，所以马尔杜克的那迪图可以不必住在修道院里。

马尔杜克的那迪图可以结婚，但不能有孩子。马尔杜克的那迪图为了给丈夫一个孩子，可以采取以下方式：收养一个孩子；把自己的妹妹淑吉图许给丈夫，淑吉图可以生养孩子；送给丈夫一个女奴隶，让女奴隶生养孩子；或者给丈夫提供一个自由的女人，作为第二个妻子。无论是淑吉图、女奴隶还是第二个妻子，虽然她们为丈夫生了孩子，但她们的地位却不能和那迪图平等，否则就要受到处罚，《汉谟拉比法典》做了如下规定：

> 第145条：如果一个人娶了一个那迪图女祭司，但没有使他获得儿子们，因而他下定决心要娶一个（能生育）的媵妾（淑吉图妇女），该人可以娶一个媵妾（淑吉图妇女），他可以使她进入他家，但是该媵妾（淑吉图妇女）不应该使自己等同于那那迪图女祭司。
>
> 第146条：如果一个自由人娶了一个那迪图女祭司，而且她给予她丈夫一个女奴隶，且她（女奴）生了孩子们。后来，该女奴使自己的地位等同于她的女主人，因为她（女奴）生了儿子们，她的女主人不应该卖了她，但是可以给她建立奴隶发型，并把她算作一个普通女奴隶。①

3. 其他的女祭司

除了那迪图以外，古巴比伦时期的女祭司还有淑吉图、塞克雷图、乌克巴不图、库尔玛什图和卡第什图等。

（1）淑吉图：从以上的叙述中，我们可以看出淑吉图从属于马

---

① 参见吴宇虹等：《古代两河流域楔形文字经典举要》，黑龙江人民出版社2006年，第115—116页。

尔杜克的那迪图。通常淑吉图是那迪图的妹妹，她和那迪图的丈夫结婚，以给那迪图一个孩子。所以淑吉图实际上是那迪图的替身，她丈夫的第二个妻子。

（2）库尔玛什图：在现存的西帕尔文献中，提到最多的是沙马什的那迪图女祭司，其次就是库尔玛什图。库尔玛什图并不住在修道院里，她可以独立地进行各种经济活动。库尔玛什图很少结婚，没有孩子。

（3）卡第什图：卡第什图和阿达德神（Adad）① 有一种特殊的关系。卡第什图并不住在修道院内，她可以结婚，也可以有孩子，但也可以不结婚，保持独身。在泥板文献里，卡第什图经常作为奶妈和助产士出现。卡第什图一般来自不富裕的家庭，她的宗教地位也很低，认为卡第什图是神庙妓女的观点一度流行。②

二、女祭司的土地买卖和租赁活动

在土地买卖和租赁的经济活动中，女祭司可以说是主体人员。在现存的大量土地买卖和租赁契约中，女祭司作为交易的一方频频出现，在土地这种不动产的交易活动中发挥了巨大的作用。

1. 女祭司的土地买卖活动

土地买卖活动在两河流域可谓有着悠久的历史，早在古苏美尔时期（前2800年—前2300年），两河流域就存在着土地买卖活动。在苏美尔城邦遗址，如舒如帕克（Šuruppak）、阿达波（Adab）、尼普尔（Nippur）以及拉旮什（Lagaš）的吉尔苏城（Girsu）出土的经济档案文献中，就包含了许多土地买卖文献。古巴比伦时期土地买卖活动进一步繁荣起来，买卖土地的类型也多种多样。农田、

---

① 塞姆人的暴风雨之神，在巴比伦的主要祭祀中心为卡尔卡拉（IM.KI），地点尚未确定，神庙是埃乌伽勒伽勒（Eudgalgal）。
② I. M. Diakonoff, "Women in Old Babylonia Not under Patriarchal Authority", *Journal of the Economic and Social History of the Orient*, 1986, 29, p. 235.

房基地（é-ki-gál）、打谷场（kislah）、废墟地（burubalum）和空地（é-ki-bal）①等各种土地都可以自由买卖。

《汉谟拉比法典》第 40 条明确规定了那迪图女祭司的土地可以买卖②，这为女祭司买卖土地提供了法律上的保证。

在《古巴比伦时期西帕尔不动产经济文献》③ 中，关于农田买卖的契约有 94 件。在这些契约中，女祭司作为卖主的契约有 15 件，其中沙马什的那迪图女祭司在 10 件契约中以卖主的身份出现。在 47 件契约中，买主为女祭司，刚好占了总数的 50%。其中，沙马什的那迪图女祭司作为买主出现在 35 件契约中。我们可以通过下面的例子来了解女祭司买卖土地的具体情况：

> 9 伊库④土地，位于希拉尼地区的灌溉区。一面邻接沙马什巴尼之子辛伊丁楠的土地，一面邻接沙马什的那迪图女祭司、哈亚姆迪杜之女伊那沙伊尔舍特的土地。它的（前）面是萨鲁姆的灌溉渠，（后）面是马尔杜克穆沙林之子伊德腊比的土地。从沙马什的那迪图女祭司、哈亚姆迪杜之女伊那沙伊尔舍特手中，沙马什的那迪图女祭司、阿达安尼姆之女舍瑞可提阿亚用她的银环买下了它。她称出了 1/2 马那（ma-na）⑤ 银子作为它的全价。交易完成了，她感到心满意足。在将来，一方不得向另一方提出争议。她们以沙马什神、阿雅神、马尔杜克神和国王叁苏伊鲁那的名义起誓。（证人略）日期：10 月 18

---

① É-ki-bal 土地的具体含义目前还不清楚，可能是一种房基地，它和 é-ki-gál 的区别也不清楚。Ki-bal 这个词有翻转、超越之意。
② 参见吴宇虹等：《古代两河流域楔形文字经典举要》，第 63 页。
③ Luc Dekiere, *Old Babylonian Real Estate Documents from Sippar in the British Museum: Volume 2: Part 1-6*, University of Ghent, 1994-1997.
④ 古巴比伦时期的面积单位，苏美尔语为 iku，1 iku 约等于 3,600 平方米，36 公亩。
⑤ 古巴比伦时期的重量单位，苏美尔语为 ma-na，1 ma-na 约等于 500 克。

日，参苏伊鲁那第 30 年。①

除了沙马什的那迪图女祭司积极地参与土地买卖以外，其他的女祭司如"沙马什神之妻"（nin ᵈUtu）②、安奴尼吞女神的"神夫人"（nin-dingir）③ 等也参与到土地买卖中来。

女祭司不仅参与各种类型土地的买卖，并且还经营果园。在 5 个果园的买卖契约中，沙马什的那迪图女祭司可以在 3 个契约中作为买主出现。如：

> 一片椰枣园，一面延伸到辛那吞（的果园），另一面邻接水渠。它属于杜赫沙吞的财产份额。从杜赫沙吞手中，沙马什的那迪图女祭司、沙帕尔阿达德之女贝勒塔尼用银环买下了它，称出了银子作为它的全部价格。木杵被传递了，交易完成。在将来，一方不得向另一方提出争议。她们以沙马什神、马尔杜克神和国王辛穆巴里特的名义起誓。（证人略）日期：辛穆巴里特第 17 年。④

此外，在城内其他小块土地如房基地、打谷场的买卖中，女祭司也是积极的参与者。

2. 女祭司的土地租赁活动

土地租赁活动萌芽于古苏美尔时期。此时，神庙和王室占有大

---

① Luc Dekiere, *Old Babylonian Real Estate Documents from Sippar in the British Museum: Volume 2: Part 3: Documents from the Reign of Samsu-Iluna*, pp. 134-135.
② 苏美尔语 nin ᵈUtu，可翻译为"沙马什之妻"。这种女祭司我们目前还不知道其具体职责，但无疑是一种献身于沙马什神的高级女祭司，很可能是地位较高的沙马什的那迪图女祭司的别称。
③ 苏美尔语 nin dingir，可翻译为"神夫人"。Nin dingir 所对应的阿卡德语为 *entum* 和 *ugbabtu*。*Entum* 是乌尔的月神辛（*Sin*）、乌鲁克爱神伊什塔尔（*Ištar*）庙中的最高女祭司，*ugbabtu* 的情况目前还不太清楚，可能是一种地位较低的女祭司。
④ Luc Dekiere, *Old Babylonian Real Estate Documents from Sippar in the British Museum: Volume 2: Part 1: Pre-Hammurabi Documents*, pp. 192-193.

部分土地，他们往往把其中一部分土地租给农户耕种，农户向神庙和王室交纳土地"收成的 1/3"或按照 1 伊库土地 1 古尔(gur)[①] 大麦的标准交纳土地的产品。[②] 在后继的乌尔第三王朝（前 2111 年—前 2004 年）时期，土地使用的情况依然没有大的改变。在这一时期，出现了少量私人土地租赁契约，这些契约没有形成固定的模式。

古巴比伦时期，越来越多的土地集中于私人手中，土地的使用方式也慢慢地发生了灵活多样的改变。在汉谟拉比之前的五王时期，土地租赁活动和前期相比并没有十分显著的变化。但从汉谟拉比时期开始，土地租赁活动开始迅猛地发展起来，其形式也灵活多样，不仅存在着个人租赁土地的情况，同时也存在着多人合租一块土地耕种的方式。

在《古巴比伦时期西帕尔不动产经济文献》中，关于土地租赁的契约最多，大约有 376 件。对 376 件契约的出租人身份进行分析，可以得到下面的表格：

古巴比伦时期西帕尔地区土地租赁中出租人身份一览表

出租人身份	女祭司	无身份	挽歌手队长	校尉	士兵	房产管事	寺庙书吏
契约件数	约 208（那迪图女祭司 71）	159	1	5	1	1	1

从表格中可以看出，在土地租赁活动中，女祭司是最主要的出租者。在 376 件契约中，出租人为女祭司的达到了 208 件，占总数的 55%。女祭司在出租人中所占的比重如此之大，也可能与西帕尔的泥板文献大多出土于西帕尔沙马什神的祭祀中心有关。在土地买

[①] 古巴比伦时期的容量单位，苏美尔语为 gur，1 gur 约等于 300 公升。
[②] W. F. Leemans, "The Role of Landlease in Mesopotamia in the Early Second Millennium B.C.", *Journal of the Economic and Social History of the Orient*, 1975, 18, p. 135.

卖中，女祭司特别是沙马什的那迪图女祭司是购买土地的主要人群之一。而这些女祭司一般不参加生产劳动，她们购买土地的主要目的是用来向外出租，通过赚取地租来聚集财富，所以在土地租赁活动中，女祭司成为土地出租者的最大人群也就顺理成章了。在一些契约中，女祭司的身份并没有表示出来，但根据承租人需要提供附加祭品，可以断定出租人的女祭司身份。① 例如：

> 11 又 1/2 伊库土地，在甘那恁灌溉区。从那腊姆伊里舒之女阿哈塔尼手中，比奴姆旮米勒之子阿珲瓦喀尔以收成的 1/4 为租金租下了这块地，用于耕种。在收获的季节，他要在女观院的门口用沙马什的斗量出收成的 1/4（还租金）。（并且）在 3 个宗教节日中，每次他要给她（出租人）提供 20 升面粉和 1 块肉。日期：汉谟拉比第 14 年。②

虽然这个契约并没有给出出租人阿哈塔尼的身份，但从交纳租金的地点（女观院门口）以及在每个节日里，承租人需要给出租人提供节日祭品（面粉和肉）来看，出租人阿哈塔尼无疑是一名女祭司。

在女祭司中，沙马什的那迪图女祭司占据着主体地位。在 208 件女祭司为出租人的契约中，明确表示出租人为沙马什的那迪图女祭司的大约有 71 件，而在其他的 130 多件契约中，没有给出女祭司的具体类别，其中也应该包括一些沙马什的那迪图女祭司。试举一件沙马什的那迪图女祭司出租土地的契约为例：

---

① 女祭司和女观院的管理人员对沙马什神庙负有一定的宗教义务，她们必须在宗教节日里，向神庙进献一定的祭品（*piqittu*），这些祭品一般包括大麦面粉（zid）、肉（uzu）、啤酒（kaš）、面包（ninda）等。但女祭司们往往把向神献祭的义务转嫁到租赁她们土地和房屋的承租人身上，几乎在所有女祭司为出租人的土地租赁契约里，都写入了承租人除了交纳正常的租金外，还要负责在节日里替女祭司交纳祭品，所以根据承租人需要交纳祭品就可以断定出租人的女祭司身份。

② Luc Dekiere, *Old Babylonian Real Documents from Sippar in the British Museum: Volume 2: Part 6: Documents from the Series 1902-10-11*, pp. 19-20.

7 伊库熟地，在 10 伊库面积的灌溉区内，它是属于沙马什的那迪图女祭司、瓦腊德伊里舒之女伊那萨埃尔舍特的土地。从土地的主人，沙马什的那迪图女祭司、伊那萨埃尔舍特手中，"商人总监"乌图舒盂迪波用租金租下了这块田地，用来耕种，租期为 1 年。在收获的季节里，他要在女观院的门口，按照 1 布尔（bur）① 田地 8［古尔］大麦的比率量出大麦作为租金。在租金之中，1/2 舍凯勒②银子被收到了。在 3 个沙马什节日里，每次他还要提供 20 希拉（sila）③ 啤酒、40 希拉面包和 1 块肉。（证人略）日期：5 月 15 日，阿米嚓杜喀第 4 年。④

三、女祭司的房屋买卖和租赁活动

随着商品经济的发展，古巴比伦人的商品意识和商品观念也大大加强，房屋已经成为一种用来赢利的商品。随着人口的膨胀和大量流动，买房和租房的现象日益增多，房产经济在古巴比伦时期十分兴盛。各阶层的人都出现在房屋买卖和租赁契约中。房屋的租赁则更加自由，租赁的形式灵活多样，正房（é）、阁楼（rugbu）、厢房（edakku）等都可以自由租赁。在房产经济的兴盛过程中，女祭司也起了很大的推动作用。

1. 女祭司的房屋买卖活动

早在古苏美尔的舒如帕克时期（前 2700 年—前 2600 年），两河流域便开始了房屋买卖的活动，留下了少许房屋买卖契约。古巴比伦时期，房屋买卖活动则更加活跃起来，在考古发掘中也出土了大量当时的房屋买卖契约。在《古巴比伦时期西帕尔不动产经济文

---

① 古巴比伦时期的面积单位，苏美尔语为 bùr，1 bùr 等于 18 iku，约等于 648 公亩。
② 古巴比伦时期的重量单位，阿卡德语为 šiqlu，1 šiqlu 约等于 8.3 克。
③ 古巴比伦时期的容量单位，苏美尔语为 sìla，相当于现在的 1 升。
④ Luc Dekiere, *Old Babylonian Real Documents from Sippar in the British Museum: Volume 2: Part 4: Post Samsu-Iluna Documents*, pp. 48-49.

献》中，共有53件房屋买卖契约，通过对房屋买卖双方身份的研究，可以发现女祭司在其中发挥的作用。

女祭司们在积极进行土地买卖活动的同时，也积极进行着房产买卖活动。在53件房屋买卖契约中，女祭司在14件契约中作为卖主出现，在29件契约中作为买主出现，占了买主总数的约55%。在女祭司中，沙马什的那迪图女祭司无疑又成为主体。在14件卖主为女祭司的契约中，有8件卖主是沙马什的那迪图女祭司。在作为买主的29个女祭司中，有19个女祭司为沙马什的那迪图女祭司。如：

> 1又1/2沙尔（sar）① 房屋，一个侧面邻接舒米埃尔采汀的房子，另一个侧面邻接阿马特马穆的房子。它的（前）面是布耐耐主街，（后）面是里皮特伊什塔尔的房子。从沙马什的那迪图女祭司、伊里舒伊比之女阿马特马穆手中，沙马什的那迪图女祭司、因布舒之女贝莱苏奴用她的银环买下了它，她［称］出了58舍凯勒银子作为它的全价，交易完成了。在将来，一方不得向另一方提出争议。他们以沙马什神、阿亚神、马尔杜克神和国王汉［谟］拉比的名义起誓。（证人略）日期：4月□（28）日，汉谟拉比第42年。②

除了沙马什的那迪图女祭司积极参与房屋买卖活动外，其他的女祭司如马尔杜克的那迪图女祭司、喀迪什图女祭司等也出现在房屋买卖契约中。

2. 女祭司的房屋租赁活动

在房屋买卖活动中，大量的女祭司作为买主出现，那么女祭司成为房屋出租的主体人群也就没有什么令人奇怪的了。这些女祭司

---

① 古巴比伦时期的面积单位，苏美尔语为sar，1 sar约等于36平方米，100 sar等于1 iku。
② Luc Dekiere, *Old Babylonian Real Documents from Sippar in the British Museum: Volume 2: Part 6*, pp. 28-29.

一般献身于神，居住在女观院中，大多不结婚，没有自己的家庭。她们购买房屋的目的便是把这些房屋进行出租，以赚取租金，聚集财富。有一些契约并没有给出出租人的身份，但这些出租人是一些女人，在妇女地位极其低下的古代两河流域社会，一般世俗妇女没有权利单独进行关于房产的商业活动，这些妇女应该就是社会地位较高的女祭司。在40件房屋租赁契约中，女祭司作为出租人出现的契约达到了26件，占总数的65%。在15件阁楼的租赁契约中，有9件契约的出租人为女祭司。如：

> 一座房子位于舒特雷伊地区，从沙马什的那迪图女祭司、普朱尔阿克沙克之女拉马希手中，伊比宁舒布尔之妻沙穆赫吞租下了它，租期为4个月。[4个月的]租金5/6舍凯勒银子将被收到。租金的第一部分1/2舍凯勒银子已被收到。2月1日，她搬入房子。（证人略）日期：2月1日，汉谟拉比第32年。①

在出租房屋的女祭司中，沙马什的那迪图女祭司占了主体地位，在13件契约中作为出租人出现。而一些富有的沙马什的那迪图女祭司拥有多处房产，阿米嚓杜喀时期的沙马什的那迪图女祭司塔瑞巴吞在同一天里对外出租了两座房子。②

女祭司在城市商业活动中也是积极的参与者。在两间店铺和一间旅馆的租赁契约中，女祭司分别以出租人和承租人的身份出现。

在下面两件店铺租赁契约中，第一件契约的出租人瑞巴吞是沙马什的那迪图女祭司，第二件契约的出租人是阿马特沙马什，在契约中没有写明她的身份，但从承租人需要在节日里提供2块肉可以判断出，阿马特沙马什的身份也是女祭司。

---

① Luc Dekiere, *Old Babylonian Real Documents from Sippar in the British Museum: Volume 2: Part 2: Documents from the Reign of Hammurabi*, p. 141.

② Luc Dekiere, *Old Babylonian Real Documents from Sippar in the British Museum: Volume 2: Part 4: Post-Samsu-Iluna Ducuments*, pp. 84-85.

一个店铺，从沙马什的那迪图女祭司、里皮特辛之女瑞巴吞手中，阿达德舍美之子伊梯波里比舒沙马什用租金租下了它，为期1年。他要[付出]它[1年]的租金3又1/2舍凯勒银子。在伊什塔尔的节日里他要提供1块肉。4月15日，他要进入（该店铺）。3月□日（15日）结束时，（他将迁出。）（证人略）日期：汉谟拉比第13年。①

一个店铺，从奴尔沙马什之女阿马特沙马什手中，沙帕勒阿达德之子沙如姆阿达德用租金租下了它，为期1年。他要称出2舍凯勒银子作为它1年的租金。10月1日，他将进入该店铺。（在节日里,）他将提供2块肉。（证人略）日期：10月1日，叁苏伊鲁那第4年。②

下面这件契约是关于旅馆（aštammu）经营权的出租。旅馆的苏美尔语为 é-ès-dam，直译为"配偶的圣殿"，被解释为"爱情的房屋"（é-ki-ág-ga），表明它可能是一个色情服务场所或者妓院。③ 在契约中，承租人为伊勒塔尼，虽然没有给出她的身份，但从契约第11行出现了沙马什神庙可以判断，伊勒塔尼也是女祭司无疑。

一座旅馆，从辛普忒冉之女胡舒吞手中，沙鲁如姆[之女] 伊勒塔尼用租金租下了它，为期1年。（她要称出）银子（作为）房子的租金。[……]沙马什神庙[……]。在10月1日她将进入（该旅馆）。当9月□结束时（她将迁出旅馆）（证人略）。④

---

① Luc Dekiere, *Old Babylonian Real Documents from Sippar in the British Museum: Volume 2: Part 2: Documents from the Reign of Hammurabi*, pp. 58-59.
② Luc Dekiere, *Old Babylonian Real Documents from Sippar in the British Museum: Part 3: Document from the Reign of Samsu-Iluna*, p. 57.
③ 参见 *The Assyrian Dictionary of the University of Chicago*, A/II, p. 473.
④ Luc Dekiere, *Old Babylonian Real Documents from Sippar in the British Museum: Volume 2: Part 5: Documents without Date or with Date Lost*, pp. 170-171.

四、女祭司的动产交易活动及其他的经济活动

在社会经济生活中，女祭司的另外一个重要角色就是充当银钱和各种物品的放贷人。沙马什神庙是一个活跃的放贷机构，但更多的证据表明女祭司服务于这项职能。在 76 件借贷大麦的契约中，有 41 件契约中女祭司以债权人的身份出现；在 83 件借贷银子的契约中，有 37 件契约中女祭司是债权人。我们可以通过几个具体的例子来说明女祭司在这些经济活动中所起的作用。在汉谟拉比第 16 年，女祭司尼西伊尼舒出现在 8 件不同的借出大麦的契约中，借出的大麦总数量达到了 3 古尔 100 希拉；女祭司阿马特沙马什的借出期限超过一年的银子总数达到了 148 舍凯勒；另一位同名的女祭司阿马特沙马什在 7 年的时间里对外借出的大麦总数超过了 5 古尔。①

女祭司在经济上的作用还表现在通过出租自己的奴隶一个月或一年，作为收获季节的雇工来增加社会劳动力。女祭司，特别是沙马什的那迪图女祭司在进入女观院时，至少要从她的家庭里带走一个奴隶，有的甚至从家庭里带走 20 个奴隶。当收获的季节来临时，沙马什的那迪图女祭司把这些奴隶出租出去，参加生产劳动。在出土于西帕尔地区的 43 件出租奴隶做雇工的契约中，沙马什的那迪图女祭司在 35 件契约中作为出租者出现。② 沙马什的那迪图女祭司出租奴隶去参加生产劳动，目的是赚取租金，但在客观上，这为社会提供了收获时所缺乏的劳动力，为农业的繁荣做出了贡献。

女祭司还参与各种各样的商业活动，比如有一个女祭司和埃什奴那（Ešnunna）的商人做锡的生意，有些女祭司合伙做烧制泥砖

---

① R. Harris, *Ancient Sippar*, pp. 311-312.
② R. Harris, *Ancient Sippar*, p. 312.

的生意等。①

五、结语

对女祭司经济活动的考察表明,女祭司阶层在各种不动产及动产的交易活动中发挥了重大作用。女祭司享有与男子同样的社会权利,同时手中掌握着大量财富,这是她们能够积极参与社会经济活动的根本原因。在古代两河流域,一般妇女的地位十分低下,处于"父权和夫权"的统治之下,没有权利独自进行土地和房屋买卖等经济活动。然而女祭司阶层献身于神,具有崇高的宗教职能。她们被称为"特殊的妇女",摆脱了"父权和夫权"的统治,获得了和男子平等的社会地位和各种社会权利。她们可以自由地、独立地进行民事活动,这是女祭司进行各种经济活动的保障。女祭司大都来自社会上层阶级,有的女祭司甚至是国王的女儿,如汉谟拉比的女儿如图姆和阿米嚓杜咯的女儿伊勒塔尼,她们在做女祭司的时候从家中带来了大量的财产作为"嫁妆",这些财产足以保证她们有充足的财力来进行各种经济活动。

在人类的早期生活中,宗教都具有重要的经济功能。在两河流域古代文明中,宗教的经济功能尤为突出。女祭司在社会经济中所占的重要地位,反映了神庙经济在古巴比伦时期还占据着一定的比重。对女祭司经济活动的考察有助于形成对这一宗教群体更加全面的认识与对古代宗教更加全面的理解,对于我们正确理解和处理现在的一些宗教问题无疑也有着一定的现实意义。

---

① R. Harris, *Ancient Sippar*, p. 312.

《旧约》中的古以色列司法制度探析*

肖 超

（广西师范大学历史文化与旅游学院）

【摘 要】《旧约》中的"摩西十诫"被公认为人类第二部成文法，《旧约》本身也常被视为一部源于经验传述的法律。然而过往西方学界对《旧约》中的法律虽研究甚多，但对这些法律究竟如何运作却所知极少。本文即聚焦于此薄弱环节，依据《旧约》历时性地探析古以色列的法的适用，即其司法制度。本文进而由此阐明：正是有赖于一贯"神的律法"之理论构建，连同尊奉维护"神律法"的司法实践，古以色列人方能有力地维持本民族的独特性而免遭异族同化，于历史长河凝聚不散。也正基于对此历史的梳理，本文把握并阐释了古以色列司法制度中的两个重要特征：1. 审判由神统摄，是神的关键权能，并在现实中至关重要；2. 司法主体的"神性"十分显著。

【关键词】《旧约》；古以色列；司法；犹太人

凡事皆有始终。基督教的司法制度滥觞于古以色列人①，而古以色列人的司法体系更可溯源久远，《塔木德》中便有言："法庭

---

* 本文为 2015 年度教育部人文社会科学研究青年基金项目"西方世界构型期的宗教司法体系——围绕'主教听审权'的研究"（项目号 15YJC820064）的阶段性成果。原文刊于《新史学》第 20 辑，大象出版社 2017 年版，第 155—178 页。
① 对古代以色列人有诸如"希伯来人""以色列人""犹太人"等诸种称呼，在本文中并无特别区分，所指为同一群体。

(Beth din)自摩西时代到现今都一直存在。"① "教会史之父"② 优西比乌斯曾坦言"基督徒群体的生活、行为和敬虔原则",皆渊源于希伯来人。③ 而回溯古以色列人之历史,所堪凭借的文本主要还是《圣经·旧约》。④ 也许有人会偏执地否定依圣经研究法制历史的做法,就如梅因在《古代法》中所说:"因为它和《圣经》有联系,它就被反对。"⑤ 但这种对圣经的过敏,实在是西方启蒙运动"必须反对《圣经》及其独断论解释以肯定自身"⑥ 之矫枉过正的一种后遗。

毋容置疑,《旧约》中的传说、律法、史述,包括诗文小说等,

---

① *The Babylonian Talmud*, Mas. Rosh HaShana 25a. 本文中《塔木德》主要参考作为公开资源下载的英译电子版:*The Complete Babylonian Talmud*, *in One Volume*, Online Soncino Babylonian Talmud Translation, http://ancientworldonline.blogspot.com/2012/01/online-soncino-babylonian-talmud.html, 最后浏览日期:2017 年 6 月 1 日。另,关于《塔木德》中对犹太司法体系的详细探讨,可参阅亚伯拉罕·柯恩:《大众塔木德》,盖逊译,山东大学出版社 2014 年版,第 275—317 页。概括性介绍可参阅黄陵渝:《犹太教》,中国社会科学出版社 2008 年版,第 80—82 页;王宏选:《犹太教律法研究:以法律文化为视域》,山东大学出版社 2015 年版,第 132—133 页。
② J. W. 汤普森:《历史著作史》上卷第一分册,谢德风译,商务印书馆 1996 年版,第 187 页。另参阅 Elizabeth A. Livingstone, ed., *The Concise Oxford Dictionary of the Christian Church*, Oxford University Press, 1977, p. 181.
③ 参阅 Eusebius, *The Ecclesiastical History*, Vol. 1, Kirsopp Lake, trans., Cambridge: Harvard University Press, 1998, pp. 39-45. 汉译本参阅[古罗马]优西比乌:《教会史》,[美]梅尔英译、评注,瞿旭彤汉译,生活·读书·新知三联书店 2009 年版,第 32—34 页。
④ 参阅王立新:《古代以色列历史文献、历史框架、历史观念研究》,北京大学出版社 2004 年版,第 17 页。另,本文所引证经文依据:《圣经》(新标准修订版,简化字和合本),中国基督教两会 2002 年版。
⑤ 梅因(H. S. Maine):《古代法》,沈景一译,商务印书馆 1959 年版,第 81 页。另,对于反对根据圣经来研究早期法律制度的人,梅因随后批评他们:"不是一些对希伯来古代事物具有最顽强偏见的人,就是一些想不借助于宗教记录而最坚强地希望自己建立一个体系的人。即使一直到现在,也许还有着这样一种倾向,低估这些记事(按,指圣经历史记事)的价值……"参见梅因:《古代法》,第 81 页。
⑥ 伽达默尔:《诠释学 I:真理与方法》(修订译本),洪汉鼎译,商务印书馆 2010 年版,第 386 页。

都记载了古以色列人的所言所行,使后人得以管窥古人的生活。具体到法律史研究而言,不仅《旧约》中的"摩西十诫"被公认为人类的第二部成文法,其本身也被现代法学家视为"一部直接源自经验传述的法律"。① 故而千百年来,西方智识精英可谓巨细无遗地对《旧约》中的法律文本加以探究,进而收获了丰赡的智识成果。尽管过去对古以色列法律的研究非常之多,"然而有些反讽的是,关于这些法律在古以色列社会中究竟如何运作,我们却所知极少"。②

本文便试图对西方学者研究中这一薄弱环节加以探询,去探析古以色列法律的运作,即古以色列社会的司法制度。须知,法的生命力不依赖于僵化的文本而取决于鲜活的人事,"徒法不能以自行"(《孟子·离娄上》)。切实理解法在过往如何为人所运用,而非就法论法地拘囿于故纸具文,将帮助人们更完全地认识古代法律世界。

一、《旧约》中的古以色列司法制度概述

今日普遍认为,古以色列③作为一个有着自己治权与疆域的民族国家,存续于公元前 1200 年到公元 70 年之间,其起源一般会追溯到亚伯拉罕迁居巴勒斯坦的传说,即公元前 19 世纪左右。关于此一悠长玄远的历史,幸有希伯来先民存留的《旧约》文本传承,使后人得以探赜索隐。当然,《旧约》中确有诸多荒诞不经之处,须有所扬弃。本文聚焦于古以色列的法律运作,尤侧重其对早期基督教司法制度的先导,有两点在此强调:首先,《旧约》中的律法

---

① 德肖维茨:《法律创世记:从圣经故事寻找法律的起源》,林为正译,法律出版社 2011 年版,第 7 页。
② Robert R. Wilson, "Israel's Judicial System in the Preexilic Period", *The Jewish Quarterly Review*, 1983, 74, p. 291.
③ 关于古以色列的历史简述,参阅 Thomas Carson and Joann Cerrito, eds., *New Catholic Encyclopedia*, Vol. 7, Detroit: Thomson & Gale, 2003, 2nd ed., pp. 635-645.

与先知教训，被早期基督徒推崇奉行。耶稣自己就说："莫想我来要废掉律法和先知；我来不是要废掉，乃是要成全。我实在告诉你们，就是到天地都废去了，律法的一点一画也不能废去，都要成全。"① 其次，《旧约》中的传说与历史叙述，被早期基督徒深信不疑。比如早期基督徒提阿菲罗斯（Theophilus of Antioch）② 就依照《旧约》编撰出一部从上帝创世以来的"真实历史记叙"③；再如德尔图良（Tertullian）④ 解释《旧约》为："神通过先知们首先向犹太人作了启示，这一切在托勒密王朝已译成希腊语公之于世，凡是读了或听了的就不得不相信。"⑤ 可见，早期基督徒不仅将《旧约》视为"真实"，更尊其为"神圣"。

1.《旧约》中"前王国时代"的法的适用

《旧约·撒母耳记上》的第8到12章，叙述了古以色列人"立王"的过程，表征了国家的建立，即"希伯来早期国家的建立是通过立王实现的"⑥。本文以此为界，将之前的古以色列历史视为

---

① 《马太福音》5：17—18。
② 这位"著名的提阿菲罗斯"是安提阿教会中"自使徒以来的第六任主教"。参阅 Eusebius, *The Ecclesiastical History*, Volume I, p. 373. 优西比乌斯还指出，提阿菲罗斯就任安提阿主教的时间是在马可·奥勒留当政的第8年，也就是在公元168年左右。爱尔兰教会历史学家詹姆斯·厄谢尔（1581年—1656年）就曾将提阿菲罗斯称为尝试从圣经来推算出整个世界纪年的"第一位基督徒作者"，参阅 James Ussher, *Annals of the World: James Ussher's Classic Survey of World History*, revised and updated by Larry and Marion Pierce, Master Books, 2003, p. 8. 关于这位早期基督徒的进一步研究，可参见拙文：《提阿菲罗斯在〈致奥托莱库斯〉中的史学阐释理论体系》，《世界宗教研究》2012年第4期，第108—116页。
③ Theophilus of Antioch, *Ad Autolygum（To Autolycus）*, Robert M. Grant, trans. Oxford: Oxford University Press, 1970, p. 147.
④ *The Concise Oxford Dictionary of the Christian Church*, p. 504. 优西比乌斯的记载中说德尔图良是"一个精通罗马法律的人，一个在那些杰出的罗马人中特别声名卓著的人"，参阅 Eusebius, *The Ecclesiastical History*, Volume I, p. 113.
⑤ 德尔图良：《护教篇》，涂世华译，上海三联书店2007年版，第36页。
⑥ 张倩红、艾仁贵：《神权与律法之下：希伯来王国的"有限君主制"》，《历史研究》2013年第6期，第103页。另，该文深入探析了古以色列的君主制特征，并提出了独到的见解。

"前王国时代"。而考察这段时期内古以色列人的司法制度，我们则可以首先阅读《旧约·出埃及记》第 18 章中的如下记叙：

> 第二天，摩西坐着审判百姓，百姓从早到晚都站在摩西的左右。摩西的岳父看见他向百姓所作的一切事，就说："你向百姓作的是什么事呢？你为什么独自坐着，众百姓从早到晚都站在你的左右呢？"摩西对岳父说："这是因百姓到我这里来求问神。他们有事的时候就到我这里来，我便在两造之间施行审判，我又叫他们知道神的律例和法度。摩西的岳父说："你这作的不好。你和这些百姓必都疲惫，因为这事太重，你独自一人办理不了。现在你要听我的话，我为你出个主意，愿神与你同在，你要替百姓到神面前，将案件奏告神；又要将律例和法度教训他们，指示他们当行的道、当作的事；并要从百姓中拣选有才能的人，就是敬畏神，诚实无妄，恨不义之财的人，派他们作千夫长、百夫长、五十夫长、十夫长，管理百姓。叫他们随时审判百姓，大事都要呈到你这里，小事他们自己可以审判。这样，你就轻省些，他们也可以同当此任。你若这样行，神也这样吩咐你，你就能受得住，这百姓也都平平安安归回他们的住处。"
>
> 于是，摩西听从他岳父的话，按着他所说的去行。摩西从以色列人中拣选了有才能的人、立他们为百姓的首领，作千夫长、百夫长、五十夫长、十夫长。他们随时审判百姓、有难断的案件就呈到摩西那里，但各样小事他们自己审判。①

随后，我们再看看《旧约·申命记》中的如下文字：

> 那时我对你们说："管理你们的重任，我独自担当不起。

---

① 《出埃及记》18：13—25。

耶和华你们的神使你们多起来。看哪，你们今日像天上的星那样多。惟愿耶和华你们列祖的神使你们比如今更多千倍，照他所应许你们的话赐福与你们。但你们的麻烦，和管理你们的重任，并你们的争讼，我独自一人怎能担当得起呢？你们要按着各支派，选举有智慧、有见识、为众人所认识的，我立他们为你们的首领。你们回答我说：'照你所说的行了为妙。'我便将你们各支派的首领，有智慧为众人所认识的，照你们的支派，立他们为官长、千夫长、百夫长、五十夫长、十夫长，管理你们。

"当时，我嘱咐你们的审判官说：'你们听讼，无论是弟兄彼此争讼，是与同居的外人争讼，都要按公义判断。审判的时候，不可看人的外貌；听讼不可分贵贱，不可惧怕人，因为审判是属乎神的。若有难断的案件，可以呈到我这里，我就判断。'那时，我将你们所当行的事都吩咐你们了。"①

以上两段文字叙述了古以色列审判体系的创设，我们也可由此勾勒出其大致构型：首先，就行使审判权的主体，即"案件由谁来审判"而言，最主要的人物乃"摩西"② 这位以色列部落首领；再有"千夫长、百夫长、五十夫长、十夫长"等官长；还有"审判官"等。另外，在《旧约·民数记》第11章中，耶和华（上帝）回应并吩咐摩西："你从以色列的长老中招聚七十个人，就是你所知道作百姓的长老和官长的，……他们就和你同当这管百姓的重任，免得你独自担当。"③ 由此可以推论，当时还有长老可负责审判，他们也是"官长"的主要构成者。其次，就审判的运作过程，即"案件怎样被审判"而言，当时"百姓"在"有事的时候"才将

---

① 《申命记》1：9—18。
② 关于"摩西"（Moses）的常识介绍，参阅 New Catholic Encyclopedia, Vol. 10, pp. 6-7.
③ 《民数记》11：16—17。

案件诉至摩西,由此启动"审判"。且当时已经有了一种案件管辖权上的区分,即"小事"由各官长及审判官管辖,而大事乃至"难断的事"方归于摩西审判。由此能推断出一种审级区分的意蕴,因为那些"难断"的案件,须先经各官长与审判官初审后,再被确定为"难断"而上诉到摩西。最后,就当时审判所依据的法律而言,是"神的律例和法度"及"公义"等,而且摩西还要求其他审判者"审判的时候,不可看人的外貌;听讼不可分贵贱,不可惧怕人"。当然,一个至为要紧的法律理念贯穿始终,整个"审判"是"属乎神的"。

以上对古以色列的司法体系有所略述,至于当时具体案件中的司法运作,则可借助《旧约》中两个相对详尽的案例,来进一步简扼概览:其一是《约书亚记》第7章关于"亚干(Achan)犯罪"的叙事。此处讲述了以色列人在首领约书亚的带领下,攻打艾城却惨遭失败,于是约书亚凭借与上帝(耶和华)的"交流",借"神意"将失利原因解释为此前有人偷取了战利品而遭上帝降罪。随后,约书亚等部落领导者就启动司法程序,找出偷盗者乃犹大支派的亚干,对其公开审判。在亚干坦白偷盗罪行后,约书亚便对亚干宣示"神意":"你为什么连累我们呢?今日耶和华必叫你受连累。"① 然后以色列人就处决了亚干全家,连他的牲畜、帐篷等也一并焚毁,以此来获得"耶和华转意,不发他的烈怒"②。

其二则是《士师记》的第19到21章中,关于一个利未人(Levite)③之妾遭强奸的案件记叙。这个利未人与他的妾回家途中

---

① 《约书亚记》7:25。
② 《约书亚记》7:26。
③ 利未是以色列利未支派的祖先,按照《出埃及记》6:16,"利未一生的岁数是一百三十七岁"。利未的后代称为利未支派,其中最著名的是摩西,带领犹太人出埃及,并在西乃山从神那里领受律法。而摩西的哥哥亚伦,是以色列第一位大祭司,并且只有亚伦的后代才能做祭司,侍奉耶和华。(《出埃及记》29:29—30)其余非祭司的利未人,则负责帮助祭司完成献祭、会幕管理等事务。(《民数记》1:50—54)并且,利未支派不属于以色列十二支派,"利未人却没有按着支派数在其中,因为耶和华晓谕摩西说:'惟独利未支派你不可数点,也不可在以色列人中计算他们的总数。'"(《民数记》1:47—49)

在便雅悯的基比亚城夜宿，得一老者招待。然而晚间，城中的匪徒欲对利未人不利，房主老人阻拦无效，利未人只得将其妾交由匪徒蹂躏至死。回到家后，此利未人"用刀将妾的尸身切成十二块，使人拿着传送以色列的四境"①，以色列十二支派就"聚集在米斯巴耶和华面前"②召开民众会议，"以色列民的首领，就是各支派的军长"③也都参加了会议，由此启动司法程序。在会上，利未人陈述案情并要求会众为其伸冤复仇。与会众支派商议后责令便雅悯支派将匪徒交出，以便"治死他们，从以色列中除掉这恶"④，便雅悯人不肯听从。至此，民众大会就决定讨伐基比亚。历经几番厮杀，讨伐者获胜并血腥屠灭便雅悯各城，便雅悯人只剩下"六百人"逃生。⑤再后来，为避免以色列人中缺少一个支派，各支派遂与幸存的便雅悯人媾和。以色列人还击杀了此前没有参加会盟的基列雅比人，将其男人与已婚女子屠戮殆尽，把剩下的少女许给便雅悯人为妻繁衍，而便雅悯人自己也抢了一些示罗的女子为妻，然后回到故土重修城邑居住。

通过以上利未人的案例，可见在处理这件"从以色列人出埃及地，直到今日，这样的事没有行过、也没有见过"⑥的重大刑事犯罪时，并非由某位首领、官长或"审判官"专门裁断，而是由全部落各支派聚集成的民众大会来商议决断，但这种处理模式在摩西创设司法体系时鲜有提及。同样，在前述亚干的案例中，在摩西处原本是"被动"的、需要由百姓诉至首领处方才启动的审判程序，也被首领约书亚借助"神意"发展为一种由审判者"主动"发起的司法行动。而且当时的诉讼过程相当武断，亚干

---

① 《士师记》19：29。
② 《士师记》20：1。
③ 《士师记》20：2。
④ 《士师记》20：13。
⑤ 《士师记》20：47。
⑥ 《士师记》19：30。

案中，对偷盗罪提起诉讼与加以审判的，都是部落首领约书亚，且不见任何人为亚干申辩；而在利未人案中，民众大会也只听取了利未人单方面的案情陈述，并无其他证人证言，"匪徒"一方的辩解更是只字未闻。此外，当时的刑罚也非常残暴，不仅亚干被"众人用石头打死"①，而且其全家被灭门；至于便雅悯"匪徒"的强奸杀人罪，更导致各部落将便雅悯"各城的人和牲畜、并一切所遇见的、都用刀杀尽、又放火烧了一切城邑"②。因此，虽然古以色列人在"前王国时代"已有了初始的司法体系，但显然他们对法的运用还相当原始，难怪他们自己也为之叹息："那时以色列中没有王，各人任意而行。"③

　　2.《旧约》中"王国时代及之后"的法的适用

　　也许正是为了解决上述各部落"任意而行"的混乱状态，古以色列人通过"立王"进入了王国时代（约公元前1030年—前586年）。关于君王产生的过程，《旧约·撒母耳记上》第8到12章中有所叙述。古以色列人的王国先经统一，然后分裂为南北两个国家。北国以色列亡于亚述，南国犹大则在公元前586年被巴比伦人征服，入侵者将大部分古以色列人掳到巴比伦。王国时代之后，公元前539年，巴比伦被波斯所灭，古以色列人在波斯人治下被准许返回故土，并享有相当的"自治"，而《旧约》的历史叙事也终止于此间。

　　王国时代古以色列司法架构的一个显著变化，就是产生了"王"这个最高审判机构。在《旧约·撒母耳记上》中，我们首先看到的是"士师"（Judge）撒母耳，他有一个巡回各地"审判以色列人"的任务。④ 按照《旧约》在前王国时代的叙事观点，作为士

---

① 《约书亚记》7：25。
② 《士师记》20：48。
③ 《士师记》21：25。
④ 《撒母耳记上》7：16。

师，撒母耳的这种审判权直接来自神，即"耶和华兴起士师"。① 但进入王国时代后，"士师"的审判权开始被《旧约》解释为由"王"授予。比如在《旧约·撒母耳记下》中，押沙龙对那些"去见王求判断"②的诉讼当事人说："你的事有情有理，无奈王没有委人听你伸诉。"③ 又说："恨不得我作国中的士师，凡有争讼求审判的，到我这里来，我必秉公判断。"④ 由此可见，"王"已成为可以"委人"审判，且具有最终裁决权的最高审判机构。换言之，前王国时代"士师"所享有的终审权，明确地集中到了"王"的手中。王被解释为神指定的人间最高审判者，"秉公兴义"⑤。尤其值得注意的是，王统一了原本松散的各个支派，并按照行政辖区向各地指派专职的审判官吏，如《旧约·历代志下》就记载了犹大王约沙法"又在犹大国中遍地的坚固城里，设立审判官（judge）"⑥。

伴随司法体系中"王"的驾临，《旧约》也记载了不少围绕王展开的司法活动，使后人能更详尽地推想古以色列人的具体司法运作形式。如《旧约·撒母耳记上》中古以色列第一位王扫罗审判其子约拿单的案例⑦，其中扫罗说："你们百姓中的长老都上这里来，查明今日是谁犯了罪。"⑧ 可知各支派"长老"们在案件审断上已经臣服于王，并有一定的侦讯职权。又在此案中，扫罗先以祷告祈求神来"指示实情"，继而"掣签"断案的叙事⑨，这也使当时的

---

① 《士师记》2：16。
② 《撒母耳记下》15：6。
③ 《撒母耳记下》15：3。
④ 《撒母耳记下》15：4。
⑤ 比如《撒母耳记下》8：14—15 中有言："大卫无论往哪里去，耶和华都使他得胜。大卫作以色列众人的王，又向众民秉公行义。"再如《列王记上》10：9 亦有记载："耶和华你的神是应当称颂的，他喜悦你，使你坐以色列的国位。因为他永远爱以色列，所以立你作王，使你秉公行义。"
⑥ 《历代志下》19：5。
⑦ 《撒母耳记上》14：38—45。
⑧ 《撒母耳记上》14：38—45。
⑨ 《撒母耳记上》14：38—45。

案件侦查、审断方式跃然纸上。及至最后扫罗判处儿子约拿单死罪,又有"百姓救约拿单免了死亡"① 之情事,则显得王的终审似乎有被"公议"更改的可能。当然,这种依"百姓"意见赦免自己儿子的最终裁决,后人也只好置之一笑了。

再如在《撒母耳记下》有关押沙龙反叛其父大卫王的叙事中②,押沙龙就在"城门的道旁"③ 对着民众,公开批评大卫王的司法运作:"你的事有情有理,无奈王没有委人听你伸诉。"④ 他许诺自己若为审判官,"必秉公判断"⑤,以此"得了以色列人的心"⑥。可见审判的及时和公正与否,已成为当时政权运作之核心问题,而严重的司法不公更会使觊觎王位者有机可乘。至于《列王记上》中那个千百年来脍炙人口的所罗门王"智断亲子案"的叙事⑦,也显示出当时民众将王的审判活动视为执政的重要基石:"以色列众人听见王这样判断,就都敬畏他,因为见他心里有神的智慧,能以断案。"⑧ 同时,该疑案之所以能水落石出,关键就在于所罗门王恐吓当事人要将无辜婴儿"劈成两半",而堂上两造也皆信以为真。王在审判中所持生杀权柄之绝对与任性,于此亦可见一斑。回顾之前摩西借神意向全以色列人所宣示的"不可杀人"⑨ 诫命,此时对王可谓已然失效。

《历代志下》中还记载了以色列王将先知米该雅"下在监里"⑩,由此可知当时司法体系中已有"监狱"这一组成。但依上下文推想,当时的"监狱"更似将人犯收押待审之处所,而非执行

---

① 《撒母耳记上》14:45。
② 《撒母耳记下》13—18。
③ 《撒母耳记下》15:2。
④ 《撒母耳记下》15:3。
⑤ 《撒母耳记下》15:4。
⑥ 《撒母耳记下》15:5。
⑦ 《列王记上》3:16—28。
⑧ 《列王记上》3:28。
⑨ 《出埃及记》20:13。
⑩ 《历代志下》19:5。

刑罚、改造犯人的地方。

在此应特别指出，《历代志下》中关于犹大王约沙法"设立审判官"①的记叙，较详细地展现了当时的司法架构及运行情况。其原文如下：

> 约沙法住在耶路撒冷。以后又出巡民间，从别是巴直到以法莲山地，引导民归向耶和华他们列祖的神。又在犹大国中遍地的坚固城里，设立审判官，对他们说："你们办事应当谨慎，因为你们判断不是为人，乃是为耶和华。判断的时候，他必与你们同在。现在你们应当敬畏耶和华，谨慎办事，因为耶和华我们的神没有不义，不偏待人，也不受贿赂。"约沙法从利未人和祭司，并以色列族长中派定人，在耶路撒冷为耶和华判断，听民间的争讼，就回耶路撒冷去了。约沙法嘱咐他们说："你们当敬畏耶和华，忠心诚实办事。住在各城里你们的弟兄，若有争讼的事来到你们这里，或为流血，或犯律法、诫命、律例、典章，你们要警戒他们，免得他们得罪耶和华，以致他的忿怒临到你们和你们的弟兄。这样行，你们就没有罪了。凡属耶和华的事，有大祭司亚玛利雅管理你们；凡属王的事，有犹大支派的族长以实玛利的儿子西巴第雅管理你们。在你们面前有利未人作官长，你们应当壮胆办事，愿耶和华与善人同在。"②

从上可见，尔时"审判官"已渐趋专业，专司与"判断"（审判）有关的职事，他们都由王委任，并受王统辖。约沙法除在"犹大国中遍地的坚固城里，设立审判官"③之外，还在圣城耶路撒冷

---

① 《历代志下》19：5—11。
② 《历代志下》19：5—11。
③ 《历代志下》19：5。

设立了一个由利未人、祭司和族长组成的法庭来"听民间的争讼"①，此法庭还受理那些由"住在各城"② 的当事人前来递交的争讼，这似亦表明此时审判司法已有中央与地方两级的区分。

再者，约沙法还将争讼事端区分为"属耶和华的事"③ 与"属王的事"④，并分派大祭司与犹大支派族长来管辖。可知针对当时的案件受理与管辖，出现了"属神"与"属王"这种极富古以色列民族特色的划分。同时，司职宗教事务的利未人群体，也被王选派出任审判官们的"官长"，以节制、支援审判官们，敦促他们"应当壮胆办事"。于此可见，在氏族时期依惯例可以各自裁判民众争端的利未人、祭司、族长等，此时已经尽悉臣服于王，经王授命而成为司法体系之长期成员。

经约沙法之改革，古以色列司法在审级上呈现出有类于"中央与地方"的两级区划。在职级上则呈现出以"审判官"为基层，以利未人、祭司、族长等为中层（且利未人中有专职管辖"审判官"的官长），以大祭司与犹大族族长为高层，以王为最高层的四级架构。而且，约沙法还对案件明确做出了"神事"皆归大祭司、"王事"皆归犹大族族长的两分管辖。应该说，约沙法设立审判官的行动，极大加强了司法上的中央集权。基层专职审判官由王派任，自然归心于王、向王负责，更利于保障王的司法统辖。而王则一如既往地不忘处处标榜其司法乃"神意"之实现，"为耶和华判断"。

后来，犹大国被巴比伦人所灭，古以色列人可谓"亡国贱俘，至微至陋"（《陈情表》），其王权土崩，司法权柄亦被操持于外邦之手。所幸人种未灭，许多基本的社会结构也得以保存。在其后的公元前539年，巴比伦帝国被波斯征服，波斯君主开始允许古以色

---

① 《历代志下》19：8。
② 《历代志下》19：10。
③ 《历代志下》19：8。
④ 《历代志下》19：8。

列人回归故土。有赖一贯"神的律法"之思想构建，连同故旧"祭司与先知"之组织制度，回归的古以色列人方能以民族共同体的身份认同凝聚不散。

彼时，王国的司法体制虽已不存，但民族的司法架构仍得延续。波斯王亚达薛西就曾降旨给带领族人回归故土的"文士/祭司"① 以斯拉说："以斯拉啊，要照着你神赐你的智慧，将所有明白你神律法的人立为士师（magistrate）、审判官（judge），治理河西的百姓，使他们教训一切不明白神律法的人。凡不遵行你神律法和王命令的人，就当速速定他的罪，或治死、或充军、或抄家、或囚禁。"② 可见在波斯治下，古以色列的宗教领袖不仅能在本民族内③组建司法系统，还能依据传统的"神律法"和波斯王命来断案定罪，并握有包括死刑在内的刑罚威权。如此，古以色列人就基本保留并延续了他们惯常的司法模式，并享有了相当的司法自治权。不过，基于《旧约》以古以色列为中心的叙事特质，似也不宜过度夸大这种"自治"。另外在此处，研究者再次看到了一种"神律法"与"王命令"的两分状态。

《旧约·以斯拉记》的第 9 到 10 章更以一个近景，详述了以斯拉对族人与外族通婚罪行的审判过程：首先，众首领向以斯拉控

---

① 《以斯拉记》7：6，11—12。
② 《以斯拉记》7：25—26。
③ 此处的经文虽记载波斯王授命以斯拉"治理河西的百姓"（《以斯拉记》7：25），但结合前文，波斯王准许跟随以斯拉回归故土的人，乃是波斯国中的"以色列人、祭司、利未人，凡甘心上耶路撒冷去的"人。（《以斯拉记》7：13）又波斯王向以斯拉强调，其组建与管理司法系统，需要依照"神赐你的智慧""神律法"等，当可推断，以斯拉受波斯王命管辖的，是信奉耶和华的古以色列人群体，而不是所有"河西的百姓"。并且，随后经文也详细列明了当时跟随以斯拉重返故土以及随后赶来加入的人员，均为古以色列人。（《以斯拉记》8：1—20）尤其在以斯拉带领族人返回耶路撒冷后，经文还记载了"他们将王的谕旨交给王所派的总督与河西的省长"（《以斯拉记》8：35）的环节，也可知当时波斯国自有其治理河西的统治机构。

告，族内很多人"行可憎的事"，娶"外邦女子为妻"。① 以斯拉向神哀告良久，其时民众就聚集"成了大会"②，有代表表示"现在当与我们的神立约，休这一切的妻，离绝她们所生的"③，并表态支持以斯拉"按律法而行"④。以斯拉就让众人起誓遵行盟誓。⑤ 随后，"他们通告犹大和耶路撒冷被掳归回的人，叫他们在耶路撒冷聚集"⑥，还附带抗命的刑罚，即"凡不遵首领和长老所议定三日之内不来的，就必抄他的家，使他离开被掳归回之人的会"⑦。于是三日内众人都聚集了起来，祭司以斯拉要求众人："现在当向耶和华你们列祖的神认罪，遵行他的旨意，离绝这些国的民和外邦的女子。"⑧ 会众尽皆同意。又因当时大雨且后继事务繁多，民众便决议："不如为全会众（即民众大会）派首领办理。凡我们城邑中娶外邦女子为妻的，当按所定的日期，同着本城的长老和士师而来，直到办完这事。神的烈怒就转离我们了。"⑨ 具体罪行清算则由

---

① 《以斯拉记》9：1—2。又，关于古以色列人禁止族人与外族通婚的"神律法"，参见《出埃及记》34：14—16，原文为："不可敬拜别神，因为耶和华是忌邪的神，名为忌邪者。只怕你与那地的居民立约，百姓随从他们的神，就行邪淫，祭祀他们的神，有人叫你，你便吃他的祭物。又为你的儿子娶他们的女儿为妻，他们的女儿随从他们的神，就行邪淫，使你的儿子也随从他们的神行邪淫。"亦可参见《申命记》7：1—4，原文为："耶和华你神领你进入要得为业之地，从你面前赶出许多国民，就是赫人、革迦撒人、亚摩利人、迦南人、比利洗人、希未人、耶布斯人，共七国的民，都比你强大。耶和华你神将他们交给你击杀，那时你要把他们灭绝净尽，不可与他们立约，也不可怜恤他们。不可与他们结亲，不可将你的女儿嫁他们的儿子，也不可叫你的儿子娶他们的女儿。因为他必使你儿子转离不跟从主，去侍奉别神，以致耶和华的怒气向你们发作，就速速地将你们灭绝。"
② 《以斯拉记》10：1。
③ 《以斯拉记》10：3。
④ 《以斯拉记》10：3。
⑤ 《以斯拉记》10：3。
⑥ 《以斯拉记》10：7。
⑦ 《以斯拉记》10：8。
⑧ 《以斯拉记》10：10。
⑨ 《以斯拉记》10：14。

"祭司以斯拉和些族长按着宗族……一同在座查办这事"①。随后，经文详列出娶外邦女子之人的名单，还特别提到对于祭司中犯此罪的人，"他们便应许必休他们的妻。他们因有罪，就献群中的一只公绵羊赎罪。"②

在此，"前王国时代"民众大会公开审判罪行的模式得以复现。相较于"王国时代"中王的司法拥有至高威权，本次审判则表现出了强烈的"众意"主导色彩。由民众代表提出对罪行的处断③，并依众人的意见决定裁断的执行，再申明由"全会众派首领办理"④。同时，本案起初由"众首领"向以斯拉报告。其后第一次会议系民众自发聚集，第二次会议则依"首领和长老所议定"召集。而"休妻"的处罚，也须由罪人"同着本城的长老和士师而来"，以便有所监督地执行。罪行的清查则由"祭司以斯拉和一些族长"协同查办。凡此种种皆可看出，当时的领导阶层算是"共同"司法，并无

---

① 《以斯拉记》10：16。
② 《以斯拉记》10：19。
③ 《以斯拉记》10：1—5。原文为："以斯拉祷告、认罪、哭泣、俯伏在神殿前的时候，有以色列中的男女孩童聚集到以斯拉那里，成了大会，众民无不痛哭。属以拦的子孙、耶歇的儿子示迦尼对以斯拉说：'我们在此地娶了外邦女子为妻，干犯了我们的神，然而以色列人还有指望。现在当与我们的神立约，休这一切的妻，离绝他们所生的，照着我主和那因神命令战兢之人所议定的，按律法而行。你起来，这是你当办的事，我们必帮助你，你当奋勉而行。'以斯拉便起来，使祭司长和利未人，并以色列众人起誓说：必照这话去行；他们就起了誓。"
④ 《以斯拉记》10：7—15。原文为："他们通告犹大和耶路撒冷被掳归回的人，叫他们在耶路撒冷聚集。凡不遵首领和长老所议定三日之内不来的，就必抄他的家，使他离开被掳归回之人的会。于是犹大和便雅悯众人，三日之内都聚集在耶路撒冷。那日正是九月二十日，众人都坐在神殿前的宽阔处，因这事，又因下大雨，就都战兢。祭司以斯拉站起来，对他们说：'你们有罪了，因你们娶了外邦的女子为妻，增添以色列人的罪恶。现在当向耶和华你们列祖的神认罪，遵行他的旨意，离绝这些国的民和外邦的女子。'会众都大声回答说：'我们必照着你的话行，只是百姓众多，又逢大雨的时令，我们不能站在外头，这也不是一两天办完的事，因我们在这事上犯了大罪。不如为全会众派首领办理。凡我们城邑中娶外邦女子为妻的，当按所定的日期，同着本城的长老和士师而来，直到办完这事。神的烈怒就转离我们了。'惟有亚撒黑的儿子约拿单、特瓦的儿子雅哈谢，阻挡（或作总办）这事，并有米书兰和利未人沙比太帮助他们。"

明确的职级分工。不过,"全会众"对领导者们倒是有明确的凌驾意味。同时,会上亦有人对处断提出异议。①

至于祭司以斯拉,在审判中更像是一名诱导众意的宗教领袖,而非一位乾纲独断的司法长官,尽管他手握组织司法系统乃至刑罚族人的司法威权。在本案叙事中,"就必抄他的家,使他离开被掳归回之人的会"② 一语,似有波斯王先前授权的痕迹③,但据上下行文,更应是民众大会针对族人抗命行为的震慑,而非以斯拉基于手中权限做出的司法裁夺。在此,研究者还可注意到"驱逐出会"这种刑罚措施。

另堪注意的则是以斯拉"引咎自责"的行为模式。初闻族人的罪行,他就"撕裂衣服和外袍,拔了头发和胡须,惊惧忧闷而坐"④。其中他"撕裂衣服"⑤,令人不难回想起约书亚在审判"亚干犯罪"前的举动⑥。而拔了自己的须发,又与尼希米拔下与外族

---

① 《以斯拉记》10:15。
② 《以斯拉记》10:8。注意在《以斯拉记》7:26 中波斯王授命以斯拉:"凡不遵行你神律法和王命令的人,就当速速定他的罪,或治死、或充军、或抄家、或囚禁。"又,《以斯拉记》10:8 记载,对三日内不来参加会议之族人,刑罚将是"就必抄他的家,使他离开被掳归回之人的会"。此两处的汉译"抄家",似乎更有"没收财产、财产充公"的意味,且后者语气较弱。
③ 《以斯拉记》7:26。
④ 《以斯拉记》9:3。
⑤ 《尼希米记》13:23—28。
⑥ 《旧约》中的"撕裂衣服",常常是古以色列人哀悼死者的礼仪,如《创世记》37:34 中,"雅各便撕裂衣服,腰间围上麻布,为他儿子悲哀了多日";再如《约书亚记》7:6 中,约书亚在审判"亚干犯罪"之前的"撕裂衣服",也主要为哀悼阵亡族人,有"约书亚便撕裂衣服,他和以色列的长老把灰撒在头上,在耶和华的约柜前俯伏在地,直到晚上"的记载;又如《撒母耳记下》3:31 中,"大卫吩咐约押和跟随他的众人说:'你们当撕裂衣服,腰束麻布,在押尼珥棺前哀哭。'大卫王也跟在棺后"等。有时,"撕裂衣服"也是向神忏悔的礼仪,如《列王记上》21:27 中,先知以利亚借"神意"谴责古以色列王亚哈,亚哈"撕裂衣服"表示极大忏悔,原文为:"亚哈听见这话,就撕裂衣服,禁食,身穿麻布,睡卧也穿着麻布,并且缓缓而行。"亚哈因此而暂得宽宥。另外,"撕裂衣服"也会表示出行为人的巨大愤怒,如《列王记下》5:7 及 6:30 等。总而言之,"撕裂衣服"基本是哀悼死者的礼仪,又衍生为表达剧烈情绪的行为,具有很强的仪式性质。

通婚者的头发恰成对比。① 继而，以斯拉向神忏悔并深重自责："我抱愧蒙羞，不敢向我神仰面，因为我们的罪孽灭顶，我们的罪恶滔天。"② 并发表长篇说辞来陈情斥罪。③ 他的"引咎自责"公开且令人震撼，其结果就是"以斯拉祷告、认罪、哭泣，俯伏在神殿前的时候，有以色列中的男女孩童聚集到以斯拉那里，成了大会，众民无不痛哭"④。显然，看到自己的宗教领袖如此哀伤自悼，民众皆被感染以致义愤填膺。在与众人就罪行处罚达成一致后，以斯拉又来到民众家里，"不吃饭，也不喝水"⑤，以绝食来自我惩罚，且形容哀戚动人。

及至全民召开审判大会，"众人都坐在神殿前的宽阔处；因这事，又因下大雨，就都战兢"⑥。以斯拉便在这大雨中向会众展开控诉，民众当即表示同意："我们必照着你的话行，只是百姓众多，又逢大雨的时令，我们不能站在外头，这也不是一两天办完的事。"⑦ 可见，人多而雨大的环境，确是大会对罪行迅速做出决断的重要因素。民众们似乎并无以斯拉的耐性，在如此糟糕的环境中自虐般地探讨他人的罪行。故而以斯拉的自责自伤，实际上对本案的审判起了关键的作用。不过应注意到，本案牵涉面实在太大，加之与外族通婚的罪行在族人中行之有年，人们已习以为常。那些娶外族女子为妻的罪人，经文中列名的就有一百一十人之多，其中还不乏祭司、利未人等重要人物。⑧ 因此，以斯拉没有借助异邦君主所授的司法威权，而是以宗教领袖身份，通过引咎自责的自我行为来引导"众意"，应该是经过深思熟虑的。

---

① 《以斯拉记》9：3。
② 《以斯拉记》9：6。
③ 《以斯拉记》9：7—15。
④ 《以斯拉记》10：1。
⑤ 《以斯拉记》10：6。
⑥ 《以斯拉记》10：6。
⑦ 《以斯拉记》10：12—13。
⑧ 《以斯拉记》10：18—44。

从这次审判中后人亦可感受到，古以色列人虽然国破君亡，但自古相传的"神律法"及法律运行机制依旧留存，并行之有效。也正是尊奉与维护"神律法"的古以色列司法制度有力维持了本民族的独特性，使之免遭异族同化，令他们在失去祖国的流离中尚能聚合不散。

以上历时性地对古以色列司法发展略加论述。随后，本文将对其特征稍做归纳，以期更深入地领会它对早期基督教世界司法制度的深远影响。

二、古以色列司法制度的重要特征

1. 审判由神统摄，是神的关键权能，且在现实中至关重要

在古以色列的司法发展过程中，有一种信念可谓贯穿始终：审判活动基于神亦归于神，且神意统摄全程，"审判是属乎神的"①。该信念一早就被摩西直白地嘱咐于各位审判官②，其后犹大王约沙法向各审判官重申："你们判断不是为人，乃是为耶和华。"③ 因此，审判所适用的法律，就被阐释为"神的律例和法度"④。审判的起因则往往被解释为罪人悖逆神意，如约书亚审判亚干一案，就是因为"亚干取了当灭的物，耶和华的怒气就向以色列人发作"⑤。及至审判的结果，也被认为是遵从神意的处断，如在《以斯拉记》中，民众就相信离绝外邦妻子等处罚，将导致"神的烈怒就转离我们了"⑥。侦讯定谳中更可看到占卜、抽签等"神判"方法，如扫罗审判其子约拿单时⑦，就依靠神意来"掣签"断案。

---

① 《申命记》1：17。
② 《申命记》1：9—18。
③ 《历代志下》19：6。
④ 《出埃及记》18：16。
⑤ 《约书亚记》7：1。
⑥ 《以斯拉记》10：14。
⑦ 《撒母耳记上》14：38—45。

事实上，古以色列人很早就信奉审判是神的关键权能，并在现实中极其重视审判司法活动。离世之际，摩西仍不忘向族人宣传：神将"手掌审判之权，就必报复我的敌人，报应恨我的人"①，"且外邦人也将欢呼"②。

神的审判，一直是这个长期被外邦压迫的民族于苦厄中念念不忘的信念。在以色列先民的建构下：耶和华既是万军之神，于军事上统率他们征伐求存；又是至高审判，在律法上指引他们伸冤除恶。"先知"摩西依据"千夫长、百夫长"等军事架构安排审判体系，可算此建构的早期制度表征。该民族在军事上的长期疲弱，导致他们对审判日趋侧重，进而生出如下信仰："他（耶和华）要按公义审判世界，按正直判断万民"③，神要还他们一个公道，"为我伸冤，为我辨屈"④，"斥责外邦""灭绝恶人"⑤ 等。

因此，即便王权强大如所罗门王，修建宫殿也特地"建造一廊，其中设立审判的座位"⑥，以彰显他"定意要为耶和华我神的名建殿"⑦。后来，当古以色列人臣服于外邦，更借助大规模的审判活动来宣扬神意，维系人心，保存民族。前述以斯拉就族人与异族通婚罪行一案之作为，便为例证。

故而本文认为，古以色列民族在司法上有如下根本特征：他们信奉审判活动由神统摄，信仰审判是神的关键权能，并在现实中极其重视司法审判。这种特征可谓非常强烈，就连当时统治他们的某些外邦君主也有所察觉，并加以利用。如波斯王就容许古以色列领袖凭借"你神赐你的智慧"，栋选"明白你神律法"的人来组建司法系统，甚至允许"神律法"与"王命令"并列共尊，以便其开展

---

① 《申命记》32：41。
② 《申命记》32：43。
③ 《诗篇》9：7—8。
④ 《诗篇》9：4。
⑤ 《诗篇》9：5。
⑥ 《列王记上》7：7。
⑦ 《列王记上》5：5。

民族司法自治。①

2. 司法主体的"神性"十分显著

纵观古以色列人司法体系的创设及发展，可见其司法主体有着强烈的神性色彩，且素有神职人员直接担任司法主体的传统。

作为古以色列司法的奠基者，摩西一早就宣称自己乃遵照神命而来②，代表着神意的威权③。他还概括自己的听讼为"（我便）在两造之间施行审判，我又叫他们知道神的律例和法度"④，以此阐释其审判是"神的律法"在人间的适用与推行。而摩西的岳父——米甸族祭司叶忒罗⑤，在建议摩西创设司法体系时⑥，进一步将摩西阐释成可以"替百姓到神面前，将案件奏告神"⑦的神人中介。因此，古以色列的司法权从发端伊始，就在理论上被塑造成渊源于"神权"。而当时与后世的以色列人也遵循此一理论路径，将摩西尊奉为"先知"，能够代神"行各样神迹奇事"⑧。

的确，摩西还拣选了不少各支派的"首领""长老"等原有氏族领导者，来出任审判主体。这些人也被涂抹上了极强的神性色

---

① 《以斯拉记》7：25—26。
② 在《出埃及记》3：15 中，神又对摩西说："你要对以色列人这样说：'耶和华你们祖宗的神，就是亚伯拉罕的神，以撒的神，雅各的神，打发我到你们这里来……'"
③ 《出埃及记》6：30—7：1 中摩西在耶和华面前说："看哪，我是拙口笨舌的人，法老怎肯听我呢？"耶和华对摩西说："我使你在法老面前代替神……"
④ 《出埃及记》18：16。如所周知，此处摩西所言"神的律例和法度"，主要指他借助神意向以色列民众颁布的"十诫"。关于"十诫"在《圣经·旧约》中的内容记载，可参阅《出埃及记》20：2—17；34：10—27；《申命记》5：6—21 等。因本文主要探讨司法体系，故未对律法内容多做展开。
⑤ 《出埃及记》3：1 中记载 "摩西牧养他岳父米甸祭司叶忒罗的羊群"。
⑥ 《出埃及记》18：13—24。
⑦ 根据《圣经·旧约》，在看到摩西审判百姓案件十分"疲惫"时，其岳父建议他设立司法审判体系。参阅《出埃及记》18：19，叶忒罗说："现在你要听我的话，我为你出个主意，愿神与你同在。你要替百姓到神面前，将案件奏告神。"
⑧ 《申命记》34：11。

彩，因为他们都必须树立起"敬畏神"，信奉"审判是属乎神"的信仰认同。并且摩西还借助神的旨意，对以色列各支派的"族长"加以任命①，使得这些氏族首领们成为既信奉神，又为神所任命的司法主体。

从《旧约》的相关记载中可以看出，摩西领导权的取得，极有赖于"长老"等原有氏族领导势力的支持②，摩西上位后，也借"神命"赋予了长老们相当大的司法权。"长老"们既能处断凶杀重案，比如派人缉凶③，善后悬案④等；又能裁决家庭争端，诸如养子不孝⑤，

---

① 《民数记》1：1—17。
② 摩西带领众人出埃及，首先就是借"神命"并显"神迹"来召集、说服众长老以得到支持，参阅《出埃及记》3—4；再比如摩西接受叶忒罗建议创设古以色列司法体系时，就有许多长老在场见证、参与，参阅《出埃及记》18：12；又比如摩西上西奈山领受神所赐的"十诫"（神的命令、规章）时，也是召集了许多长老（《旧约》载"长老中的七十人"）做见证、参与，参阅《出埃及记》24；而在出埃及遇到困难，百姓发出极大埋怨时，摩西又借神命召集了许多长老，这些长老甚至被神灵附体，非常感动，从而平息了民怨，参阅《民数记》11章。诸如此类，不一而足。
③ 《申命记》19：11—12。原文为："若有人恨他的邻舍，埋伏着起来击杀他，以致于死，便逃到这些城的一座城，本城的长老就要打发人去，从那里带出他来，交在报血仇的手中，将他治死。"
④ 《申命记》21：1—9。原文为："在耶和华你神所赐你为业的地上，若遇见被杀的人倒在田野，不知道是谁杀的，长老和审判官就要出去，从被杀的人那里量起，直量到四围的城邑。看哪城离被杀的人最近，那城的长老就要从牛群中取一只未曾耕地、未曾负轭的母牛犊，把母牛犊牵到流水、未曾耕种的山谷去，在谷中打折母牛犊的颈项。祭司利未的子孙要近前来，因为耶和华你的神拣选了他们侍奉他，奉耶和华的名祝福，所有争讼殴打的事都要凭他们判断。那城的众长老，就是离被杀的人最近的，要在那山谷中，在所打折颈项的母牛犊以上洗手，祷告（注：原文作"回答"）说：'我们的手未曾流这人的血，我们的眼也未曾看见这事。耶和华啊，求你赦免你所救赎的以色列民，不要使流无辜血的罪归在你的百姓以色列中间。'这样，流血的罪必得赦免。你行耶和华眼中看为正的事，就可以从你们中间除掉流无辜血的罪。"
⑤ 《申命记》21：18—21。原文为："人若有顽梗悖逆的儿子，不听从父母的话，他们虽惩治他，他仍不听从，父母就要抓住他，将他带到本地的城门、本城的长老那里，对长老说：'我们这儿子顽梗悖逆，不听从我们的话，是贪食好酒的人。本城的众人就要用石头将他打死。'这样，就把那恶从你们中间除掉，以色列众人都要听见害怕。"

夫妻成仇①等。应该承认，摩西与长老们之间有着互相的支持与制约。但在摩西将族长、长老确认为司法主体的过程中，摩西显然占据了主导地位，族长、长老们向摩西效忠，并接受其基于信仰的甄别拣选。毕竟，是摩西创新性地建构了"神/耶和华"作为其权力渊源与加持，并终于成为最高权威者。他也因此经历了一个说服、乃至征服旧有氏族领导势力的漫长艰巨过程。甚至日后在摩西的继任者约书亚那里，我们还可以看到约书亚仍需要将"长老、族长、审判官并官长"②聚集起来，借神命来责令他们放弃旧有的他神信仰："将你们列祖在大河那边和在埃及所事奉的神除掉，去事奉耶和华。"③而这一切，都被建构为在"神/耶和华的授意"下完成。

值得注意的是，摩西还创设了"祭司"与"利未人"这两种神职人员④参与司法活动的制度设计，使他们成为具有极高司法权威

---

① 《申命记》22：13—21。原文为："人若娶妻，与她同房之后恨恶她，信口说她，将丑名加在她身上说：'我娶了这女子与她同房，见她没有贞洁的凭据。'女子的父母就要把女子贞洁的凭据拿出来，带到本城门长老那里。女子的父亲要对长老说：'我将我的女儿给这人为妻，他恨恶她，信口说她，说：'我见你的女儿没有贞洁的凭据。'其实这就是我女儿贞洁的凭据。'父母就把那布铺在本城的长老面前。本城的长老要拿住那人，惩治他，并要罚他一百舍客勒银子，给女子的父亲，因为他将丑名加在以色列的一个处女身上。女子仍作他的妻，终身不可休她。但这事若是真的，女子没有贞洁的凭据，就要将女子带到她父家的门口，本城的人要用石头将她打死，因为她在父家行了淫乱，在以色列中做了丑事。这样，就把那恶从你们中间除掉。"
② 《约书亚记》24：1。
③ 《约书亚记》24：14。
④ "祭司"与"利未人"虽然都在古以色列人中司职神事，但有极大区别，此两者关系颇复杂，历来在学界众说纷纭，在此不做详细展开。基本上，在摩西时代，摩西借助"神意"任命亚伦及其儿子们任职祭司（《民数记》3：3中记载："这是亚伦儿子的名字，都是受膏的祭司，是摩西叫他们承接圣职供祭司职分的。"）；同时亚伦又属于利未支派，摩西则借助"神意"指令利未支派的其他人服事祭司亚伦等，辅助司职某些神事。（《民数记》3：5—7中耶和华晓谕摩西说："你使利未支派近前来，站在祭司亚伦面前，好服事他，替他和会众在会幕前守所盼咐的，办理帐幕的事。"可详细参阅《民数记》3。）因而此处"祭司"指亚伦及其子孙，这些"祭司"的威权显然要高于其他利未支派内的"利未人"。简约言之，在当时的以色列人中，祭司与利未人均可被视为专门司职神事的神职人员。

的司法主体。首先，他借助神命将自己的弟弟亚伦及其儿子们任命为世袭的祭司，同时安排"利未人"（即亚伦所属利未支派的其他人）专门服侍祭司亚伦等司职神事。① 进而，他以神意晓谕以色列众人，若是有"争讼的事"或"难断的案件"，就该"去见祭司利未人，并当时的审判官，求问他们，他们必将判语指示你"。以色列众人"要按他们所指教你的律法，照他们所断定的去行，他们所指示你的判语，你不可偏离左右"，如若不听从，违反者"就必治死"。② 事实上，早在摩西上西奈山领受神的诫命时，他就已经任命亚伦等指导长老们处理争讼。③ 摩西甚至还预言，日后若是以色列人有了王，王还须到祭司利未人那里领受律法书，遵行这种制度设计。④ 可见，从摩西那里就已经开创了神职人员介入司法活动，并具有极高司法权威的传统。甚至摩西本人，这位当时的古以色列

---

① 《出埃及记》28：1—3中记载："你要从以色列人中，使你的哥哥亚伦和他的儿子拿答、亚比户、以利亚撒、以他玛一同就近你，给我供祭司的职分。你要给你哥哥亚伦做圣衣为荣耀，为华美。又要吩咐一切心中有智能的，就是我用智能的灵所充满的，给亚伦做衣服，使他分别为圣，可以给我供祭司的职分。"《出埃及记》30：30中记载："要膏亚伦和他的儿子，使他们成为圣，可以给我供祭司的职分。"《出埃及记》40：12—16中记载："要使亚伦和他儿子到会幕门口来，用水洗身。要给亚伦穿上圣衣，又膏他，使他成圣，可以给我供祭司的职分；又要使他儿子来，给他们穿上内袍。怎样膏他们的父亲，也要照样膏他们，使他们给我供祭司的职分。他们世世代代凡受膏的，就永远当祭司的职任。"摩西这样行事，都是依照耶和华的吩咐。

② 以上引文参阅《申命记》17：8—12。原文为："你城中若起了争讼的事，或因流血，或因争竞，或因殴打，是你难断的案件，你就当起来，往耶和华你神所选择的地方，去见祭司利未人，并当时的审判官，求问他们，他们必将判语指示你。他们在耶和华所选择的地方指示你的判语，你必照着他们所指教你的一切话谨守遵行。要按他们所指教你的律法，照他们所断定的去行，他们所指示你的判语，你不可偏离左右。若有人擅敢不听从那侍立在耶和华你神面前的祭司，或不听从审判官，那人就必治死。这样，便将那恶从以色列中除掉。"

③ 《出埃及记》24：14中摩西对长老说："你们在这里等着，等到我们再回来，有亚伦、户珥与你们同在。凡有争讼的，都可以就近他们去。"

④ 《申命记》17：18—20中记载："他登了国位，就要将祭司利未人面前的这律法书，为自己抄录一本。存在他那里；要平生诵读，好学习敬畏耶和华他的神，谨守遵行这律法书上的一切言语和这些律例，免得他向弟兄心高气傲，偏左偏右，离了这诫命。这样，他和他的子孙，便可在以色列中，在国位上年长日久。"

最高司法主体，也被后人视为"祭司"①。

基于摩西授命神职人员担任司法主体的制度先导，在后来利未人之妾遭强奸的案件中②，那个受害的利未人就可以召集十二支派召开民众会议，并能够单方面地控诉罪行来激起众怒。这固然由于该案件是前所未有的重大刑事犯罪③，另外多少也基于"利未人"这一享有较高司法权威的特殊身份。再后来，犹大王约沙法"设立审判官"时④，专门在圣城耶路撒冷设立了一个由利未人、祭司和族长出任高级审判官的中央法庭⑤，并特意在利未人群体中拣选人才，出任基层审判官们的"官长"，以节制支援他们"应当壮胆办事"。⑥ 因此可以说，神职人员出任司法主体素来是古以色列的传统。这些神职人员不仅直接参与司法裁断，还理所当然地长期执掌了解释"神的律法"之权力。⑦ 他们对律法的熟稔，又相应地维护与促进了他们的司法权能。

于是后期的外族统治者亦重视并利用了古以色列人的此一传统。前述波斯王亚达薛西斯授命"祭司"⑧ 以斯拉组建司法自治体系，即为例证。于此例中也可以推知，神职人员当是"明白你神律法的人"的重要成员⑨，其出任司法主体的优势颇为明显。并且，

---

① 《诗篇》99：6 中记载："在他的祭司中有摩西和亚伦，在求告他名的人中有撒母耳。他们求告耶和华，他就应允他们。"
② 《士师记》19—21。
③ 《士师记》19：30。
④ 《历代志下》19：5—11。
⑤ 《历代志下》19：8。
⑥ 《历代志下》19：11。
⑦ 比如，《尼希米记》8：7—8 中耶书亚、巴尼、示利比、雅悯、亚谷、沙比太、荷第雅、玛西雅、基利他、亚撒利雅、约撒拔、哈难、毗莱雅和利未人使百姓明白律法。百姓都站在自己的地方，他们清清楚楚地念神的律法书，讲明意思，使百姓明白所念的内容。
⑧ 《以斯拉记》7：11。
⑨ 波斯王亚达薛西曾降旨要以斯拉组建司法"自治"体系，而出任司法官员的首要条件就是"明白你神律法的人"。参阅《以斯拉记》7：25—26，波斯王（转下页）

波斯王还给予了祭司、利未人等免于赋税的特权①，这也进一步方便了祭司及利未人群体在神职之外兼行司法职权。而以斯拉在发动审判族人与外族通婚罪行的运动时，首先就得到了神职人员的支持，"使祭司长、和利未人、并以色列众人起誓"来附议他的行动。② 至于以斯拉自己，也主要以神职领袖而非世俗领导者的身份主导了审判的全过程。以上种种皆可谓极大地得益于神职人员的司法主体身份，也展现了古以色列人以神职人员行使司法权之传统的深固。

事实上，与"神权"和神职人员相对应的"王权"和世俗官员，也同样被赋予了极大的神性建构。须知以色列先民素有将"神"假想为"王"的传统③，现实中的王自然也借托神命。比如首位世俗王扫罗，就是士师撒母耳借神意所立。④ "神权"素来被视为"王权"之根本渊源，审判又是"神"的关键权能之一⑤，

（接上页）说："以斯拉啊，要照着你神赐你的智慧，将所有明白你神律法的人立为士师、审判官，治理河西的百姓，使他们教训一切不明白神律法的人。凡不遵行你神律法和王命令的人，就当速速定他的罪，或治死、或充军、或抄家、或囚禁。"

① 《以斯拉记》7：24。
② 《以斯拉记》10：5。
③ 关于古以色列先民将耶和华建构为本民族的"王"，可参阅以下记载。《出埃及记》15：18："耶和华必作王，直到永永远远。"《民数记》23：21："他未见雅各中有罪孽；也未见以色列中有奸恶。耶和华他的神和他同在，有欢呼王的声音在他们中间。"《撒母耳记上》8：7："耶和华对撒母耳说：'百姓向你说的一切话，你只管依从。因为他们不是厌弃你，乃是厌弃我，不要我作他们的王。'"《撒母耳记上》12：12："其实耶和华你们的神是你们的王。"
④ 《撒母耳记上》12：13 中记载："现在你们所求所选的王在这里。看哪！耶和华已经为你们立王了。"
⑤ 在《旧约》中，"审判"被解释为"神/耶和华"的关键权能之一，比如《创世记》18：25 节就将神/耶和华宣扬为"审判全地的主"；《申命记》32：41 中则建构神/耶和华"手掌审判之权"；《士师记》11：27 则宣称"审判人的耶和华，今日在以色列人和亚扪人中间判断是非"；再比如他们还将神/耶和华阐释为全世界的审判者，"必审判地极的人"（《撒母耳记上》2：10）、"他来要审判全地"（见《历代志上》16：33）。要而言之，以色列人很早就开始渴求神/耶和华的审判，将他建构为终极的审判者。或许是该民族在军事上的长期疲弱，限制了（转下页）

"王"则成了"神"所授命的最高人间审判者。① 明乎于此，就能更好地理解何以司法审判在古以色列诸王的统治中至关重要。前述押沙龙造反，所罗门王为"审判"专修场所等，即为例证。

当然，在王国时代，审判上开始出现"王事"与"神事"之分，如前述的约沙法在各地设立审判官的司法改革。② 不过，约沙法仍然诫勉审判官们："判断不是为人，乃是为耶和华。"③ 他还在"利未人"中拣选人物，充当各地方审判官的"官长"。④ 是故总而观之，王及其下属的世俗审判官们还是被建构了极大的神性色彩，尤其是针对"王"这一当时最高的现实审判者。诚然，《旧约》中也有"祭司""利未人"与"审判官"同时在场判断案件的记载⑤，这似乎可以视为神职人员与世俗官吏会同审判的模式的例子。但要注意，这些非神职的"审判官"只是没有狭义地司职神事而已，他们依旧处在神权渊源下，适用着神的律法，审判着属于神的审判。

再有，"全会众/会众（英译：congregation, whole assembly

（接上页）他们对神的现实军事权的阐释，转而对神的将来审判权日渐侧重，寄望神/耶和华在尚未来到但终将来到的审判中，为他们主持公道。相关的记载有："他（耶和华）要按公义审判世界，按正直判断万民"（《诗篇》9：7—8），"为我伸冤，为我辨屈"（《诗篇》9：4），"斥责外邦""灭绝恶人"（《诗篇》9：5）等。因此可以说，将神/耶和华建构为终极审判者，将审判视为神/耶和华的最关键权能之一，一直就是古以色列人在《圣经·旧约》中反复着重的一个叙述策略，唯如此，神/耶和华方能为他们在失意世俗之外，许诺出一个快意桃源："因为耶和华是审判我们的，耶和华是给我们设律法的，耶和华是我们的王，他必拯救我们。"（《以赛亚书》33：22）

① 比如在《撒母耳记下》8：14—15 中有记载："大卫无论往哪里去、耶和华都使他得胜。大卫作以色列众人的王，又向众民秉公行义。"再如《列王记上》10：9 中有记载："耶和华你的神是应当称颂的，他喜悦你，使你坐以色列的国位。因为他永远爱以色列，所以立你作王，使你秉公行义。"
② 可参阅本文"2.《旧约》中'王国时代及之后'的法的适用"开始部分。
③ 《历代志下》19：6。
④ 《历代志下》19：11。
⑤ 比如《申命记》17：9 中有记载："去见祭司利未人，并当时的审判官，求问他们，他们必将判语指示你。"再如《申命记》19：17 中亦有记载："这两个争讼的人就要站在耶和华面前，和当时的祭司，并审判官面前。"

等)"也是古以色列极重要的司法主体。在《旧约》中,"全会众/会众"多指全体以色列人①,但作为具体的司法主体,则指全体或者众多以色列人的实际集会。"全会众/会众"参与司法,较早见于《利未记》第 24 章,讲述两人争斗,其中一人因"亵渎了圣名,并且咒诅"而被押送至摩西处并收监。然后摩西得到神的指示要"全会众"用石头打死他,"于是,摩西晓谕以色列人,他们就把那咒诅圣名的人带到营外,用石头打死。以色列人就照耶和华所吩咐摩西的行了。"② 由此可见,"全会众"有权对重罪执行死刑。③ 但应注意的是,这种民众"用石头打死"罪人的死刑执行,有时也类似一种集体情绪下的暴力施行,甚至摩西自己也曾险遭此种暴行。④

基本上,"全会众/会众"这种民众集会形式的司法主体,在古以色列人的观念中可以抗衡甚至高于个人领袖的权威,于是他们也常被领袖精英人物有意地引入政治斗争中,成为可以借助的重要力

---

① 比如《出埃及记》12:1—3 中,有如下涉及"全会众"的记载。耶和华在埃及地晓谕摩西、亚伦说:"你们要以本月为正月,为一年之首。你们吩咐以色列全会众说,本月初十日,各人要按着父家取羊羔,一家一只。"同时告以其他吩咐,然后摩西、亚伦又将神的吩咐转告"以色列的众长老"。随后经文总结:"耶和华怎样吩咐摩西、亚伦,以色列人就怎样行。"(《出埃及记》12:21—27)在此,可推论"全会众"就是指所有的以色列人。再如《出埃及记》16:1 中有记载:"以色列全会众从以琳起行,在出埃及后第二个月十五日,到了以琳和西乃中间,汛的旷野。"显然此处"全会众"也是指全体以色列人。又如《利未记》4:13 中有记载:"以色列全会众,若行了耶和华所吩咐不可行的什么事,误犯了罪,是隐而未现、会众看不出来的;会众一知道所犯的罪,就要献一只公牛犊为赎罪祭,牵到会幕前。"由此也可见此处"全会众"即"会众",也即全体以色列人。《旧约》中此类以"全会众""会众"指称全体以色列人的例证还相当多,在此不再一一列举。
② 《利未记》24:10—23。
③ 以色列"全会众/会众",即以色列民众"用石头打死"罪犯的死刑执行,在《旧约》中有不少记载。比如针对亵渎神/耶和华的罪行,可参阅《利未记》20:2,27;24:14,16,23;《民数记》15:35—36;《申命记》13:10;《约书亚记》7:25 等。再比如小范围内(一座城内的民众)的集体执行石刑,处死人犯的事例,针对的主要是家庭罪行。如"悖逆"之子,未婚处女失贞,奸夫淫妇等,参阅《申命记》21:21;22:21,24 等。
④ 《出埃及记》17:4 中摩西就呼求耶和华说:"我向这百姓怎样行呢?他们几乎要拿石头打死我。"

量。比如在可拉一党反对摩西的叛乱中，可拉等就攻讦摩西自视高于"全会众"而"擅自专权"。① 也基于"全会众/会众"的极高权威，摩西时代在处理死刑等重大案件时，他们往往有现场见证监督②甚至直接参与审判③的权力，并能为"误杀人"的人犯提供司法宽宥④。

而在王国时代，基于王权的兴起及司法的专业化，在《旧约》中甚少再见到"全会众/会众"作为明确的司法主体参与审判等活动的案例，不过他们仍然在重大政治活动上发挥了重要作用。比如"到会众面前"⑤迎立新王，又或者"会众在神殿里与王立约"⑥废灭旧主。及至被掳回归时期，在前述以斯拉发动民众审判族人与异族通婚一案中⑦，又可见到"全会众"的强势复现⑧，同时我们也看到，作为大规模的民众集会审判活动，就连"天雨"这样的因

---

① 《民数记》16：3。
② 《民数记》35：12。
③ 《民数记》35：24。
④ 《民数记》35：25。
⑤ 《列王纪上》12：20。
⑥ 《历代志下》23：3。
⑦ 《以斯拉记》9—10。
⑧ 如前所述，本案中以斯拉主要以祭司身份参与，他须取得各方支持，尤其须获得民众大会的大多数同意，方能达到其司法目的，因此民众大会，即"全会众"在此案中的司法权威可以认为是高于"祭司"以斯拉的。同时，《旧约》在此也表现出"全会众"威权在各支派首领之上，可以委派各支派首领办理后续事务的意蕴，参阅《以斯拉记》10：14 中的记载："不如为全会众派首领办理。凡我们城邑中娶外邦女子为妻的，当按所定的日期，同着本城的长老和士师而来，直到办完这事，神的烈怒就转离我们了。"此处，KJV 版本英译为："Let now our rulers of all the congregation stand, and let all them which have taken strange wives in our cities come at appointed times, and with them the elders of every city, and the judges thereof, until the fierce wrath of our God for this matter be turned from us." NIV 版本英译为："Let our officials act for the whole assembly. Then let everyone in our towns who has married a foreign woman come at a set time, along with the elders and judges of each town, until the fierce anger of our God in this matter is turned away from us."（此处"全会众"英译为"the whole assembly"）

素，也能促使涉及众多家庭离异的重大审判被加速议决。①

对"全会众/会众"的神性建构，也是古以色列人的一项重要传承。古以色列人在日常生活中所要"谨守遵行"的"律例、典章"②，初始就被摩西解释成神与"全会众"所立的"约"——"耶和华我们的神在何烈山与我们立约"③。此种"约"还被摩西阐释为他从神那里领受，再转达给以色列人的："这些话（即'十诫'）是耶和华在山上，从火中、云中、幽暗中，大声晓谕你们全会众的，此外并没有添别的话。他就把这话写在两块石板上，交给我了。"④ 于是乎，"全会众"，即所有的古以色列人，都是神人之"约"的当事一方，他们的行为要遵守神命，他们自然也就是神意在凡间的践行者。而这种对"全会众"的高举，是当时古以色列人的普遍信念，即便是那些摩西的反对者们，也将"全会众"解释为有神临在的共同体，可拉等人就宣称："全会众个个既是圣洁，耶和华也在他们中间。"⑤

将"全会众"视为神人之约的当事方，乃至有神临在的共同体，这些理论建构在司法上起到了一个重要且直接的效果，那就是能够将个体违背律法的"犯罪"行为，扩大化解释成"全会众"对神与人之"约定"的悖逆。换言之，那些把持"神意"解释权的当权者，就能够依据这种理论建构来引导民众，将整个共同体所遭受的挫败、灾厄，阐释为神由于人违背了"约定"而施加的天谴，进而有意地在人群中寻找出具体的个体罪孽并加以惩处，以期借此化解社会矛盾乃至危机。

在前述约书亚审判亚干罪行的案例中，以色列人与外族战争中

---

① 《以斯拉记》10：9—14。
② 《申命记》5：1。
③ 《申命记》5：2—3 中记载："耶和华我们的神在何烈山与我们立约。这约不是与我们列祖立的，乃是与我们今日在这里存活之人立的。"
④ 《申命记》5：22。关于神/耶和华将"十诫"写在石板上交给摩西的记载，另可参阅《出埃及记》34：1—28。
⑤ 《民数记》16：3。

的失利，便被归因于亚干盗取战利品的行为。而以色列众人对此的解释就是："从前谢拉的曾孙亚干，岂不是在那当灭的物上犯了罪，就有忿怒临到以色列全会众吗？那人在所犯的罪中，不独一人死亡。"① 这也展现出了"全会众"一个长期的重要司法动机，那就是通过惩罚起因于个体的确定的犯罪行为，而避免结果于全体的不确定的负面后果——"神的烈怒"。再比如在后来《以斯拉记》中关于异族通婚的案例中，"全会众"以公审大会的形式来判决族人休离外邦妻子，其主要动机就是为了使"神的烈怒就转离我们了"②。显然，这些司法观念及行为，都离不开"全会众与神相约"这一根本性的理论建构。

---

① 《民数记》16：3。
② 《以斯拉记》10：14。

明清时期福建泉州的宗教与社会经济

——以《福建宗教碑铭汇编·泉州府分册》为中心

巫能昌

（复旦大学历史学系）

【摘　要】宗教在传统中国社会中扮演了相当重要的角色。宗教与社会经济之间的密切联系即其突出表现之一。明清时期，福建泉州地区的寺庙掌握着大量的土地、山林等产业。这些寺产的经营构成当地社会经济的重要组成部分。不少神明信仰和仪式活动对地方甚至跨区域的社会经济亦有一定的形塑作用。文章以《福建宗教碑铭汇编·泉州府分册》为基本资料，以寺庙为中心，就寺产的来源、种类、管理和经营，寺产与祖先祭祀、官方办学的关系，以及神明信仰和仪式活动与社会经济的联系等方面展开讨论，以期较为系统地揭示明清时期泉州地区宗教与社会经济之间的互动关系。

【关键词】明清；泉州；宗教；寺庙；社会经济

宗教在传统中国社会中扮演了相当重要的角色。宗教与社会经济之间的密切联系即其突出表现之一。学界对此亦早有广泛关注。在相关成果方面，学者主要以寺庙产业为中心展开讨论，尤以佛教寺院经济研究最为硕果累累，道观经济方面的研究虽然还比较薄弱，但亦已有了一定的进展。大体而言，已有研究对宋元以前的时段给予了更多的关注。① 至于明清时期的相关成果，以笔者管见，

---

① 详参白文固：《20世纪寺院经济研究状况述评》，载曹中建主编：《中国宗教研究年鉴（1999—2000）》，中国社会科学院世界宗教研究所编，宗教文化出版社（转下页）

大致可以分为四类。首先是以寺庙经济为中心的考察，如傅衣凌对明清寺庙土地所有形式，傅贵九对明清寺田规模、来源和经营情况，白文固对明清以来青海喇嘛教寺院经济，何孝荣对明代南京寺院经济和北京佛教寺院修建情况，陈玉女对明代五台山佛寺建材，张晖对江南寺田经营模式，彭晓静对甘肃岷县大崇教寺明清契约文书的研究等。① 其次是将地方寺庙经济与乡族或家族的发展结合起来进行分析，并以后者为重点的研究，如傅衣凌、陈支平对福建邵武乡有和族有寺庙，郑振满对闽北乡族经济中寺庙所扮演的角色，以及莆田寺院中宗族所设祠堂，张小军对明代泉州开元寺檀越祠宗族化的讨论等。② 其三是对寺庙经济与地方财政或行政关系的探讨，如林枫对明中叶福建寺田充饷，林枫和陈滨对清代福建寺产兴学，王健对明中叶江南和福建地区毁淫祠和废佛寺政策与地方财政

（接上页）2001 年版，第 98—107 页；罗争鸣：《道观经济研究的回顾与思考》，《宗教学研究》2008 年第 3 期，第 1—3 页。

① 这方面的研究较多，在此仅举其中较有代表性者。傅衣凌：《论明清社会与封建土地所有形式》，《厦门大学学报（哲学社会科学版）》1978 年第 Z1 期，第 10—11 页；傅贵九：《明清寺田浅析》，《中国农史》1992 年第 1 期，第 20—28、35 页；白文固：《明清以来青海喇嘛教寺院经济发展情况概述》，《青海社会科学》1985 年第 2 期，第 106—114 页；何孝荣：《明代南京寺院研究》，故宫出版社 2013 年版，第 263—327、340—349、386—406 页；何孝荣：《明代北京佛教寺院修建研究》，南开大学出版社 2007 年版；陈玉女：《明代的佛教与社会》，北京大学出版社 2011 年版，第 216—247 页；张晖：《清代江南寺田的租佃经营》，《农业考古》2016 年第 4 期，第 36—41 页；彭晓静：《甘肃岷县大崇教寺明清契约文书研究》，《青海民族研究》2013 年第 3 期，第 74—81 页。

② 傅衣凌：《论明清社会与封建土地所有形式》，《厦门大学学报（哲学社会科学版）》1978 年第 Z1 期，第 16 页；傅衣凌、陈支平：《明清福建社会经济史史料杂抄（续八）》，《中国社会经济史研究》1988 年第 1 期，第 95—97 页；郑振满：《明清闽北乡族地主经济的发展》，载傅衣凌、杨国桢编：《明清福建社会与乡村经济》，厦门大学出版社 1987 年版，第 79—127 页；郑振满：《明清时期闽北乡族地主经济》，载氏著：《乡族与国家：多元视野中的闽台传统社会》，生活·读书·新知三联书店 2009 年版，第 15—16、20 页；郑振满：《莆田平原的宗族与宗教——福建兴化府历代碑铭解析》，《历史人类学学刊》2006 年第 1 期，第 8—10 页；张小军：《佛寺与宗族：明代泉州开元寺的历史个案研究》，载陈志明、张小军、张展鸿编：《传统与变迁——华南的认同和文化》，文津出版社 2000 年版，第 93—107 页。

之间关系，韩朝建从行政与地方的角度考察明清五台山社会经济的研究等。① 其四是以神明信仰和仪式活动为中心或切入点的分析，如施舟人（Kristofer Schipper）和丁荷生（Kenneth Dean）对保生大帝信仰及其分香网络，郑振满和丁荷生对莆田平原寺庙、仪式联盟与经济开发和水利系统之间关系，萧凤霞（Helen F. Siu）对中山小榄菊花会，刘永华对闽西适中盂兰盆胜会，丁荷生对东南亚华人庙宇网络所产生的贸易信用体系，郑莉对东南亚华人庙宇的社会文化网络，陈玉女对明代瑜伽教僧的经忏价格和僧俗投入，张晖和高万桑（Vincent Goossaert）对明清以来江南地区仪式服务辖区制度，章毅和冉婷婷对清代浙南宗教性会社组织，李晓龙对西樵神明信仰和庙宇与地方社会经济关系的研究等。②

总体来看，学界在明清时期宗教与社会经济关系的多个方面均已有了较为深入的探讨，不过在具体地区的整体考察方面尚有一定的讨论空间。本文之旨即在于选取一个区域，对明清时期该区域宗教与社会经济之间的关系进行系统分析，以期深化学界对这一议题的理

---

① 林枫：《福建寺田充饷浅析》，《厦门大学学报（哲学社会科学版）》1998 年第 4 期，第 48—53 页；林枫、陈滨：《清代福建书院经费初探》，《中国社会经济史研究》2008 年第 1 期，第 64—65 页；王健：《嘉靖初期毁淫祠与废佛寺政策的地方实践——以江南、福建为重点》，《史林》2016 年第 3 期，第 94—102 页；韩朝建：《寺院与官府：明清五台山的行政系统与地方社会》，人民出版社 2016 年版。

② Kristofer Schipper, "The Cult of Pao-sheng Ta-ti and Its Spreading to Taiwan: A Case Study of *Fen-hsiang*", in E. B. Vermeer, ed., *Development and Decline of Fukien Province in the 17th and 18th Centuries*, Leiden: Brill, 1990, pp. 397-416; Kenneth Dean, *Taoist Ritual and Popular Cults of Southeast China*, Princeton: Princeton University Press, 1993, pp. 60-99; 郑振满：《神庙祭典与社区发展模式——莆田江口平原的例证》，《史林》1995 年第 1 期，第 36—39、47 页；Kenneth Dean and Zheng Zhenman, *Ritual Alliances of the Putian Plain*, Leiden and Boston: Brill, 2010; Helen F. Siu, "Recycling Tradition: Culture, History and Political Economy in the Chrysanthemum Festivals of South China", *Comparative Studies in Society and History*, 1990, 32, pp. 765-794; 萧凤霞：《文化活动与区域社会经济的发展——关于中山小榄菊花会的考察》，《中国社会经济史研究》1990 年第 4 期，第 51—56 页；刘永华：《文化传统的创造与社区的变迁——关于龙岩适中盂兰盆胜会的考察》，《中国社会经济史研究》1994 年第 3 期，（转下页）

解。本文选取的研究区域为福建泉州。明清时期，泉州地区的寺庙掌握着大量的土地、山林等产业。这些寺产的经营构成当地社会经济的重要组成部分。不少神明信仰和仪式活动亦与社会经济活动有着密切的联系。文章将以郑振满和丁荷生所编《福建宗教碑铭汇编·泉州府分册》①为基本资料，结合其他历史文献，探讨明清泉州地区宗教与社会经济之间的互动关系。需要说明的是，本文讨论的寺产，不仅限于佛教寺院之寺产，而是泛指儒释道三教和民间宗教，以及官方等的各种寺院宫庙之产业。② 出于同样的考虑，笔者在前述学术史中使用了"寺庙经济"一词，其内涵不仅限于佛教寺院经济。限于资料和篇幅，文章暂不论及伊斯兰教、基督教、摩尼教等宗教的情况。

一、寺产的来源和种类

在传统中国社会，寺产中占比重最大者当为寺田。五代迄宋，福建地区崇佛成风，舍地与寺现象很普遍。③ 曾任泉州刺史的五代

（接上页）第57—69页；丁荷生：《东南亚华人庙宇网络与"信用"的生产》，载《农政与发展当代思潮》第二卷，社会科学文献出版社2016年版，第322—340页；郑莉：《明清时期海外移民的庙宇网络》，《学术月刊》2016年第1期，第44—48页；陈玉女：《明代的佛教与社会》，第248—249、266—282页；张晖：《门徒与门眷：明清江南经忏佛事的商业化经营》，《兰州学刊》2013年第7期，第53—57页；高万桑（Vincent Goossaert）：《江南本土仪式专家授权及管控（1850—1950年）初探》，载王岗、李天纲编：《中国近世地方社会中的宗教与国家》，复旦大学出版社2014年版，第35—40、52—53页；章毅：《祀神与借贷：清代浙南定光会研究——以石仓〈定光古佛寿诞会簿〉为中心》，《史林》2011年第6期，第66—77页；章毅、冉婷婷：《公共性的寻求：清代石仓契约中的会社组织》，《上海交通大学学报（哲学社会科学版）》2011年第6期，第77—85页；李晓龙：《西樵天后信仰与地方社会》，广西师范大学出版社2012年版。

① 郑振满、丁荷生编：《福建宗教碑铭汇编·泉州府分册》（以下简称《泉州府分册》），福建人民出版社2003年版。
② 需要注意的是，儒的庙多为官方所创建和管理。佛教和道教的寺庙中亦有不少兼有官庙性质者，如作为官方习仪、祝圣之所的佛道寺庙。
③ 林枫：《福建寺田充饷浅析》，《厦门大学学报（哲学社会科学版）》1998年第4期，第48页。

闽国国主王延钧"遣官弓量田土，定为三等，以膏腴者给僧道……由是膏腴田地尽入寺观"①，是为福建寺庙占有大量田产之滥觞。具体到泉州地区，继王延钧之后主政泉州的王延彬、陈洪进诸家"多舍田入寺，顾窃檀施之名，多推产米于寺，而以轻产遗子孙，故寺田产米比民业独重焉"②。这种情况在宋元时期基本得到了延续，至明代才渐有较大的改观。入明以后，不少寺庙的田产因"寺额废而入官"。③ 不过，直到明代中叶的正德十一年（1516年），仍有人指出"泉之宅田，半为淄流所据"。④ 嘉靖（1522年—1566年）中叶，"寺田奉旨变卖……岁办粮差与民业无异"⑤。即便如此，万历年间，寺僧与民间关于田产的争讼仍然"积岁不休"。⑥ 这说明佛教寺院在当时仍掌握着不少田产。

佛教寺院之外的庙宇同样拥有田产。首先是官方庙宇的情况，如乾隆三十七年（1772年）晋江县国学生萧世芃捐出民田、民园若干处，充为泉州府文庙香灯之用。⑦ 其次是道教宫观的情况，如宋绍兴年间（1131年—1162年）士人张汝锡因归隐"修玄"而"大兴三清、五帝、岱岳诸宝殿"，创建泉州地祇忠义庙，后来张氏家人在迎其归家之时"倾赀置饷田二百亩余"，至崇祯十三年（1640年）之时虽然"田皆狞佃隐匿"，但尚可清查。⑧ 再次是民间庙宇的情况，如晋江西资岩崇义庙，其"风水东营五姓同岩"，在光绪

---

① 万历《泉州府志》卷6，阳思谦修，黄凤翔、林学曾纂，万历四十年（1612年）刻本，泉州志编纂委员会办公室重印本，1985年版，第5页。
② 万历《泉州府志》卷6，第5页。
③ 万历《泉州府志》卷6，第6页。
④ 《追布金废院田地充为泉州府学田记》，正德十一年（1516年），《泉州府分册》，第87页。
⑤ 万历《泉州府志》卷6，第7—8页。
⑥ 万历《泉州府志》卷6，第7页。
⑦ 《泉州文庙香灯田亩记》，乾隆三十七年（1772年），《泉州府分册》，第291页。
⑧ 《第一山重修地祇忠义庙记》，崇祯十三年（1640年），《泉州府分册》，第204—205页。

七年（1881年）重建之时，当地民众不仅有捐钱的，亦有捐田产者三人。① 至于不同寺庙的田产来源，以明中叶为界大致可以分为两个时期。明初至明中叶，除了檀越的捐献，还有不少寺田源于诡寄寺庙以减轻赋税负担的民田。从明中叶开始，由于寺田和民田要承担的赋税相差无几，之后的福建寺田主要来源于檀越的捐献。②

值得注意的是，檀越中有将捐献寺田作为报答神恩或还愿方式者。报答神恩者的例子包括光绪二十六年（1900年）永春监生林振声，"因为身中染疾，服药不痊，幸蒙北极大帝到家，指示良方，救病痊安，思无可答，充出金番银六十大员［元］，敢劳僧得禄取去，建置田产，日夜香灼供奉大帝殿前，保佑声合家平安，男女康临，老安少怀，生理兴隆，以表大帝之明威流传于后世也"。③ 还愿者的例子有明末厦门人林宜构，他曾购得普照寺（今南普陀寺）寺租田产计十一处，后于佛前求嗣并许愿将"所得寺租入寺，果谐所愿"，于是将这些田产交付普照寺住持收管。④

不少寺庙对其周围的山林具有产权或管辖和收益权。例如，嘉靖二年（1523年）立于清源山南台寺的一块碑记首先指出的就是该寺山界之四至："东至清源下洞塔后山，南至石舡山尾流水坑，西至陈宅山，北至崎丢山头后分流为界。"⑤ 光绪三十年（1904年）惠安净山寺所立示禁碑不仅明确说明该山四至，还强调该山周围草木为庙祝所有，"关系神前香火及庙祝粮食所需"。⑥ 乾隆三年（1738年），厦门万石岩的僧人甚至通过官府为其岩宇立石定界，并勒示禁碑，以杜绝当地军民在界内占葬、樵采树木，或者纵放牛羊践踏五谷蔬果。⑦

---

① 《新建崇义庙记》，光绪七年（1881年），《泉州府分册》，第434页。
② 详参林枫：《福建寺田充饷浅析》，《厦门大学学报（哲学社会科学版）》1998年第4期，第48页。
③ 《桃源殿捐资置田碑》，光绪二十六年（1900年），《泉州府分册》，第901页。
④ 《田租入寺志》，崇祯十三年（1640年），《泉州府分册》，第1015—1016页。
⑤ 《法石寺受南台山界记》，嘉靖二年（1523年），《泉州府分册》，第92页。
⑥ 《净山寺示禁碑》，光绪三十年（1904年），《泉州府分册》，第782—783页。
⑦ 《万石岩山界示禁石刻》，乾隆三年（1738年），《泉州府分册》，第1047页。

此外，有的寺庙产业中还包括店铺、油园、鱼池①等。如光绪三十年，南普陀住持喜参和尚就曾出资购买一个店铺，作为南普陀寺佛祖万年香资，祖师圣诞之时便由"常住支出店税四元，设斋供像，并祖堂上供以答"。② 寺产中亦存在官设专项税收和特许水运经营权的情况。前者如康熙五十二年（1713年），晋江士人施世骥在重修晋江县学宫之后，"更置廛税，备历祀香火资"。③ 后者如嘉庆中前期，安溪知县叶鸥海为解决城隍庙每年春季的斋醮迎傩费用，专门倡捐置造了两条溪船，"付每年董事募工运货，生息以充醮费"，并豁免这两条船的官办差役。④ 值得注意的是，这两座获得专项税收或特许水运经营权的庙均为官庙。

二、寺产的管理与经营

寺产在管理方面有好几种方式。一般来说，寺产是由寺庙住持进行管理的。乾隆二十一年（1756年），安溪知县为该县城隍庙倡置田产之时曾提到，"神庙住持，皆有香灯"⑤，说明寺庙住持掌握并管理寺产是较为常见的情况。具体的例子有创建于宋太平兴国六年（981年）的南安报亲寺，"故有田租一千余亩，宋元入明，僧世守之"。⑥ 亦有由檀越直接管理的寺田。同安县的圣菓院就是一个例子。至正十七年（1357年）前后，地方士人王西隐重修圣菓院，

---

① 油园、鱼池的例子参见《邑侯刘功德碑》，乾隆四十九年（1784年），《泉州府分册》，第1094页。
② 《店税入寺志》，光绪三十年（1904年），《泉州府分册》，第1317页。
③ 《重修晋江县学宫记略》，康熙五十二年（1713年），《泉州府分册》，第236页。
④ 《清溪城隍造船碑记》《安溪县城隍庙示禁碑》，嘉庆十七年（1812年），《泉州府分册》，第840—841页。
⑤ 《重修城隍庙碑记》，乾隆二十一年（1756年），《泉州府分册》，第836页。
⑥ 《詹大司寇悒亭先生归寺焚修田记》，万历年间（1573年—1619年），《泉州府分册》，第633页。

建王氏祠堂于旁，并捐田三十亩以赡其用。① 这三十亩田后被寺僧盗卖。王氏家族将其赎回后，为避免重蹈覆辙，便与寺僧立约为质，规定"僧得食不得管，王得管不得食"，彼此牵制。②

寺产的收入一般用于支付住持衣食和香灯祀神之费。万历年间（1573年—1619年），泉州郡守姜志礼离任之后，民众为其立生祠，以纪其修治洛阳桥之功。祠成之后，惠安民众"德公尤深，相与捐金五十两，置田十石，择道士一人守之。岁度田所入，半给道士食，半储为父老祝公诞之需，庶几岁岁祠而勿失。"③ 其中对寺田收入的分配就很清楚，即半为守祠道士衣食之费，半作信众庆祝公诞之用。此外，寺产亦可交由与庙宇有特定联系的仪式专家管理，其收入则作为仪式专家参与法事活动之酬劳。例如，光绪九年（1883年），信众重修厦门仙岳社集福堂，用余资"举置田业，供给乩童，以为俸禄之资。□乩童退位，可将此业留在□乩，承上挨下，轮流永□，以光我里，不得私变卖，以负神恩。"④ 其中提到的"乩童"即闽南和台湾等地区常见的一类仪式专家，属于灵媒，常出现在民间庙宇的庆祝活动之中。⑤

对于没有住持的寺庙，其田产通常由信众组织或信众群体进行管理。道光二十四年（1844年），一个名为敦善社的组织为泉州城隍庙购置店铺产业，以资城隍神之父母圣诞的庆祝费用。其管理方法是每年由敦善社的成员"轮值掌管收租，其契券、赁租批，亦递交轮值之人收贮"⑥。再如，同治十三年（1874年），惠安昭惠庙所

---

① 《龙山圣𦬁院祠堂内碑记》，至正十九年（1359年），《泉州府分册》，第960页。
② 《邑侯刘功德碑》，乾隆四十九年（1784年），《泉州府分册》，第1094页。
③ 《郡太守姜公生祠田记》，万历年间（1573年—1619年），《泉州府分册》，第175页。
④ 《重修集福堂记》，光绪九年（1883年），《泉州府分册》，第1260页。
⑤ 关于闽南地区乩童的情况，参见 J. J. M. de Groot, *The Religious System of China*, Leiden: E. J. Brill, 1892-1921, reprint in Taipei: Literature House, Ltd., 1964, pp. 1269-1294; Kenneth Dean, *Taoist Ritual and Popular Cults in Southeast China*, pp. 64-69.
⑥ 《温陵城隍庙公业碑记》，道光二十五年（1845年），《泉州府分册》，第368页。

立祀业碑将"祀业"称为"公业",规定"每年所有出息,系是补足庙中□□,不许乡人混占。如有违约,闻众公诛。"① "闻众公诛"是对混占祀业之乡人的惩罚。其中的"众"或"公"即对昭惠庙祀业有管理权的信众群体。

如何承担赋役亦构成寺产管理,尤其是寺田管理的重要内容。晋江梅溪山之青罗室,亦名性天院,为当地陈氏家族所倡建。万历十年(1582年),该寺有田共输租四石,均为陈姓所捐。不过,这些寺田所产之米仍存于陈氏家族的公户之下,每年由里正代输其赋,据说是为了"不以累僧人"。② 光绪二十八年(1902年)前后,永春魁星岩住持盛福和尚将平生积蓄交付檀越中诸绅耆,委托他们为"素乏资业"的魁星岩置办产业。这些绅耆后为购置田产,并立一民户曰"颜奎岩",以便缴纳赋税,并规定"凡住持是岩者,听其收租,完粮办祭"。其中,完粮即指由住持每年向颜奎岩户内完纳赋税。③ 实际上,由谁来承担赋税的问题与田产的实际所有权有着直接的关系。乾隆四十九年(1784年),同安知县在处理一起僧民田产纠纷之时,将田产的归属权判给了民这一方,其理由便是"粮非僧纳,则田非僧业已明"④。

为了防止纠纷、维护寺产,无论是寺庙还是檀越或普通民众,有时都会采用立示禁碑的形式。这类示禁碑既有民间私立,亦有官立,并无一定。前者如同治十一年(1872年)厦门太平岩寺所立示禁碑,旨在"普劝仁孝诸君各取寄厝棺骸",并行永禁。⑤ 后者如光绪三十一年(1905年)南安知县在雪峰寺所立示禁碑,其旨在于防止"近处居民与不肖僧徒、越主不肖子孙日后将寺中物业私行变

---

① 《昭惠庙祀业碑》,同治十三年(1874年),《泉州府分册》,第778—779页。
② 《重建青罗室记》,万历十二年(1584年),《泉州府分册》,第123页。
③ 《纪绩碑》,光绪二十九年(1903年),《泉州府分册》,第898页。
④ 《邑侯刘功德碑》,乾隆四十九年(1784年),《泉州府分册》,第1094页。
⑤ 《太平岩寺重修示禁题刻》,同治十一年(1872年),《泉州府分册》,第1221—1222页。

卖，抑或有混占强图，鼠窃狗偷"。① 官庙的示禁碑则多为官立，如光绪十四年（1888年）晋江知县在地方士人的推动下，为蔡忠烈祠所立者。蔡忠烈祠乃泉州府为明末殉节殉难之士人蔡道宪所立，光绪十四年所立示禁碑旨在防止不肖者侵占该祠附近之田园祀业。②

绝大多数示禁碑借用或仰赖的均为家族等地方组织或官方的话语，然亦有借助神明信仰之话语者。光绪三十年南安慧泉寺所立的两块碑就属于这种情况。其中一块碑载明为"佛祖乩示"。该碑详述了慧泉寺僧买断每年供给苏姓檀越主旧例的经过，并明示"从今以后，寺僧不许越主私设规例，败坏山门。若是越主恃强，再翻旧例，佛天有眼，断子灭孙；僧人不守斋戒及畜养猪羊，永堕披毛带角地狱。"③ 其分别针对檀越看重子嗣的观念以及僧人熟谙的善恶果报、生死轮回之意不言自明。另一块碑则载明为"佛祖敕令"，以同样的方式警示了僧人和越主均应固守本分。④ 这两块碑的铭文中虽然没有出现"禁""示禁"等字眼，但因将神明的惩罚和果报轮回的观念作为震慑僧俗的力量，其效用在传统社会中应该不亚于甚或强于一般的禁碑。

三、寺产与祖先祭祀

前节已经提及，寺产收入一般用于支付住持衣食和香灯祀神之费。其中"香灯祀神"之神除了一般意义上的神明，亦常包括檀越主或檀越主的祖先在内。不少檀越主捐献产业给寺庙的重要考虑之一即借助寺庙来祭祀祖先。⑤ 广东顺德人伦禧在弘治十二年（1499

---

① 《雪峰寺示禁碑》，光绪三十一年（1905年），《泉州府分册》，第706页。
② 《蔡忠烈祠示禁碑》，光绪十四年（1888年），《泉州府分册》，第443页。
③ 《慧泉寺产业碑记》，光绪三十年（1904年），《泉州府分册》，第704页。
④ 《慧泉寺佛祖敕令》，光绪三十年（1904年），《泉州府分册》，第704页。
⑤ 这种祭祖传统应该和宋元时期颇为流行的功德坟寺有一定的渊源。关于功德坟寺的起源及其在宋代的情况，详参黄敏枝：《宋代佛教社会经济史论集》，学生书局1989年版，第241—300页。元至正十七年（1357年）同安王氏家族在重（转下页）

年）到任安溪县儒学教谕，在随任的两个儿子相继而殁后，"以路遥舆榇难归，姑卜葬于本县永安里东皋，立木主附于龙津观，买祀租三十二桉，以备祭扫"。①从传统中国的民间信仰来看，伦禧为亡子立神主可被视为将亡子之灵转变成了祖先之灵，因而属于祖先崇拜，尽管其世俗辈分比奉祀对象更高。祀奉神主的龙津观建于天顺年间（1457年—1464年），是一座道观，为官方的习仪、祝圣之所。②由此可知，伦禧选择龙津观为亡子立神主大概是出于方便的考虑。再如，顺治十四年（1657年），安溪县湖头乡人李惟念通过捐施田产，将其两年前过世的父亲之神主送入时由僧人住持的乡关帝庙，书"施田功德主"，旨在"追显其亲"。③

除了檀越，僧人中亦有借助寺庙祀奉祖先者，如明末清初的如幻禅师（1605年—1662年）。他"早失怙恃，每念劬劳，无以酬恩，辄深痛割"，后入佛门，便借此殊胜因缘，"矢愿鸠同志，合建精舍，供奉先亲神主，朝暮焚修，二时禅诵，庶凭佛力以度先灵"。最终，如幻禅师在其他僧人和檀越的支持之下，创建度亲庵，并有粥田若干亩，为香灯之资。庵名度亲，强调的是度此生父母和他生父母之意。④度亲庵的创建和粥田的置办乃合众力而成，其管理者除了住持，还有一个由"有分［份］"者组成的会。庵中祀奉者除

（接上页）建圣菓院后，又"构祠堂于西偏，以奉宗祧之祀"，并置田以赡其用（《龙山圣菓院祠堂内碑记》，《泉州府分册》，第960页）；清同治十一年（1872年），厦门太平岩寺左缭垣内仍有仰僧守护的李氏墓田（《太平岩寺重修示禁题刻》，《泉州府分册》，第1222页）。这些或可视为功德坟寺之遗绪。

① 《伦公子祀田记》，万历六年（1578年），《泉州府分册》，第813—814页；康熙《安溪县志》，谢宸荃主纂，洪龙见主修，康熙十二年（1673年）刊本，凌文斌等点校，福建省安溪县志工作委员会整理，2003年版，第74—75页。值得注意的是，据此碑铭，这些祀田后被侵没，至明万历六年（1578年）由官府和地方士人清复后，租归县学，春秋祭扫，不久又将神主移祀县学土地祠内。祀田的性质已经由祖先祀业转变成官庙祀业。
② 康熙《安溪县志》，第74—75页。
③ 《关帝庙祀业碑》，乾隆二十二年（1757年），《泉州府分册》，第836—837页。
④ 《开元寺度亲庵缘起规约记》，康熙年间（1662年—1722年），《泉州府分册》，第240页。

如幻禅师之父母神主外，还有其他僧人、檀越会众之父母神主。这就形成了不同姓氏，以及僧人和檀越之祖先共同祭祀的特殊格局。

无论是施田的伦禧、李惟念，还是倡建度亲庵的如幻禅师，其直接目的都是祭祀祖先。实际上，不少作为祖先祀业的寺产是由檀越出于祀先之外的原因所捐的寺产转化而来的。而且，明清时期很多作为祖先祀业的寺产源于宋元时期，甚至更早的檀越所施之产。最典型者莫过于泉州开元寺的檀越祠。该祠供奉唐代舍地为寺的檀越黄守恭之神主。黄守恭舍地为寺并非出于祭祀祖先的考虑，而是因为有感于神明托梦的灵异。开元寺建成之后，"岁岁住持僧祀居士檀越，而居士之子孙居四安者与祭者合食"。① 寺僧祭祀檀越之费当出自寺产。显然，祭祀黄守恭至少有两种不同的意义。黄守恭的身份对开元寺僧而言是檀越，对黄氏与祭子孙而言则为祖先。

对黄守恭的祭祀在嘉靖年间因寺产荡尽、僧贫祠荒而废，后于万历年间在黄氏子孙的努力下得以恢复。不过，彼时已没有祭田，祭祀费用亦改为由黄氏子孙中之有力者筹集而成。② 除了具体的祭祀，檀越祠的复建也是由黄氏子孙来完成的，此前至元和洪武年间的两次修建则均由寺僧完成。③ 天启五年（1625 年），有黄氏后代考虑到"不奉先何孝，不置田胡奉，不为祀田计长久，胡引祖泽于弗替"，乃醵金购置祀田若干。④ 康熙二十八年（1689 年）左右，裔孙重修祠宇，且拓地"建僧房奉香火"。雍正五年（1727 年），更有裔孙重建祠宇并捐田租一千六百斛。值得注意的是，黄氏子孙在两年后所立碑记中将该祠称为"祖祠""祠堂"。⑤ 原先作为寺产组成部分的檀越祠俨然已经成了黄氏家族的族产。另据张小军研究，

---

① 《紫云檀越祠四安祭祖族食记》，万历四十二年（1614 年），《泉州府分册》，第 164 页。
② 《紫云檀越祠四安祭祖族食记》，《泉州府分册》，第 164 页。
③ ［明］释元贤：《泉州开元寺志》，民国十六年（1927 年）重刻本，载《中国佛寺史志汇刊》第二辑第 8 册，明文书局 1980 年版，第 24—25 页。
④ 《泉州府开元寺檀越祠祀田记》，天启五年（1625 年），《泉州府分册》，第 189 页。
⑤ 《开元寺黄氏祠堂碑记》，雍正七年（1729 年），《泉州府分册》，第 242—243 页。

万历年间黄氏子孙对檀越祠的重建已经可以视为一种宗族行为,尽管主其事者黄文炤很怕担待以族人身份重修而导致的"与僧竞尺寸之地""倚檀越为奸利"的名声。① 由此看来,随着时间的推移,开元寺檀越祠中祭祀黄守恭的活动已经由最初的寺僧主导、黄氏家族与祭转变成黄氏家族主导、寺僧为辅。天启五年以后,黄氏家族购置的祀田似乎没有交由僧人进行管理或控制收入,祀田性质亦由早年的寺产转变成了族产。

因祖先祭祀问题而干涉寺产的宗族行为亦见于安溪县的泰山岩寺。泰山岩寺由当地乡民创建于宋代,在后来的发展中与李氏家族的联系尤为密切。嘉靖二十五年(1546年),该寺因收入不稳定而难以为继,有李春锦者捐资发动乡众,于山中垦田并为圳以灌田,其田"共受子四石零,年收租谷可百余桔,付僧力耕,以为朝夕饔飧之资"。此外,李春锦还倡修了泰山岩寺。寺僧后奉其为檀越主。不过,李氏后代子孙认为,其神主"位杂于众释间,未免近亵"。于是,李氏家族在乾隆三十二年(1767年)公议后,对泰山岩寺后殿左侧部分进行了改建,用于安奉李春锦之神主。② 显然,这是一起因李氏后人和寺僧在李春锦神主身份之理解——祖先抑或檀越,以及祭祀观念方面存在冲突而引发的宗族行为。这种情况下,在以檀越主/祖先祭祀为中心的寺产管理和仪式活动中,寺庙和家族的关系已经完全颠倒了过来。③ 这种关系颠倒或可视为儒教与佛教之争,以及不同群体利益竞争的一个结果。④

还值得一提的是,僧人亦会以普通民众祭祖的方式来祭祀檀越

---

① 张小军:《佛寺与宗族》,载陈志明、张小军、张展鸿编:《传统与变迁》,第95—98页。
② 《屏山公修岩垦田记》,乾隆三十二年(1767年),《泉州府分册》,第809—811页。
③ 类似的情况亦见于明清时期的福建莆田,参见郑振满:《莆田平原的宗族与宗教》,《历史人类学刊》2006年第1期,第8—9页。
④ 张小军:《佛寺与宗族》,载陈志明、张小军、张展鸿编:《传统与变迁》,第102—107页;郑振满:《莆田平原的宗族与宗教》,《历史人类学刊》2006年第1期,第8—9页。

主。嘉靖二十一年（1542年），同安王氏重建圣菓院西之祠堂，并在七年后赎回之前被寺僧变卖之祀田，且立定规，"递年重阳，僧备全牲羞筵，致祭始祖，燕款本族子姪，永为定例"。① 明代永春士人陈云龙曾施田给当地的一座庙宇，以供香火。后来，该庙僧人不忘其德，每年在其忌辰"历备牲粢到祠附祭"。② 在此，僧人备"全牲""牲粢"祭祀檀越主的方式与檀越后人祭祀其祖先的方式无异。

四、寺产兴学

明清时期，不少寺产最终转为住持和香灯之外的用途，主要体现在寺田充饷和寺产兴学。其中，寺田充饷旨在筹措军费，寺产兴学之旨则在于兴人文、推行教化。关于前者，学界已有深入的探讨③，兹不赘述。关于后者，有学者对清代福建书院经费中的寺产进行了分析，亦有研究论及在嘉靖初期毁淫祠和废佛寺政策实施过程中的情况。④ 不过，就寺产兴学在泉州地区的具体形态及其总体分析而言，研究涉及较少。

泉州地区的寺产兴学，宋已有之。如嘉定四年（1211年），晋江新建石井书院，官方"仍给五废寺田以廪士之肄业于斯者"。⑤ 寺产兴学的高峰出现在明代，所用寺产多为废寺之田。关于废寺之田，万历《泉州府志》在记载田土时特别提到，"废寺田者，寺额废而入官者也"⑥，说明其数量在当时是比较可观的，以

---

① 《重立圣菓院祠堂内碑记》，天启三年（1623年），《泉州府分册》，第1009页。
② 《陈姓奉宪示禁碑》，乾隆四十五年（1780年），《泉州府分册》，第876页。
③ 林枫：《福建寺田充饷浅析》，《厦门大学学报（哲学社会科学版）》1998年第4期，第48—53页。
④ 林枫、陈滨：《清代福建书院经费初探》，《中国社会经济史研究》2008年第1期，第64—65页；王健：《嘉靖初期毁淫祠与废佛寺政策的地方实践》，《史林》2016年第3期，第94—102页。
⑤ 《重建石井书院记》，弘治十一年（1498年），《泉州府分册》，第83页。
⑥ 万历《泉州府志》卷6，第6页。

至于有单独说明的必要。① 与此形成鲜明对比的是，官方在兴办学校方面经费日益拮据。其原因在于前代学田皆废，导致"人文日盛，生徒渐多"之时，原先岁给学校教士之常廪已经不够用了，出现了"士始有不赡者"的情况。于是，官方开始仿照宋人置办学田。废寺之田正是其重要来源，如正德十一年（1516年）以布金院废寺田入府学、嘉靖三年（1524年）用"衰废寺之租"重修惠安县学、嘉靖七年折淫祠及中林院等处田七十多亩与德化县学、隆庆二年（1568年）清拨法石寺田近五十亩与惠安县学、万历二十年（1592年）发资福岩田地和山地若干与晋江和南安县学、万历二十八年同安县奇江庄五百二十五亩废观田入郡县二学等。②

具体来说，至明中叶，虽然"养士之法，朝有定制。制外之需，民有定业"，但"欲周其养，以广其泽"是不容易做到的。由此，正德十一年，有泉州士人以成化八年（1472年）废晋江布金院之田请于御史胡文静。胡氏遂以布金废院田地租入养泉之增广生员。布金废院之田有二百余亩，但不久便"尼［泥］于淄流之讹言"，后在御史程昌和佥都御史潘鉴的支持下，布金废院之田最终被确立为学田。③ 由"尼［泥］于淄流之讹言"可知，当时有僧人对官府追布金院田为学田不太认可。布金院田成为学田之后，"租输学而粮差坐负，乃收租于晋江县，扣租为粮"，嘉靖二十一年（1542年）官府下令变卖寺田之时竟被人"得请买收"，至隆庆元年（1567年）才由知府和教谕以偿价的方式清复，并"定官簿为掌收"，以绝后患。清复之后，"凡两学诸生丧葬婚娶贫无以为举者助之"。④

---

① 惠安知县叶春及（1570年—1574年在任）撰《惠安政书》所列五座废寺及其田产情况亦可佐证这一点。详参叶春及：《惠安政书》，泉州历史研究会、惠安县志办公室、惠安县文化馆整理，福建人民出版社1987年版，第60—61页。
② 关于嘉靖三年惠安县学的重建，参见《重新惠安学宫记》，嘉靖四年（1525年），《泉州府分册》，第729—730页；其余部分详参万历《泉州府志》卷5，第11—14页。
③ 《追布金废院田地充为泉州府学田记》，《泉州府分册》，第87—88页；乾隆《泉州府志》卷13，怀荫布修，黄任、郭庚武纂，乾隆二十八年（1763年），第37—38页。
④ 乾隆《泉州府志》，卷13，第37—38页。

明代同安县学之有田，据说始于万历二十五年（1597 年）到任的知县洪世俊。洪氏到任之后，深感国家对士人"赖之厚而养之薄"，又不愿通过向民间别征税收等方式来改良这一状况，最终决定利用官府的陈廪积谷和废寺废观之田。其中，陈廪积谷用于置办学田，废寺废观之田则直接转为学田。废寺废观之田主要指奇江庄故观田和吴陂庄故寺田。当是时，"观寺久废，田没于佃，诸佃盘踞餍其饱，旁垂涎者目眈眈属之"，甚有酿成纠纷至争讼者。洪氏由是力主"故寺观田无主酿争，宜主之学，岁征其租，赡士之贫者"，并呈请于泉州知府窦子偁。窦氏可其请，不过将一半的废观田归与府学，计二百六十二亩五分。① 窦氏于万历二十六年（1598 年）到任泉州知府，对泉州府学进行了重修，但仍以之后学宫修治之费用和府学贫困诸生之赈助为念。同安废观田之半归于府学之后，其岁入便被"贮诸学官［宫］，以备修治庙庭、斋舍、祭器及赈助贫生婚、丧之用"。②

至于吴陂庄，乃报亲寺之产业，由洪世俊清丈溢额，三十九亩五分有奇，详宪归学。康熙三十年（1691 年）展界清丈，这部分学田被报亲寺僧奴刘栋借机侵没，刘栋交付其侄刘才，刘才交付其弟梵天寺僧宏哲管业三十余年，后由地方士人陈焜等呈请官府清还，酿成讼争。最终，陈焜等根据县志和明伦堂所载学田条目提供的线索，从田亩着落入手，查获"万历三十年儒学给佃陈尧明印帖一纸，开载学田来历，又土名、亩数甚详"。官府据此将这部分田产断归儒生管业。③ 万历三十年儒学的给佃印帖说明当时归于学田的寺田是直接由儒学进行管理的。田产被侵没后，最终仍由僧人管业，显然与其最初的寺田性质直接相关。这在一定程度上可以视为僧人与官府之间就寺庙溢额田而展开的争利，表明寺产兴学的过程

---

① 《洪侯学田记》，万历二十九年（1601 年），《泉州府分册》，第 996—997 页；《洪公初祠记略》，万历年间（1573 年—1619 年），《泉州府分册》，第 1007 页。
② 《泉郡学记》，万历二十八年（1600 年），《泉州府分册》，第 139—140 页。
③ 《义学田地公立碑记》，乾隆十七年（1752 年），《泉州府分册》，第 1056—1057 页。

并不总是一帆风顺的。由此亦可知，办学产业和寺产之间的流动并非单向的。①

寺产兴学之旨在于兴人文以推教化，有时亦与官方或士大夫推行教化的另一实践——毁淫祠联系在一起。除了上文提及的嘉靖七年折淫祠产业入德化县学，至少还有两个这方面的例子。嘉靖元年（1522年），泉州郡守葛志贞与教谕胡道明因见郡学倾圮之势，"乃合生儒白于台察于藩臬，搜剔祠宇之弗应祀典者，悉毁之"，相关产业均被用于重修郡学大成殿。②嘉靖八年（1529年），按察副使郭万安莅临泉州，谋于地方官员，"得城北丛祠一区，请于巡按御史聂公豹，斥去昏淫之鬼，因旧材稍易蠹坏，悉以坚良"，后率泉郡之人奉名士罗子峰（1431年—1478年）神主于其中而释奠。罗子峰为成化二年（1466年）进士，授翰林院修撰，曾因故被贬，落职提举泉南市舶司。淫祠被改造以奉罗氏神主之后，进而置斋居、讲堂，延士人居而职其教，最终成为一个书院。③从寺产兴学之旨来看，将淫祠改造成书院，可谓寺产兴学实践之极致。这一极致实践集中出现在嘉靖年间，概与当时福建地方的毁淫祠之风直接相关。值得注意的是，淫祠产业被不少官员视为地方财政的来源之一。④ 那

---

① 这方面的例子亦见于清代厦门朝天宫后的紫阳祠。该祠由官方创建于康熙年间（1662年—1722年），雍正二年（1724年）拓建，前祀朱子，后为学舍。其中，学舍在乾隆十六年（1751年）之前就已归于注生祠，至乾隆三十年才由官方清复。按，从"注生祠"之祠名来看，其神主当为闽南民间普遍信仰的注生娘娘。参见光绪《同安县志》卷6，吴堂修、刘光鼎等纂，嘉庆三年（1798年）刻本，光绪十二年（1886年）朱承烈刻本，第26页。
② 《泉郡博胡时轩先生修学记》，嘉靖元年（1522年），《泉州府分册》，第91页。
③ 《一峰书院记》，嘉靖八年（1529年），《泉州府分册》，第95—96页。
④ 弘治、正德和嘉靖三朝（1488年—1566年）是明代地方毁淫祠的高峰，福建的情况亦是如此。详参小岛毅：《正祠与淫祠：福建的地方志における記述と論理》，《東洋文化研究所紀要》第114册，东洋文化研究所1991年版，第87—213页。其中关于福建地方志所载淫祠的集中讨论见第175—186页。郑振满：《莆田平原的宗族与宗教》，《历史人类学学刊》2006年第1期，第21—22页；王健：《十五世纪末江南毁淫祠运动与地方社会》，《社会科学》2015年第6期，第155、157页；王健：《嘉靖初期毁淫祠与废佛寺政策的地方实践》，《史林》2016年第3期，第94—102页。

么，在经费短缺的情况下，嘉靖年间泉州官方兴学与毁淫祠之间的结合就不难理解了。

需要指出的是，寺产兴学所用之寺产并非全是废寺产业，亦非全由官方以行政或较为强硬的手段得之，而亦有通过一般的经济交易将寺产转为兴学产业者。例如，万历三十八年（1610年），推官伍维新购置南安报亲、延福二寺之田地近七十亩，其岁入用于郡邑二学之诸生会课。① 这种情况亦见于同样强调教化功能的官方或儒教庙宇之修缮和维持。嘉靖十四年（1534年），泉州知府王方南倡捐为朱文公祠购置田产作修守和住持日用等费，所购腴田即开元寺之寺产。②

五、神明、仪式与社会经济

除了寺庙产业，不少神明信仰和宗教仪式活动亦与地方社会经济有着密切的联系。晋江罗山洑田塘的管理便是其中的突出例子。洑田塘是当地重要的水利设施，其开创和经营，据说始于南宋泉州知府王梅溪（1168年—1170年在任）和真德秀（1217年—1219年和1232年—1233年在任），可溉田三千八百余亩。由于没有常规管理，洑田塘日见倾圮，至元末明初之时已经"水旱交告，病矣"。于是，里人柯怡颜"设陂规，捐逸老堂以祀土神，都民岁请当道择诸子醇谨者一人掌陂事，时其蓄洩，固其陧岸，率以为常"。③ 其中值得注意的是，除了设陂规，柯怡颜还注重加强对土神的奉祀④，其旨均在于加强对洑田塘的管理。这说明在当地人看来，神明祭祀与洑田塘水利设施的经营之间有着密切的联系。

---

① 万历《泉州府志》卷5，第12—13页。
② 《朱文公祠祀田记略》，嘉靖十六年（1537年），《泉州府分册》，第100页。
③ 《修洑田塘记》，天启年间（1621年—1627年），《泉州府分册》，第192页。撰碑者庄际昌，晋江人，万历四十三年（1615年）状元，官至翰林院编修。
④ 这个土神可能是洑田塘石牛之神。据万历《泉州府志》（卷3，第8页），塘中旧"有石牛，水涨下没，鸣则堤溃……乡人立祠祀之，名牛后宫，为十九都乡约所"。

天启五年（1625年），士人龚润寰捐金重修洑田塘后，亦"念祈祝土祠颓毁"而鸠众对其进行修葺①，并置义田祭祀，设陂首，由七姓士民轮流管理，规定"开门放水，启闭则定辰开酉塞，先贤、谷神则定春秋轮祭"，众遵而守之。雍正年间，部分民众"抗不守分，自启自放，废祀先贤"，酿成纠纷。最终，经府县两级官府谕示，责成地方"凡一切放水、祭祀"仍照旧规，不得废祀、私放。② 其中，民众的不守分同时表现在私放和废祀两个方面。与此相应，地方士人和官府在要求这些民众归于本分之时，不仅要求他们遵守放水规则，亦要求他们恢复神明祭祀。由此可见，祭祀神明和遵守陂规之间是互为表里的关系。如期祭祀神明业已成为遵守陂规的重要象征。换言之，神明对洑田塘水利设施的运作具有"监督"作用。③ 值得注意的是，这种神明监督机制的形成，似乎还与当地的乡约实践和社神祭祀组织有一定的联系。据万历《泉州府志》的记载，洑田塘供奉石牛神之祠为十九都乡约所，且另有洑田祠为二十五都社会。④ 其中的十九都和二十五都实为洑田塘所灌溉的三都之二。

洑田塘的神明信仰可被视为社会经济活动的重要象征。这种情况亦见于商业活动中。例如，厦门和凤宫在康熙至乾隆年间（1662年—1795年）由里人、洋商、行铺多次兴修。该宫主祀三宝尊佛、天上圣母和保生大帝。至迟在嘉庆年间（1796年—1821年），便有行商在和凤宫中设立了行商会馆，"凡有公务，恒于斯集议"，并为该宫置办了不少产业。⑤ 由此，和凤宫之神亦成了行商会馆奉祀之

---

① 《修洑田塘记》，《泉州府分册》，第192页。关于龚云致重修洑田塘的时间，参见乾隆《泉州府志》卷9，第9页。
② 《洑田塘宪示碑》，雍正十年（1732年），《泉州府分册》，第246—247页。
③ 关于神明对洑田塘水利的"监督"功能，参见仲仁：《洑田宫》，载陈仲初编：《晋江风物》，《晋江文史资料》第23辑，国际文化出版公司2001年版，第46—47页。根据仲仁，监督之神为社神。
④ 万历《泉州府志》卷3，第8页。
⑤ 《重建和凤宫行商会馆祠业碑记》，嘉庆二十二年（1817年），《泉州府分册》，第1142—1143页。

神。神明信仰在活跃于外地的泉籍商人中间扮演了类似的角色。以上海的泉漳会馆为例，该会馆由来自龙溪、同安、海澄三县的商人创于乾隆二十二年（1757年），其中供奉了天后和关帝，"合庙堂于会馆"。供奉天后概因其能护佑三县商人之经商利益和航海安全。供奉关帝则主要是因其能增强同乡之间的身份认同，使旅沪各家能"通达义理，心一而力同也"。① 可见，天后和关帝信仰在这些泉漳籍商人的商业和社会活动中占有较为重要的位置。

神明信仰还是维持或加强移民与其家乡社会经济联系的重要途径之一。安溪县溪内村灵护庙主祀迦毗罗王，每三年举办一次称为"大劝"的仪式活动。大劝之时，每家每户均要"肆筵设席，敦化神光"。嘉庆七年（1802年），移居厦门的溪内田头大厅的林氏后代林天立感于家族兴旺和分居外县者无不蒙神默佑，认为"先代宗祖大劝事，不敢废坠"，而从十一年前因重兴祖祠而充公存祀的田产收入中抽出一部分，作为大劝之时大厅林氏祀神供桌的置办费用。② 由此，移居厦门的林氏与祖籍地安溪之间的社会经济联系，便在祖先祭祀之外加上了神明信仰的因素。再如，光绪三年（1877年）前后，安溪金井西资岩住持僧证馨曾前往吕宋（今菲律宾）为该处寺观之重修募款。光绪十一年（1885年），僧证馨第三次前往吕宋，旨在募集西资岩寺观的庆成款项。从相关题捐碑和征信碑的记载来看，捐款者以祖籍为金井者为主。碑铭中甚至包含了这些祖籍为金井者来自哪个村落的具体信息。③ 显然，僧证馨的吕宋募款

---

① 《泉漳会馆兴修碑记》，道光十二年（1832年），载上海博物馆图书资料室编：《上海碑刻资料选辑》，上海人民出版社1980年版，第235—238页。关于上海泉漳会馆更深入的讨论，参见高霞红：《闽粤商人与上海天后信仰》，载柯若朴（Philip Clart）编：《中国民间宗教、民间信仰研究之中欧视角》，博扬文化2012年版，第55—58页。
② 《灵护庙碑记》，嘉庆七年（1802年），《泉州府分册》，第838页。
③ 《重修西资岩题捐碑》两块，光绪三年（1877年），《泉州府分册》，第421—426页；《重修西资岩征信碑》，光绪十三年（1887年），《泉州府分册》，第439—442页。

之行选择的具体地点是金井移民较为集中的地方，由此亦加强了移民与其祖籍地之间的社会联系。①

对社会经济产生较大影响的还有神明的分香。② 分香指的是信众从某个寺庙求取具体神明的香火，并带至其他地方供奉的行为。香火所出之庙一般称为"祖庙"，而供奉所分香火之庙则被称为"分庙"。影响力较大的神明之祖庙往往拥有很多分庙，并形成分香网络。分庙供奉之神被认为是祖庙之神的分身。由此，分庙通常会周期性地前往祖庙进香，并重新刈火，以保持神明之灵力。祖庙和各地分庙之间这种相对稳定的关系，对区域、甚至跨区域的社会经济具有一定的形塑作用。施舟人考察了厦门青礁和龙海白礁（漳州）的保生大帝祖庙及其在台湾地区的分香网络。其研究显示，保生大帝的分香网络与闽南沿海贸易帝国之间存在着密切的联系。③ 清水祖师是在泉州拥有分香网络的另一个神明，其祖庙为安溪清水岩。与其分香有关的经济活动见于漳州府龙溪县龙池宫的例子。雍正九年（1731年），该宫信众至安溪清水岩进香，舍银购置田产，交付清水岩住持僧人，以为祖师佛前香灯和岩寺修理之资。道光十九年（1839年），龙池宫信众再次至安溪购置田产若干，舍入清水岩寺。④ 和保生大帝信仰类似，清水祖师的

---

① 这方面的例子比较多，如永春县城郊义烈祠、厦门的龙池岩、青礁慈济宫、龙鹫堂、云顶岩等，详参《泉州府分册》，第 901—902、1023—1026、1186—1187、1204—1206、1265—1268 页。

② 施舟人（Kristofer Schipper）是最早对神明分香现象进行细致考察的学者，参见 Kristofer Schipper, "The Cult of Pao-sheng Ta-ti and Its Spreading to Taiwan: A Case Study of *Fen-hsiang*", in *Development and Decline of Fukien Province in the 17th and 18th Century*, pp. 397-416.

③ Kristofer Schipper, "The Cult of Pao-sheng Ta-ti and Its Spreading to Taiwan: A Case Study of *Fen-hsiang*", in *Development and Decline of Fukien Province in the 17th and 18th Century*, pp. 397-416. 关于这一研究的评论，参见丁荷生：《从道教研究的角度看闽南文化：以台南为例》，载王岗、李天纲编：《中国近世地方社会中的宗教与国家》，第 147 页。

④ 《清水岩石刻》两种，雍正九年（1731年）、道光十九年（1839年），《泉州府分册》，第 831—832、843 页。

分香网络通过信众的跨区域移民和经济活动得到了极大的扩展，同时亦对信众的移民活动本身及其在移民地的经济活动有着不可忽视的影响。①

此外，仪式专家为民众提供的有偿宗教仪式服务亦为地方社会经济的组成部分。根据宣统元年（1909年）惠安知县的一块示禁碑，在该县乐善铺、良津铺一带，"凡私家庆吊吉凶以及设醮宣经，往往必召二氏……僧、道每私设陋规，以诓骗钱财。甚至敢混认某铺系某施主，藉称伊等先人有为该铺出资建功，凡铺民雇请僧、道，例归施主，不得别雇他人，即他人亦不得贪利受雇。"② 换言之，以铺为单位，僧人和道士垄断了当地民众所需的各种仪式服务，更确切地说是垄断了这些仪式服务的收益权。僧道在强调这种垄断的合法性之时，常宣称其先世曾有功于相应的铺。一个道士在地方士人诘问其有何凭据之时则供称，其"先人并无功德在铺，惟有字据，系由别人承缴而来，契银五十元，然听取赎"。③ 那么，这种垄断权其实是可以转让的。而且，其形成应该并非源于僧道所宣称的先世之功，而更可能是长期以来不同群体的仪式专家在地方相互竞争，与地方民众互动的结果。④ 惠安这种以铺为基础的仪式服务垄断权，实际上是一种可作为资产进行交易的对世袭辖区的垄

---

① 详参石奕龙：《厦门岛上的清水祖师崇拜》，陈在正：《台北县清水祖师庙与安溪移民》，郭志超：《清水祖师崇拜在马来半岛》，均收入陈国强、陈育伦编：《闽台清水祖师文化研究文集》，香港闽南人出版有限公司 1999 年版，第 119—122、138—144、178—180 页。
② 《乐善铺示禁碑》，宣统元年（1909 年），《泉州府分册》，第 784—785 页。
③ 《乐善铺示禁碑》，《泉州府分册》，第 784—785 页。
④ 值得注意的是，此种垄断权不仅仅出现在宗教仪式服务方面。例如，在漳州府海澄县屿下社和龙店社（今均属厦门海沧），"凡诸婚娶、丧葬、登科、祝寿等项俗事，每遭该处丐首藉充夫头，包管地界，名曰浦［埔］头"。参见《积庆堂碑文》，光绪七年（1881 年），《泉州府分册》，第 1258 页，亦见何丙仲编：《厦门碑志汇编》，中国广播电视出版社 2004 年版，第 445 页；《海沧宁店署漳州府海澄县正堂示禁碑》，同治十年（1871 年），载何丙仲编：《厦门碑志汇编》，第 438 页。厦门吕厝亦有类似的情况，参见《厦门吕厝示禁碑》，载何丙仲编：《厦门碑志汇编》，第 436—437 页。

断权，与清代以来江南地区的门图/徒或门眷系统极为相似。高万桑将后者归结为一种本地管控模式，认为它有别于僧道的传戒授箓系统和官方的管理授权体系。① 无疑，惠安僧道对相关仪式服务的垄断亦可作如是理解。而且，和江南地区的门图系统一样，这种垄断在清末开始遭到了地方精英和官员的联合打击。②

六、结语

综上所述，明清时期福建泉州地区儒/官释道和民间宗教的庙宇均拥有一定数量的产业。其中比重最大的无疑是田产。关于这些田产的来源，除承袭自宋元以前官方直接拨给和世家大族施与的田产外，主要为当时檀越的捐献，在明中叶以前则还有不少因寺田赋税负担较轻而导致的诡寄民田。或有檀越将捐献田产作为报答神恩或还愿的手段，体现出较强的宗教色彩。不少寺庙对其周围的山林拥有产权或管辖和收益权，不过似乎未见类似于闽北由乡族组织设立寺庙以管理山林的情况③。除了田产、山林、店铺等常见产业，寺产中还出现了官设专项税收和特许经营权，其业主均为官庙。

寺产一般由寺庙住持管理，亦有由檀越或信众管理的情况。如何和由谁来承担赋役不仅是寺产管理，尤其是寺田管理的重要内容，而且是判定寺田产权实际归属的重要依据。作为赋役单位的"户"亦由此在寺田经营中显示出其重要性和特殊性。④ 由于不同

---

① 高万桑：《江南本土仪式专家授权及管控（1850—1950 年）初探》，载王岗、李天纲编：《中国近世地方社会中的宗教与国家》，第 35—40、52—53 页。高氏的文章亦简要提到了本文考察的惠安仪式服务垄断权之情况，参见第 52—53 页。关于明清以来江南的门图/徒或门眷体系，亦可参见张晖：《门徒与门眷》，《兰州学刊》2013 年第 7 期，第 53—57 页。
② 《乐善铺示禁碑》，《泉州府分册》，第 784—785 页。
③ 关于闽北的情况，参见郑振满：《明清时期闽北乡族地主经济》，载氏著：《乡族与国家》，第 15—16 页。
④ 关于明清时期作为赋役单位的"户"，参见刘志伟：《在国家与社会之间——明清广东地区里甲赋役制度与乡村社会》，中国人民大学出版社 2010 年版。

人群的参与及其利益纠葛，寺产的管理和经营中不时出现纠纷。纠纷的预防和解决，除了通过利益各方之间直接达成妥协，亦有通过包括地方官员在内的第三方介入者。无论采取何种方式，立示禁碑都是一种较为常见的手段，其借用或仰赖者多为家族等地方组织或官方的话语，然亦有借助神明乩示或敕令等超自然力之话语者。

至于寺产收入，一般用于支付住持衣食、香灯祀神和寺庙修缮之费，亦可作为仪式专家在寺庙活动中提供仪式服务的酬劳，甚至有将寺产直接分配给仪式专家，由其直接管理和获取收入者。需要注意的是，寺庙住持与仪式专家的身份有时可能是重合的。寺产收入还常用于祭祀檀越主或檀越主之祖先，亦有用于祭祀僧人之祖先者。其中，对檀越主的祭祀常因为檀越主子孙的介入而增加一层祖先祭祀的含义，甚至最终转变成以祖先祭祀之义为主。与这种祭祀含义转变相应的是檀越主子孙，即其后世家族对寺产管理和经营的渗透，直至取得主导位置。由此，无论是祭祀活动还是寺产经营，其性质均由寺庙行为转变成了宗族行为。普通民众祭祀祖先的方式甚至会直接影响寺庙方面祭祀檀越主的方式，以致出现僧以俗祭的情况。

不少寺产收入最终转入住持和香灯之外的用途，尤其体现在寺田充饷和寺产兴学方面。在此情况下，寺产的性质甚至会发生相应的转化，如寺田转化成学田。这种转化通常由地方精英和官员主导，不过并不总是一帆风顺的，亦不总是单向的，如办学产业中亦有转化为寺产者。寺产兴学有时会与官方和士大夫的毁淫祠联系在一起，概出于它们共通的宗旨，即推行教化。两者可谓一破一立，其结合集中出现在嘉靖年间，除与官方和士大夫推行教化的理念有关之外，亦应与当时整个福建的财政危机有一定的渊源。①

与社会经济产生密切联系的还有神明信仰及相关宗教仪式活

---

① 关于嘉靖以后福建的财政危机，参见郑振满：《乡族与国家：多元视野中的闽台传统社会》，第257—260页。

动。神明信仰和宗教仪式活动不仅可以作为地方社会经济活动的重要象征，而且是维持或加强移民及其家乡之间社会经济联系的重要途径之一。其中，神明的分香网络不仅对闽南地区内部的社会经济，还对闽南与台湾、东南亚之间跨区域的社会经济产生了比较大的影响。此外，作为一种生计，仪式专家通过提供仪式服务来获得酬劳的行为同样构成地方社会经济的组成部分。其中不可避免地会出现仪式专家之间的相互竞争，以及这些仪式专家与地方民众之间的选择性互动。这种竞争和互动的重要结果之一是仪式服务辖地垄断权的形成。值得注意的是，类似的垄断权亦出现在其他宗教色彩较弱或并无宗教色彩的行业之中。这在一定程度上同样反映了经济的社会属性。

图书在版编目(CIP)数据

前工业时代的信仰与社会/向荣,欧阳晓莉主编. —上海:复旦大学出版社,2019.7
(世界史论丛. 第一辑)
ISBN 978-7-309-14247-1

Ⅰ.①前… Ⅱ.①向…②欧… Ⅲ.①信仰-关系-社会发展-世界-古代-文集 Ⅳ.①B928-53②D569-53

中国版本图书馆 CIP 数据核字(2019)第 127533 号

前工业时代的信仰与社会
向　荣　欧阳晓莉　主编
责任编辑/赵楚月

复旦大学出版社有限公司出版发行
上海市国权路 579 号　邮编:200433
网址:fupnet@fudanpress.com　http://www.fudanpress.com
门市零售:86-21-65642857　团体订购:86-21-65118853
外埠邮购:86-21-65109143　出版部电话:86-21-65642845
上海盛通时代印刷有限公司

开本 787×960　1/16　印张 17.5　字数 223 千
2019 年 7 月第 1 版第 1 次印刷

ISBN 978-7-309-14247-1/B・694
定价:65.00 元

如有印装质量问题,请向复旦大学出版社有限公司出版部调换。
版权所有　侵权必究